KB105510

한반도의 核거울

趙甲濟

조갑제닷컴

2017년의 고민:
北의 핵미사일과 南의 핵인종*이 결합될 때

유명한 曆術人(역술인)이 결혼식장에서 나를 만나더니 진지한 농담을 했다.

"저는 요사이 매일 기도를 올립니다. '김정은이 핵미사일을 쏘긴 쏠 것 같은데, 제발 불발탄이 되도록 해주십시오'라고 기도합니다."

"잘 하십니다. '김정은이 설마 쏘겠는가' '미국이 가만 있겠는가'라면서 웰빙에 빠져 있는 사람들보다 훨씬 훌륭하십니다."

"그런데 하나 기대는 게 있습니다. 칼 마르크스가 한 말입니다. 역사는 두 번 되풀이 된다. 처음엔 비극으로 다음엔 희극으로. 김정일의 세습은 비극이었지만, 김정은의 두 번째 세습은 희극으로 끝날지 모르지요."

"그놈을 희극적 존재로 만들려는 노력을 한다는 전제가 있어야겠지요."

---

*핵인종(核人從): 북한의 核개발을 도와주고, 북의 人權탄압을 편들고, 從北세력과 연대한 세력의 준말.

한국은 지금 자유민주주의 체제를 지키느냐 빼앗기느냐 하는 實存(실존)의 문제에 봉착하였다. 敵이 핵미사일을 실전배치하였는데 우리는 방어망이 없고 敵의 핵무장을 도운 利敵(이적)세력이 정치와 언론의 주도권을 장악하고 있으며, 이들이 방어망 건설을 방해, 한국을 '核前무장해제' 상태로 만들어 놓았다. 이들의 집권 가능성이 상당하다는 사실보다 더 소름끼치는 상황은 없다. 소름끼치는 상황엔 소름끼치는 결단을 내려야 살 수 있다. 그걸 피하는 순간 국가는 없어지거나 協會化(협회화)된다.

　한반도의 3大 문제, 즉 北의 核미사일 실전배치, 북한동포에 대한 인권 탄압, 그리고 남한의 從北(종북) 세력 발호는, 북한정권이란 한 뿌리에서 나온 것이다. 이 '핵인종(核·人·從)' 문제는 북한정권을 무너뜨리지 않고는 해결할 수 없다. 중국의 國力(국력) 팽창, 북한의 核强國化(핵강국화)에 한국의 좌경화가 결합되면 시간은 한국 편이 아니다. 통일은 해도 되고 안 해도 되는 게 아니라 우리가 살기 위하여 반드시 해치우지 않으면 안 되는 命題(명제)가 된 것이다.

특히 앞으로 10년간이 위험하다. 핵미사일 방어망을 갖추기 전, 敵의 위협에 무방비로 노출되는 기간이기 때문이다. 북한도 이 기간을 절호의 기회로 삼아 이용하려 들 것이다. 경제적 國力(국력)은 한국이 北(북)의 40배이다. 이 돈의 힘으로 核을 無力化(무력화)시키는 한국식 비대칭 전략을 연구해야 할 때이다. 특히 북한정권의 내부 분열과 체제의 균열을 유도하는 공작에 우리의 強點(강점)인 돈과 정보와 기술을 집중 투입하는 '비대칭 전략'을 국가 생존 차원에서 도모하지 않으면 우리가 먹히게 된다.

신라가 잘 사는 백제와 강한 고구려를 흡수 통일할 수 있었던 힘은 통일하지 않으면 우리가 망하게 되었다는 절박감에서 나왔다.

北核(북핵)에 종속되는 순간 대한민국은 자유민주주의, 법치주의, 개인의 자유, 그리고 私有재산을 근간으로 하는 시장경제를 유지할 수 없다. 김정은이 核 발사 단추를 누르려 할 때 곁에는 말릴 사람이 없고, 南에는 막을 방법이 없다.

이런 절박감은 국민들이 진실을 알아야 느낄 수 있다. 역대 정부가 북한의 핵능력을 축소하거나 은폐해온 지 20년이 흘렀다. 링컨이 이야기하였듯이 국가가 위기에 직면하였을 때 국민들이 진실을 알게 되면 올바른 선택을 하는데, 진실을 알리는 것은 지도자의 책임이다. 한국정부는 核미사일 實戰배치 문제를 密室(밀실)에서 해결하려고 하여선 안 될 것이다. 소름끼치는 상황을 국민들에게 알리고 국민들도 소름끼치는 결심을 하도록 해야 여론이란 힘이 생긴다. 이게 군사력 이상의 외교적 힘이다.

요점 정리

1. 한국은 지난 20여 년간 북한의 핵능력을 축소 평가 해왔다. 내 눈으로 확인한 것은 아니지만 여러 가지 정보를 종합할 때, 북한은 핵폭탄을 소형화하여 미사일에 장착, 實戰배치하였다고 봐야 한다. 수십 발의 핵폭탄과 1000기 정도의 단거리, 중거리 미사일이 있고, 우라늄 농축 시설의 본격적 가동으로 핵폭탄 보유량은 10년 안에 100개를 넘을 것이다. 종합적 核戰力을 갖춘 것이다.

2. 김정은의 정신적 불안과 核미사일 관리체제의 허술함, 그리고 견제장치가 없다는 점이 核재앙의 가능성을 높인다.

3. 김정은은 미국과 일본을 위협할 수 있는 核戰力과 남한의 從北세력을 결합시키면 韓美日 동맹을 無力化시키고 한국을 고립시켜 武力으로 공산화시킬 수 있다고 자신한다.

4. 김정은은 核戰力을 믿고 한국에 대한 재래식 군사도발을 가한 다음 한국이 반격하면 핵사용을 위협, 정치적으로 굴복시키는 승부를 걸어올 가능성도 있다.

5. 재래식 군사력으로 한강 북부 지역을 기습 점령하거나 서울을 포위한 뒤, '현위치 휴전'을 제의, 불응하거나 반격하면 핵미사일을 쏘겠다고 협박하는 시나리오도 가능하다.

6. 수도권은 핵무기에 가장 취약한 조건을 두루 갖추고 있다. 인구와 경제력과 행정기능이 집중되어 있고 北이 核미사일을 쏘면 5분 만에 서울상공에서 터진다. 미사일 방어망과 防核시설도 없다.

7. 정부의 '킬 체인'은 핵이 없는 한국이 핵을 가진 北을 선제공격한다는 개념인데, 실현이 불가능하다. '국민을 안심시키려는 善意(선의)의 거

짓말'이다.

8. 미국이 제공한다는 '핵우산'은 한국이 핵공격을 당한 다음엔 믿을 수 없다. 핵폭탄으로 국가기능이 거의 마비되어 回生이 불가능해진 한국을 위하여 북한을 핵으로 보복하도록 미국의 의회와 언론이 허용할 것인가?

9. 2017년 한국의 대통령 선거에서 그동안 北核을 도왔던 利敵세력이 정권을 잡으면 대한민국은 남북으로 협공을 당하는 형국이 된다.

10. 한반도를 둘러싼 국제적 力學관계가 바뀐다. '외환보유고 4조 달러를 가진 중국 공산정권+핵무장한 북한정권+국가권력을 장악한 親中 및 親北성향의 좌파정권'이 같은 편으로 정렬하게 된다. 이에 '권력을 잃은 한국 내 보수세력+태평양 너머 있는 미국+한국에 敵對的인 일본'이 韓美日 동맹을 강화하여 대항할 수 있나?

11. 한국은 북한의 핵위협과 從北 세력의 발호 속에서 정치적으로 北에 종속되고 군사적으로도 주도권을 놓치게 된다. 북한정권의 노골적 협박이 한국의 정치와 언론, 그리고 사법기능을 제약하게 될 것이다.

12. '중국 공산정권+북한정권+親中 및 親北성향의 좌파정권'은 계급투쟁론에 기반을 둔 '反자유적' 세계관을 공유하고 있다. 이들이 힘을 합쳐서 한국을 압박하면 필연적으로 자유민주적 정체성이 도전을 받아 國體(국체)가 훼손될 가능성이 높아진다. 자유민주적 기본질서의 핵심인 언론의 자유, 선거의 자유, 私有재산권, 국민主權주의가 위협 받고, 북한정권을 비판하는 자유도 규제될 것이다. 이는 주한미군 철수와 한미동맹 해체로 가는 길을 열 수도 있다.

13. 중국, 북한, 남한의 좌파정권은, 북한의 핵폐기와 韓美동맹 해체를 맞바꾸고 주한미군을 평화유지군으로 그 지위를 변경하려는 음모를

꾸밀 가능성이 높다.

14. 한국의 자유민주 진영이 헌법 및 國體 수호의 기치를 내걸면서 反정부 투쟁에 나서고, 좌파정권이 이를 탄압할 경우, 국군의 결심이 중요해진다. 군이, 헌법 5조에 따른 국가안보의 최종수호자 역할을 고민하게 된다면 內戰的 상황이 전개될 수도 있다. 최악의 경우 국군이 이념적으로 분열될 수도 있다.

15. 좌파적 國政운영은 낭비적 복지와 기업의 경쟁력 상실, 그리고 안보위기로 귀결되어 경제 위기가 닥칠 것이다.

16. 한국은 國體와 路線이 바뀌면서 해양세력에서 이탈, 대륙세력 영향권에 들어가고 자유민주주의는 약화되며, 자유통일은 멀어지고, 분단 고착이나 북한 주도의 통일 가능성이 높아질 것이다.

17. 경제력(GDP)이 북한의 44배인 한국이 이렇게 불리한 처지에 빠진 것은 국가 지도부의 자주국방 의지 약화이다. 지도층이 안보에 대한 주인의식을 포기한 방관자가 되고, 정치인은 저급한 권력투쟁에 전념하고, 국민들은 웰빙에 탐닉한다. 자주국방 의지의 실종으로 敵과 동지를 가르는 彼我(피아)구분의 필요성이 사라지니 眞僞(진위)구분, 善惡(선악)분별이 모호해지고, 법치의식도 약해지면서 무책임하고 나약한 국민으로 전락하였다.

18. 北核 대책은 자주국방 의지의 회복을 통해서만 가능하다. 우리의 안전, 자유, 행복은 우리 힘으로 지킨다는, 생존에 대한 책임성을 확인해야 한다.

19. 대통령이 北核의 진실을 국민들에게 알려야 위기의식과 자주국방 의지를 불러낼 수 있다. 국민의 생존의지만큼 강력한 정책과 전략은 없다.

20. 국민들의 위기의식을 동원하고 조직하여, 核저지의 動力(동력)으로 삼아야 한다. 'NPT 탈퇴 및 자위적 핵무장 선택권'을 정부에 부여하는 국민투표를 검토한다. 압도적으로 통과되면 한국정부는 국민여론을 업고 강력한 외교력을 구사할 수 있으며 종북 좌파 세력을 약화시킬 수 있다.

21. 한국식 非대칭 전략을 모색해야 한다. 우리가 가진 장점인 돈, 기술, 정보, 인권, 창의력을 최대한 활용한다. 對北공작과 핵미사일방어망 건설에 집중 투자한다. 全국민 풍선보내기 운동, IT 및 드론과 로봇을 이용한 科學的 心理戰(과학적 심리전), 휴전선의 對北방송 재개, 김정은 국제형사재판소 회부 운동 등등.

22. 우리가 가진 두 가지 법리적 무기를 활용한다. 통합진보당을 '북한식 사회주의 지향 폭력혁명 정당'으로 규정, 해산시킨 헌법재판소의 결정문, 북한정권을 '反인도범죄집단'으로 규정, 책임자에 대한 斷罪(단죄)를 건의한 유엔총회의 결의문이 있다. 헌법과 국제법의 뒷받침을 받는 이 두 문서를 활용하면 국내외 여론을 先導(선도)할 수 있다. 핵무장한 북한정권은 '인류의 公敵'이고, 이들을 추종하는 남한의 종북좌파는 '악마의 제자들'이다.

23. 통일의 목표와 전략을 구체화해야 한다. 자유통일로 북한정권을 무너뜨리지 않으면 우리가 죽게 되었다는 점을 분명히 해야 한다. 핵폭탄을 맞지 않기 위하여, 그리고 우리가 살기 위하여 빨리 해야 하는 것이 통일이다. 해도 되고 안 해도 되는 선택의 문제가 아니라 생존을 위한 긴급 사안이다.

24. 北核 문제는 韓日간의 과거사 문제보다 더 긴급하다. 北의 核을 저지하는 데는 중국보다 일본의 역할이 더 소중하다. 親中反日 외교는

反美로 이어질 가능성이 있고 韓日을 이간질 시키려는 北의 전략에 놀아날 수 있으므로 중단해야 한다. 北核 저지를 공동의 목표로 하는 韓美日 협력 체제를 강화해야 한다.

25. "공산주의자와 싸울 때는 그들과 같은 방법을 써야 한다는 말이 있는데, 나는 반대이다. 우리는 머리를 써야 한다."

조지 오웰의 이 말에 하나 덧붙인다면 "우리는 돈을 써야 한다"이다.

2015년 5월25일

著者 趙甲濟

차 례

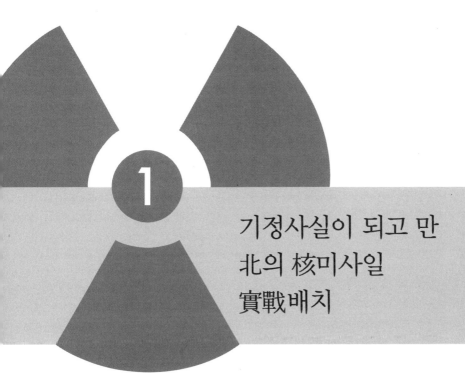

1

기정사실이 되고 만
北의 核미사일
實戰배치

핵폭탄 20개 보유,
소형화와 우라늄 농축 성공,
스커드 미사일 등에 장착 가능.

기정사실이 되고 만
北의 核미사일 實戰배치

"北, 5년 후 핵무기 43개 보유"

2014년 2월7일 오후 서울 전쟁기념관에서 한국안보문제연구소 (KINSA, 이사장 金熙相 예비역 중장) 주최, 국방부 후원으로 '북한 核미사일 위협과 한국의 대응전략'이란 세미나가 열렸다. 북한의 核 능력을 '核미사일 實戰배치' 단계로 평가한 제목이 인상적이었다.

국방장관, 합참의장을 역임한 인사들도 참석한 이 세미나는 北核 위기의 본질을 직시하게 만들었다. '북한 핵미사일의 실체'라는 발표에서 국방대학원의 문장렬 교수는 으스스한 수치를 제시하였다.

〈현재 북한이 보유하고 있는 핵무기는 플루토늄 핵무기 2~19개, 고농축 우라늄 핵무기 0~20개, 중간 값을 취할 경우 대략 20기 수준을 보유한 것으로 추정된다〉는 것이다. 향후 핵무기 보유 전망은 2016년에 17~52개(중간값 약 34개), 2018년에는 중간값 43개 수준으로 늘 것이다. 〈최종적으로는 오늘날 인도와 파키스탄이 보유하고 있는 것으로 추정되는 핵폭탄 70여 기를 고려할 때, 약 100기 수준을 보유하면서, 각종 탄도 미사일에 탑재하기 위한 질적 성능 향상을 추구해 나갈 것으로 판단된다〉고 文 교수는 주장하였다.

북한은 탄도 미사일을 현재 약 850~1000기 정도 갖고 있는데, 앞으로 한국을 표적으로 한 단거리 미사일(KN-01, KN-02 등)과 방사포(신형 300밀리)를 개발하고, 이동식의 비중을 높이면서, 전술 핵무기 탑재까지도 고려할 것이다. 아울러 미국을 목표로 핵탄두 장착의 IRBM(중거리 탄도 미사일)과 ICBM(대륙간 탄도 미사일)능력을 보유하고자 도전할 것이며, 인공위성 능력도 함께 발전시키고자 노력할 것이다. 분명한 것은 北의 核미사일 능력은 시간이 지날수록 강해지고, 이에 비례하여 核미사일을 배경으로 한 정치, 외교, 군사, 심리전 공세는 더욱 증대될 것이라고 文 교수는 내다보았다.

"소형화, 우라늄 농축, 미사일 탑재 다 가능"

김진무 한국국방연구원 책임 연구원(전 북한군사연구실장)도 2013년에 발표한 복수의 논문(세종대학교 〈Global Affairs〉 등)에서 文 교수와 비슷한 추정을 했다. 그는 북한정권이 농축우라늄에 의한 핵무기 제조, 핵탄두의 소형화(경량화), 이를 스커드 미사일 등에 장착하는 核미사일化에 성공했을 가능성이 높다고 평가하였다.

〈**농축우라늄**: 2011년 헤커 박사 일행에게 북한이 공개한 농축우라늄 공장은 원심분리기 2000여 개, 연간 약 40kg의 농축우라늄 생산 가능. 국방부는 북한 내 여러 개의 농축우라늄 공장 추적 중이라 발표. 핵무기 한 개 제조에 필요한 농축우라늄 양은 약 20kg으로 평가하고 있으나 기술력 발전에 따라 10kg 이하의 양으로 핵무기 제조 가능. 북한은 2010년 이후 이미 공개한 영변 공장에서 핵무기 2개 이상을 제조할 수 있는 수십 kg의 무기급 농축우라늄을 추출했을 가능성 있음. 영변 이외 비밀 공장에서 농축우라늄을 추가 생산하고 있을 가능성. 종합하면 북한 내 농축우라늄 공장들의 원심분리기가 4000개 이상 될 가능성이 높고, 연간 80kg의 고농축우라늄 생산 가능. 따라서 북한은 연간 2~4개 농축우라늄 핵무기 제조 능력 보유 추정.〉

김 연구원은 북한이 起爆(기폭)장치 실험을 140여 회나 실시, 이제는 스커드, 노동 미사일 등에 탑재할 정도의 소형화(직경 70cm, 무게 1t 이하)에 성공했을 가능성이 있다고 평가했다.

金 연구원은, 〈북한은 ICBM급 핵탄도 미사일은 물론이고 다양한 전술핵도 가까운 시일 내에 개발을 완성할 가능성이 높다〉고 했다. 그는 〈정보기관이 확인한 우라늄 농축공장을 바탕으로 추정해보면 2016년까지 우라늄 핵무기 20개 이상을 제조할 수 있는 농축우라늄을 보유할 수 있는 것으로 평가된다〉고 했다. 이런 추세라면 〈10년 내 40~50개의 핵무기 생산능력을 보유할 가능성이 있는 것으로 추정된다〉는 것이다. 농축우라늄으로 만든 핵폭탄은 실험을 하지 않아도 터진다. 히로시마에 투하된 핵폭탄이 실험을 거치지 않은 우라늄탄이었다.

金寬鎭(김관진) 국방장관도 2011년 6월13일에 국회에서 북한이 핵무기의 소형화·경량화에 성공했을 가능성을 처음으로 언급했다.

〈**김동성(당시 한나라당 의원)**: 북한의 핵무기와 관련, 특히 소형화·경량화

기술과 관련하여 진전된 것이 있습니까?

김관진 국방부 장관: 기간이 오래 되었기 때문에 아마 소형화에 성공했을 시기라고 판단합니다.〉

金 장관은 구체적 증거는 없다고 전제했지만 북한 핵무기의 소형화 성공 가능성을 고위 정부 요인이 직접 언급한 것은 처음이었다.

北의 핵미사일 實戰배치는 막을 수 없다

북한이 농축우라늄을 사용한 핵폭탄을 만들고 있으며, 이미 수십 개의 핵폭탄을 보유하고 있을 뿐 아니라, 소형화에도 성공, 핵미사일 實戰배지 단계라는 평가가 요사이 국방 전문가들 사이에서 公論化되고 있다. 그렇다면 고급 정보에 접할 수 있었던 安保-정보기관 출신들의 비밀스러운 판단은 어떠한가? 필자는 최근 수개월간 여러 관련자들을 만나 취재하였다. 놀라운 첩보도 얻었다. 요약하면 이렇다.

1. 국정원은 2007년에 이미 북한이 핵폭탄의 소형화에 성공하였다고 판단, 노무현 대통령에게 보고하였다. 기폭장치 실험의 추이를 분석하여 그런 결론에 도달하였다. 실험 때 생기는 지진파와 地上의 파인 흔적의 크기 변화를 추적하였다고 한다.

2. 韓美 양국은 영변에 있는 우라늄 농축 시설 이외에 적어도 한 개 이상의 지하 농축 시설을 확인하였다. 2010년 미국의 헤커 박사에게 보여준 영변 시설은 지하 시설에서 옮겨온 것이다. 첩보 위성으로 그 지하 시설의 위치도 확인했다. 따라서 북한이 무기급 우라늄 농축에 상당히 오래 전, 아마도 2002년 무렵부터 착수했다고 보는 것이 합리적이다.

3. 1990년내 말 파키스단의 핵개발 책임자 A. Q. 칸 박사가 북한을 방문하였을 때 北이 보여준 핵폭탄 3개에 대하여 당시 한국 정보기관의 평가는 '舊소련(아마도 우크라이나)에서 밀수한 것이다'는 쪽이었다. 韓美 정보기관이 협력, 북한의 핵폭탄 밀수 계획을 저지한 적이 있었는데, 이때 놓친 것이 있었다는 분석이다. 그렇다면 플루토늄도 많이 사들였을 가능성이 있다. 국정원은 독자적으로 칸 박사를 접촉, 北의 핵개발을 지원한 과정에 대한 정보 수집에 성공하였다고 한다.

4. 北이 보유한 수백 基의 스커드 미사일은 러시아가 핵무기 운반도 가능하도록 설계하였으므로 근거리인 한국을 공격하는 데는 별도의 기술적 보완이 필요 없다.

5. 北이 핵폭탄을 소형화하여 스커드 미사일 등에 장착할 수 있게 되었을 뿐 아니라 농축우라늄 생산 체제를 갖추어 핵폭탄 대량 생산 체제를 완성하였다는 확증은 없으나 그렇게 보는 것이 '합리적 추리'이다. 따라서 핵미사일 實戰배치를 실제상황으로 인식, 대비해야 한다. 北의 핵미사일 實戰배치는 막을 수 없다. 이미 기정사실로 봐야 한다.

6. 北의 핵미사일 공격을 막을 수 있는 단 하나의 방법이란 없다. 韓美동맹의 핵 억지력(이른바 핵우산)을 더욱 강화한 다음 고성능 폭탄을 실은 미사일과 스텔스 기능을 갖춘 폭격기에 의한 정밀 타격, 미사일 방어망 건설, 김정은이 실감할 수 있도록 하는 경고, 自衛的 핵무장과 미국의 전술핵 재배치를 요구하는 여론의 압박, 무엇보다도 국민적·국가적 自衛의지가 결합되어야 한다.

문장렬 씨는 2월7일의 발표에서, 〈북한의 핵능력 增强(증강)은, 남북한 사이의 재래식 군비경쟁을 무의미하게 만들면서 戰略(전략)구도의 격변을 가져오고 이는 한국에 불리하다〉는 어두운 전망을 내어놓았다.

〈핵무기의 특성상 단 한 발이라도 막지 못하면 전혀 막지 못하는 것과 같다. 더욱이 선제공격을 포함한 방어체계가 강력해질수록 상대국은 공격능력을 더욱 강화할 것이며 전쟁이 발발하면, '사용하지 않으면 잃을 것(use them or lose them)'이라는 불안 때문에 오히려 초기 핵사용의 가능성이 증대할 것이다.〉

한반도에서 재래식 무기에 의한 全面戰(전면전)은 자동적으로 핵전쟁으로 확대될 수 있는 구조라는 이야기이다.

〈결론적으로 만일 북한정권이 核보유국이자 우주클럽의 일원이 된다면 북한의 존재는 한반도의 평화와 통일을 추구하는 한국의 모든 전략과 정책을 無力化(무력화)하면서 상대국 사이의 전략구도를 바람직하지 않은 방향으로 재편시키는 원인을 제공하게 될 것이다.〉

20년간의 北核 폐기 노력은 참담하게 끝장났다

文 교수는 북한의 핵무기와 장거리 탄도 미사일 보유는 미국의 미사일 방어(MD)의 가장 중요한 명분이 되고 있으며, 일본은 일단 미국과 공동 MD 체제 구축으로 대응하겠지만 미국의 묵인 아래 핵무기 보유를 추진할 가능성도 있고, 이에 대한 중국의 반발로 美日동맹과 중국 사이에 냉전시대와 비슷한 대치와 갈등이 초래될지 모르며, 남북한은 그러한 강대국의 전략구도에 편입될 수밖에 없는 상황이 만들어질 수 있다고 경고하였다. 이럴 경우 한국이 가장 큰 손해를 볼 것이라고 했다.

한국의 대표적인 전략통으로 꼽히는 金熙相(김희상) 이사장도 세미나의 인사말을 통하여, "北核(북핵)은 한반도의 자유와 평화의 종말"을 의미한다면서 한국정부와 국민들의 대응 태도를 비판하였다.

〈그동안 우리는 말로는 북한 핵 위협을 강조하면서도 실질적으로는 '미국 핵우산'이 있으니까 '설마' 하는 慢心(만심)과, 막상 대처하려면 현실적 부담이 너무 크니까, 북한도 결국은 핵을 포기할 수밖에 없을 것이라는 막연한 기대를 전제로 국가 안보태세를 발전시켜 왔다고 해도 과언이 아닐 것이다.〉

그는, 북한 핵은 〈남과 북의 군사력 균형을 일거에 붕괴시키고, 한반도의 자유민주통일을 사실상 불가능 하게 하는 반면, 한국은 졸지에 戰略的 피그미가 되어 전쟁이냐, 항복이냐, 한없이 시달리면서 점차 한반도 赤化의 길로 끌려들게 만들〉 가능성이 높은 이유가 〈어떤 형태의 통일이건 궁극적으로는 군사통합으로 매듭지어지는 것이기 때문〉이라고 했다. 金 이사장은, 〈이대로 가다가는 북한 핵 폐기는커녕 기정사실화 할 가능성이 더 높아 보인다〉면서 〈北核 폐기를 위한 지난 20여 년간의 국제적 노력은 참담한 실패로 끝나가고 있는 것〉이라고 말했다.

北核 無力化 위한 자유통일

김희상 이사장은 〈중국이나 러시아 같은 다른 나라의 핵이라면 몰라도 우리에 대한 북한 핵의 위협은 '미국 핵우산'으로 커버 할 수 없는 부분이 너무 크다〉면서 이렇게 지적했다.

〈당장 북한이 美 본토를 위협 할 수 있는 ICBM을 시험하고 있는 상황에서 미국이 과연 워싱턴에 대한 보복을 각오하고라도 북한을 응징하려 들 것인지, 특히 북한이 미국의 그런 단호한 응징 의지를 믿어야 억제 효과가 있을 텐데 '푸에블로 호 사건' 이후 미국을 종이호랑이로 보고 있다는 북한이 '미국의 그런 단호한 의지를 믿을 것인가' 부터가 의문이다.〉

김희상 씨는, 근본적인 대책으로 非核(비핵) 능력을 총동원한 北核 억지 전략과 자유통일을 제시하였다. 〈오늘의 내외 안보 환경과 북한의 실상을 두루 살펴보면 북한 핵 폐기 보다는 자유통일이 더 용이할 법도 하다〉는 것이다. 그가 말한, 〈북한의 핵과 미사일에 효과적으로 대처 억제하면서 자유통일의 길을 개척해 나가는 수밖에 없을 것〉이란 말은, 대한민국이 국가로 살아남기 위해서는 자유통일의 길로 나갈 수밖에 없다는 뜻이다. 통일대박론은 멋으로 하는 게 아니라 북핵 無力化를 위한 생존투쟁의 차원에서 절박한 심정으로 해야 한다는 이야기이다.

박휘락 국민대 교수는 北의 핵미사일 위협 대응방향을 설명하면서 그동안 안일하였던 한국의 태도를 비판하였다.

"그동안 '북한은 절대로 핵을 쓰지 못한다. 내 말이 틀리면 내 손에 장을 지져라'고 하던 사람들이 요사이는 '쏘면 죽지 뭐, 도리 있나?'라고 한다"면서 불길한 메시지를 던졌다.

"핵무기의 참상에 대하여 히로시마 원폭 현장 사진을 소개하곤 하는데 30년 뒤엔 한반도에서 터졌던, 히로시마보다 더 참혹한 원폭 참상 사진이 교육자료로 등장될지 모른다."

그는 군 당국이 국민을 안심시키려고 했겠지만 북한의 핵 능력을 사실대로 이야기하지 않았다고 비판하면서, "북한이 수십 년간 고립을 감수하고 국력을 총동원하여 건설한 핵미사일 능력을 우리가 한 방에 해결하겠다는 것은 오만의 극치"라고 했다.

最惡이지만 가능한 시나리오

朴 교수는 발표 논문에서 北이 핵미사일을 實戰(실전)배치하였다는 전제 하에 북한군이 핵무기를 위협 수단으로 이용, 한국을 압박하는 꽤 실감 나는 시나리오를 제시하였다.

〈어느 날 새벽 북한군이 서해 5도 道嶼(도서)지역에 대한 기습적인 상륙작전을 감행하였다. 彼我(피아)가 혼재된 상황이라서 서북5개 도서 지역에 대한 공격이 여의치 않다고 판단한 韓美연합군은 보복 및 지원 차단을 위하여 서북5개 도서와 沿(연)하여 배치되어 있는 북한군 기지들을 타격하기 시작하였다. 일부 공군기들은 4군단 사령부를 비롯한 敵(적)의 지휘부까지도 타격하였다. 그 결과 북한군은 상당한 피해를 입기 시작하였고, 상륙부대에 대한 增員(증원)이나 포병사격 지원이 위축되기 시작하였다.

북한은 모든 수단을 강구하여 韓美연합戰力(전력)의 폭격을 중단시켜야 한다고 판단하였다. 인민군총사령관 명의로, 미 공군이 북한지역에서 공격적인 행위를 계속할 경우 한국에 있는 미군 기지를 직접 공격하겠다는 입장을 천명하게 되었고, 그 미사일엔 핵무기가 탑재될 가능성을 배제할 수 없다는 위협을 하게 되었다. 북한의 그러한 위협에도 불구하고 한국이 응징보복을 실시하여 북한 측에 상당한 피해가 발생하였을 경우 북한은 그에 대한 책임과 배상을 조건으로 핵무기 사용을 위협할 수 있다. 이렇게 되면 한국 국민들은 북한의 위협이 현실화할 가능성이 높다고 생각하지 않을 수 없고, 따라서 격

렬한 내부 토론이 전개될 것이다. 이 경우 북한의 요구를 수용할 수도 있으나 강경책이 선택될 가능성도 배제할 수 없다. 북한의 위협이 반복될수록 한국이 강경책을 선택할 가능성은 높아지고, 이러한 과정에서 상황이 통제할 수 없을 정도로 악화되면서 핵무기가 실제 사용될 가능성도 높아질 것이다.

핵무기를 확보한 북한은 모든 외교적 협상에서 한국 정부를 소외시키면서 미국과의 직접 협상을 강조할 것이고, 이러한 시도를 통하여 한반도에서 대표성을 확보하고자 할 것이다. 그렇게 되면 베트남이나 대만의 사례에서 볼 수 있듯이 전쟁이나 핵무기의 사용 없이도 북한 주도의 통일을 달성할 수 있다고 판단할 수 있다.

미국의 경우 최초에는 한국을 절대로 배제시키지 않겠다고 약속할 것이나 북한이 주한미군 기지나 괌, 나아가 하와이나 본토까지도 공격할 수 있다는 점을 지속적으로 암시할 경우 일정한 線에서 직접 대화에 나서지 않을 수 없고, 그러한 대화가 시작되면 한국의 立地(입지)는 점점 좁아질 것이다. 북미 간의 협상이 북한의 의도대로 진행되지 않을 경우 북한은 미국이 아닌 한국에 핵무기를 사용하겠다는 위협을 할 수 있고, 상황이 악화되면 실제 사용될 가능성도 존재한다.〉

좌파정권의 핵개발 지원 의혹을 폭로한 대통령

2009년 7월 폴란드를 방문 중이던 李明博 대통령은 바르샤바 영빈관에서 유럽의 유력 뉴스 전문채널 '유로뉴스(Euro News)'와 인터뷰를 가졌다. 그는 "지난 10년간 막대한 돈을 (북한에) 지원했으나 그 돈이 북한 사회의 개방을 돕는 데 사용되지 않고 核무장하는 데 이용됐다는 의혹이 일고 있다"고 밝혔다. 이동관 당시 홍보수석도 2009년 6월12일 오전 수석비서관 회의가 끝난 뒤 "오늘날 북한 核실험과 미사일 발사는 김대중 전 대통령 때부터 원칙 없이 퍼주기 식 지원을 한 결과"이며, "북한의 핵개발은 6·15 공동선언 이후 본격화됐는데 김 전 대통령이 국외자처럼 논평하고 비난할 수 있는가"라는 비판이 있었다고 전했다.

2009년 5월 보도된 정부 내부 자료에 따르면 한국 측은 김대중─노무현 정부 시절, 금강산·개성관광 代價(대가)와 개성공단 임금 등으로 29억 222만 달러의 현금을 북한에 주었고, 쌀·비료·경공업 원자재 등 現物(현물)로 전달된 규모는 40억 5728만 달러로 계산되었다. 식량 270만 톤과 비료 256만 톤 등을 유·무상으로 지원하는 데만 32억 달러를 썼다.

정부 소식통은 "그동안 북한은 장거리로켓을 개발하는 데 5억~6억 달러, 핵무기를 개발하는 데 8억~9억 달러를 사용한 것으로 추정된다"며 "남한에서 넘어간 현금이 핵무기나 장거리 미사일 등을 개발하는 데 쓰였을 수도 있다"고 했다(조선일보). 노무현 정부 시절 국정원은 금강산관광을 통하여 北으로 들어간 달러가 무기 수입에 쓰이는 증거를 확보하였으나 아무런 조치를 취하지 않았다.

노무현의 北核 비호

노무현 정부는 北의 핵개발을 묵인한 정도가 아니라 적극적으로 비호하고 다녔다. 2007년 10월3일 평양에서 김정일을 만난 노무현 당시 대통령이 한 말이 모든 것을 설명한다.

"그동안 해외를 다니면서 50회 넘는 정상회담을 했습니다만 외국 정상들의 북측에 대한 얘기가 나왔을 때, 나는 북측의 대변인 노릇 또는 변호인 노릇을 했고 때로는 얼굴을 붉혔던 일도 있습니다. (중략) 핵문제 확실하게 이야기하고 와라 주문이 많죠. 그런데 그것은 되도록 가서 판을 깨고… 판 깨지기를 바라는 사람의 주장 아니겠습니까? (중략) 나는 지난 5년 동안 북핵문제를 둘러싼 북측의 입장을 가지고 미국하고 싸워왔고, 국제무대에서 북측의 입장을 변호해 왔습니다."

北核문제와 관련하여 敵의 입장에 서서 동맹국과 싸우고 국제사회에서 敵의 변호인 노릇을 했다는 노무현의 고백은 'NLL상납未遂(미수)'보다 더 나쁜 핵개발 비호, 즉 '利敵既遂(이적기수)'의 증거이다. 그 利敵행위의 결과 敵은 수십 개의 핵폭탄을 보유, 우리의 생존을 위협하고 있다. 敵의 핵개발을 저지하려면 동맹국인 미국과 긴밀하게 협조해야 하는데 敵의 입장을 가지고 미국과 싸웠다는 것은 반역을 했다는 자백에 다름 아니다. 핵무장하지 않은 나라의 국군통수권자가 핵무장한 敵을 위하여 동맹국과 싸웠다고 敵將 앞에서 자랑한 것은 利敵을 넘어 정신적 正常性(정상성)을 의심하게 한다. 비유하면, 냉전 시절에 미국 대통령이 동맹국을 무시하고, 소련의 핵개발을 지원한 것보다 더 황당한 이야기이다. 노무현의 北核(북핵) 관련 발언을 정리하면 이런 대통령 아래서 국가가 유지된 것이 기적이란 생각이 들 정도이다.

"이번 남북정상회담 때 김정일 위원장을 만나서 北核을 말하라는 건 가급적 가서 싸움을 하라는 것이다." (2007년 9월11일, 청와대 춘추관 기자회견)

"북한의 붕괴를 막는 것이 한국 정부의 매우 중요한 전략이다. 북한은 공격받거나 붕괴되지 않으면 절대 전쟁을 일으키지 않을 것이기 때문이다. …북한에 대한 인도적 지원이 유엔 안보리 결의로 중단돼 있어 걱정이다." (2006년 12월9일, 뉴질랜드 교포 간담회)

"북한의 경우는 인도의 경우와 비슷한데도, 나는 (북한은 안 되고) 인도는 핵무기를 가져도 되는지 이해할 수 없다. 미국이 핵무기를 가졌다고 한국인이 불안해하나?" (2006년 8월13일, 한겨레신문 등 우호적인 언론사 간부 초청 간담회에서 한 말. 8월19일 미 대사관이 국무부로 보고한 電文에서 인용)

인도나 미국은 핵무기를 가져도 한국을 위협하지 않는다. 국가 지도부가 이성적이기 때문이다. 北의 핵무기는 대한민국을 공산화시키겠다고 맹세한 戰犯집단의 손에 있으므로 인도나 미국의 핵무기와 달리 우리에겐 치명적이다. 같은 칼이라도 주방장이 가진 것과 강도가 가진 것은 다르다. 노무현은, 이런 초보적인 차이를 이해하지 못한 게 아니라 좌익적 가치관에 입각, 진심을 털어놓은 것 같다.

2017년에 한국은 亡國을 선택할지도

"북한이 核을 개발하는 것은 선제공격용이 아니라 방어용이며 남한의 지원 여부에 따라 핵 개발을 계속하거나 포기하지는 않을 것으로 본다. 북한이 핵을 선제공격에 사용하게 되면 중국의 공조를 얻지 못하는 등 여러 제약이 따를 것이다." (2006년 5월29일 향군지도부초청환담 中)

무기를 만들면 공격용으로 만드는 것이지 방어용 무기가 따로 있을 수 없다. 北核이 방어용이란 주장은 북한보다 더 北을 편드는 것이다. 누구보다도 김정일이 웃었을 것이다.

2007년 10월3일 김정일–노무현 회담록에 따르면 6자 회담 대표인 김계관(북한 외무성 부상)은 김정일에게 불려와 대한민국 대통령 앞에서 그를 조롱하는 투의 발언을 한다.

"핵물질 신고에서는 무기화된 정형은 신고 안 합니다. 왜? 미국하고 우리하고는 교전상황에 있기 때문에 적대상황에 있는 미국에다가 무기 상황을 신고하는 것이 어디 있갔는가. 우리 안한다."

한국과 국제사회를 속이겠다는 말에 화를 내야 할 노무현은 "수고하셨습니다. 현명하게 하셨고, 잘하셨구요"라고 했다.

김대중–노무현–통진당 세력과 상당히 겹치는 종북좌파 진영은 北의 핵개발을 비호하거나 지원한 세력이다. 同時에 이들은 北核 세서를 위한 미국과 국제사회의 노력을 방해하였고, 한국이 미국과 협조, 미사일 방어망을 만들어 北核에 대응하려는 자위적 조치도 반대한다. 北의 핵미사일 實戰배치가 기정사실화된 지금 이 세력을 無力化시키지 않으면 대응체제 건설도 불가능하다. 이 세력이 2017년에 집권하면, 즉 유권자들이 선거로 北核 비호 세력에 정권을 넘기면 대한민국은 생존의 위기에 몰릴 것이다.

前 미 국무부의 동아시아 담당 차관보 커트 캠벨은 장성택 처형 후 CNN과 인터뷰한 자리에서 중요한 정보를 공개하였다. 미국 정보당국은 김정은이 스위스에서 유학할 때 만났던 여러 사람들을 만나 북한 독재자의 성격을 분석하였는데, 이런 결론을 내렸다는 것이다.

"그는 위험하고, 예측불능이며, 폭력적이고, 과대망상형이다(He was

dangerous, unpredictable, prone to violence and with delusions of grandeur)."

그런 그가 지금이라도 발사 단추를 누르기만 하면 10분 안에 핵폭탄이 서울 상공에서 터진다. 현재로선 한국군도, 미군도 막을 방법이 없다. 더구나 수도권엔 한국 경제력의 70%, 인구의 50%가 몰려 있어 핵폭탄의 파괴력이 극대화된다.

이 점이 김정은을 유혹할 것이다. 김정은이 발사단추를 누르는 것을 제지할 수 있는 사람은 북한에 아무도 없다고 봐야 한다. 그렇다면 5000만 국민의 생존이 "위험하고, 예측불능이며, 폭력적이고, 과대망상형" 인간의 마음먹기에 달려 있다는 이야기이다. 미사일 방어망이라도 빨리 건설해야 하는데, 종북좌익들은, "왜 미국과 협력하려느냐"고 공세를 펴고, 국방부는 "그게 아니고" 하면서 변명하기 급급하다. 정말 우리는 죽어봐야 죽는 줄 아는 민족인가.

利敵세력 응징할 수 없는 나라의 운명

狂信(광신)집단의 핵미사일 실전배치가 이미 이뤄졌거나 이뤄졌다고 봐야 한다는 상황은 최악의 국가 위기이다. 그동안 정부는, 특히 좌파 정부는 北核의 수준에 대하여 은폐하거나 축소하거나 모호한 태도를 취하였으므로 많은 국민들은 北이 세 차례 핵실험을 했는데도 "뭐, 터질지 안 터질지 모르는 초보 수준의 핵폭탄 비슷한 걸 갖고 있는 모양이다"라는 식으로 생각하고 있을 것이다. 우리 정부는, "핵문제는 너무 크니까 미국이나 국제사회가 알아서 해줄 것이니 국민 여러분은 생업에나 열심히 종사하세요"라는 메시지를 던졌다. 그러다가 정부나 국민들이 진실을 直視(직시)하지 않으면 대책이 나올 수 없는 상황으로 몰린 것이다. 北이 수십 개의 핵폭탄을 소형화하여 수백 기의 미사일에 갖다 붙일 수 있게 되었고, 발사 단추를 누를 권한을 가진 자는 인간성이 "위험하고, 예측불능이며, 폭력적이고, 과대망상의 소유자"이다. 그가 발사 단추를 누르면 핵미사일은 10분 만에 서울 상공에서 터져 수십 만(1개 폭발), 수백 만 명(10개)이 즉사한다. 그런데 우리는 막을 방법이 없다. 무방비 상태이다.

한국이 당면한 핵 위기를 더욱 심각하게 만드는 것은 핵을 가진 敵을 편드는 거대한 종북·좌파 정치세력의 존재이다. 이들의 도움을 받아 정권을 잡았던 김대중, 노무현 세력은 北의 핵개발에 돈을 대고, 미국 등이 압박으로부터 敵을 비호하는 억할을 했다. 오늘의 핵 위기를 부른 共犯 집단이다.

이런 세력이 국회, 언론, 학계, 문화계의 주도권을 잡고 대한민국을 反대한민국 노선으로, 즉 자살로 몰아간다. 지금 이들이 注力(주력)하고 있는 것은 北의 핵미사일 위협에 국가가 시급히 대응하는 길을 차단하고, 강간범 앞에서 처녀가 벌거벗도록 하거나 폭우가 쏟아지는데 우산을 찢어놓는 일이다. 北이 핵실험에 성공한 바로 그 시점에 핵우산을 제공하는 데 필수적인 韓美연합사의 해체를 결정하였고, 미국과 협력해야하는 핵미사일 방어망 건설을 반대하고 있다. 국가가 생긴 이후 이 정도의 利敵행위는 달리 없었을 것이다. 핵무기를 든 敵과 동침하려는 세력이 선거를 통하여 집권할 가능성을 배제할 수 없다. 北의 핵미사일 實戰배치와 南의 종북·좌파 집권이 결합된다면 대한민국은 2 대 1로 몰려 공산화나 內戰化의 길을 갈 것이다. 利敵세력을 응징할 수 없는 국가는 대가를 치를 것이다. 北核(북핵)과 從北(종북)을 허용한 것은 국가지도부의 이념적 용기 부족인데, 그 바탕엔 자주국방 의지의 결여가 있고, 그 뿌리는 한국의 오랜 사대주의 根性(근성)이다.

"미국이 보는 한국은 얌체"

핵무기가 발명된 이후 오늘의 한국처럼 불리한 자리에 서 본 나라는 없었다. 그럼에도 국가와 국민들이 진실을 회피한다. 자주국방 의지의 실종, 이게 위기의 본질이고, 남북 간의 지리적 근접성이 위기의 핵심이다.

미국과 소련처럼 멀리 있는 南北이 아니라 咫尺(지척) 간이다. 北이 핵미사일 발사 단추를 누르면 10분 안에 서울 상공에서 터진다. 권총을 든 강도가 10m 앞에서 겨누고 있는 꼴이다. 주인이 솥뚜껑이라도 들려고 하면 강도 편이 된 아들이 막는다.

핵 발사 단추를 만지작거리는 이 집단은 상식이 통하지 않는다. 미국과 핵 포기 약속을 한 상태에서 더 위험한 우라늄 농축을 시작하였고, 미국이 핵 확산을 경고하고 있는 가운데 시리아에 핵폭탄 제조용 원자로를 지어주었다(이스라엘에 들켜 폭격을 당하였다).

이런 敵(적)을 상대할 때 가장 확실한 대응은 주인도 권총을 드는 일, 즉 자위적 핵무장이다. 그래야 남북이 공포의 균형을 이룬다. 냉전시대 美蘇(미소)가 핵전쟁을 피할 수 있었던 것은, 양쪽이 핵미사일 방어망을 건설하지 않기로 약속, '상호確證(확증) 파괴'를 제도화한 덕분이다. 자위적 핵무장을 지지하는 여론은 70% 정도이지만, 정책입안자나 識者層(식자층)에선 낮다. 그 이유는 "미국이 반대한다. 무역제재를 받는다" 등등이다.

두 번째로 효과적인 방법은 미국의 전술 핵무기를 한국에 재배치하고 戰時(전시)에는 韓美(한미)가 공동사용권을 갖는 것이다(NATO의 5개국이 그런 제도를 갖고 있다). 이에 대한 반대 논리도 "미국의 세계 전략과 배치된다"는 것이다. 死活的(사활적) 이해관계가 없는 미국의 입장에 서서 우리의 死活이 걸린 문제를 분석하려고 하니 한가한 이야기만 나온다.

미국을 그렇게 배려한다면 한미동맹을 강화하여 '핵우산'을 확실히 하여야 할 것인데 동맹에 따른 부담은 피하려 한다. 미국과 협력하여야 제대로 가동하는 미사일 방어망 건설도 종북좌파 진영의 反美 선동을 두려워하여 "우리가 혼자서 만들겠다"고 한다. 국방장관을 지낸 한 인사는 "미국은 우리를 얌체라고 본다"고 했다. 한국이 요리 조리 피하는 게 워싱턴에선 그렇게 보인다는 것이나.

核을 非核으로 막으려는 방법

2월7일의 핵미사일 관련 세미나에서 나온 北核 대응책을 요약하면 "한 방으로 해결할 수 있는 건 없다. 여러 대응책을 종합해야 한다"였다. 자위적 핵무장과 전술핵 재배치를 제외하니 부분적인, 간접적인, 그리고 돈과 시간이 많이 드는 대응책이 나온 것이다. 모든 대응책은 核을 非核으로 막겠다는 것을 원칙으로 삼았다. 소련이 무너진 데는 미국이 스타워즈 방식에 의한 핵미사일 방어망을 만들겠다고 선언하자 소련이 자금과 기술면에서 도저히 경쟁할 수 없다고 판단, 개혁 개방으로 나온 게 一助(일조)하였다. 한국이 정면 승부를 피하고, 복잡하고 수세적 발상에 근거한 간접적인 핵미사일 방어 체계를 만들다가는 경제가 타격을 받지 않을까? 국민들이 협조해줄까?

전문가들이 내어놓는 핵미사일 공격 시나리오는 실감이 있는데, 대응책은 실현이 어렵겠구나 하는 생각을 갖게 하는 이유는 북한의 핵무장을 가능하게 하였던 남한 내 반역세력의 존재와 남북 간의 지리적 근접성이 크나 큰 장벽으로 버티고 있기 때문이다.

2월7일 발표회에서 한국안보문제연구소 권태영 박사는 '북한 핵미사일 위협 억제 전략과 소요 戰力 체계 구상'을 공개하였다. 그는 자신의 구상을 '非核 新三軸(비핵 신삼축)'이라 이름 붙였다. 이 戰力은 세 시스템으로 구성된다.

1. **공격적 억제 戰力**: 센서-슈터 네트워크 복합체계(A Joint Networked Sensors-Strikes Complex)를 구축한다. 지상, 해상, 공중 베이스의 정밀 타격 시스템들(Shooters)을 합동 차원의 네트워크에 의하여 감시 정찰시스템들(Sensors)과 연결, 복합시켜, 하나의 거대한 합동감시정찰-정밀타격 네트워크 복합체계를 만든다. 장거리 정밀 센서 체계(다목적-저궤도 첩보 위성 등), 장사정 정밀 슈터 체계(각종 미사일, 고성능 폭탄 등), 신속 기동 플랫폼 체계(無人化, 스텔스化된 전투기와 함정 등), 지휘통신 네트워크 체계, 장거리 합동 특수 임무 작전 체계, 사이버 전(정보-전자전) 체계가 구성요소이다.

2. **방어적 · 거부적 억제 戰力**: 북한 핵미사일에 대하여는 발사 전 30분 안에 선제공격하고, 발사 후 5분(미사일)-10분(항공기) 안에 요격할 수 있도록 한국적 방공 미사일 방호 체계(KAMD) 등을 발전시킨다.

3. **연구개발 및 防産(방산) 인프라 구축**: 북의 핵미사일 위협을 無力化(무력화)시키기 위하여 기술의 개발과 무기 생산에 집중 투자한다.

배부른 군대가 배고픈 군대를 두려워하면?

권태영 박사는 核 위협을 非核 첨단과학으로 無力化시키는 장점을 이렇게 설명하였다.

〈군사 표적과 무고한 주민을 분리시켜서 군사 표적만을 선별하여 공격, 파괴할 수 있다. 북한의 전략적 중심만을 선별, 신속하게 일거에 파괴하여 정신적 마비 효과를 창출할 수 있다. 독재자만 선별, 위협할 수 있다.〉

권 박사는 덧붙였다.

〈이 非核3軸체계는 北이 한국을 두려워하도록 하여 核을 포기하게 할 것이다. 韓美동맹을 강화할 것이다. 對北억지력뿐 아니라 對주변국 억지력으로 활용될 수 있다. 북의 핵미사일 억지 전력의 비중은 인력 면에선 全軍의 약 20%, 예산에선 약 40%가 될 것이고, 억제 효과 기여도는 약 70%가 될 것이다.〉

權 박사의 구상은, 한국군의 戰力 체계를 北의 핵미사일을 무력화시키는 데 중점을 두는 방향으로 전면적으로 재조직해야 한다는 뜻이다. 북한 核은 역대 한국 정부의 비겁과 배신으로 호미로 막을 수 있었던 것인데 이제는 가래로도 막기 어렵게 된 셈이다. 핵무기를 非核 무기로 無力化시키려니 돈이 많이 들고 기술이 핵심이다.

이 문제에 대하여 권 박사는 직설적으로 호소하였다.

〈북한의 핵미사일 문제는 우리 국민이 정부의 문제, 미국의 문제이고, 나와는 상관이 없는 문제라고 생각하는 한 답이 안 풀린다. 주권을 가진 국민이 복지문제에만 몰입하면 국민이 뽑은 정부가 제대로 문제를 해결할 수 있을까? 北의 核미사일은 우리 머리 위에 언제 떨어질지 모른다. 단 한 발만 떨어져도 한 개 도시가 사라진다. 나머지 생존자도 공황상태에 빠진다. 정신이 들 때는 왜 事前에 억제시키지 못했나, 죄책감에 빠진다. 그러면서 장차 노예 종살이 할 두려움에 휩싸이게 된다. 북한 핵은 독재정권만을 위한 핵, 주민을 압제하는 핵, 한국을 인질로 삼으려는 핵, 민족을 멸망시키려는 핵이라는 사실을 확실하게 인식해야 한다.〉

예측이 불가능한 행태를 보이는 불안한 독재자가 핵미사일 발사 단추를 누르기만 하면 10분 안에 한국 인구의 반이 몰려 있는 수도권 상공에서 터진다. 이를 막을 수 있는 수단이 全無한 지금부터 향후 5년 정도가 김정은의 찬스일 것이다. 자유민주국가의 지도층이, 敵이고 학살자인 북한정권을 두려워하고 굴종한 결과 그들의 손에 핵무기를 들려주었다는 것, 이 이상의 타락은 없을 것이다. 이런 타락의 代價(대가)는 流血(유혈) 사태인 경우가 많다. 배부른 군대가 배고픈 군대를 두려워하고, 국민들은 안보 위기를 잊고 웰빙에 탐닉, 살찐 돼지처럼 행동하면 야윈 늑대에 잡혀 먹힌다. 宋과 사이공의 월남 정권 등 역사적 사례가 많다.

총성 한 방이 大戰, 또는 核戰으로 갈 수 있는 곳

100년 전의 제1차 세계대전은 1914년 6월28일 사라예보에서 울린 총성 두 방으로 시작되었다. 세르비아의 소년 암살자가 쏜 권총 두 발이 오스트리아−헝가리 제국의 황태자와 妃를 죽인 것이 도화선이 되었다.

8월 초까지 유럽의 모든 강대국들이 연쇄적으로 전쟁으로 끌려들어갔다. 이런 일이 지금의 세계에서 일어난다면 그곳은 '동북아의 발칸 반도'인 한반도일 것이다. 美中 및 中日 갈등과 南北 갈등이 겹친 동북아이다. 예측불능의 독재자가 核(핵)미사일 발사 단추를 만지작거리는 한반도에선 재래식 전투로 시작한 충돌이 核전쟁으로 확대될 가능성도 배제할 수 없다. 제1차 세계대전 때의 유럽 상황과 너무 비슷하다.

1. 국제질서의 현상타파가 전쟁을 부른다. 당시 유럽에선 독일이 普佛(보불, 프로이센–프랑스)전쟁에서 이긴 후 프랑스를 제치고 유럽의 패권국가가 되려 했다. 이 과정에서 육군국인 러시아, 해군국인 영국과 긴장관계에 놓이게 되었다. 독일의 해군력 증강에 위협을 느낀 영국은 전통적인 主敵(주적) 프랑스를 대신하여 독일을 경계하게 되고 프랑스와는 가까워진다. 지금 동북아에선 현상타파의 主役(주역)이 중국이다. 중국이 독일처럼 막강한 경제력을 군사력 증강에 쓰고 있다. 해군력 건설에 박차를 가하여 태평양과 석유수송로의 안전을 걱정하는 미국 및 일본과 긴장관계이다. 중국은 세계패권국가 자리를 놓고 미국에 도전할 생각은 없으나 아시아의 盟主(맹주) 자리는 탐할 것이다. 여기서 일본과 부딪치게 된다. 中日(중일) 전쟁이란 역사적 경험이 두 나라를 과민하게 만들 수 있다.

2. 제1차 세계대전은 발칸 반도의 복잡한 사정이 뇌관 역할을 하였다. 민족, 종교 문제가 배경이었다. 러시아가 같은 슬라브族(족)인 세르비아를 지원하면서 오스트리아를 견제하고, 독일은 이 오스트리아를 후원하는 형국이었다. 동아시아의 발칸 반도는 이념대결과 核경쟁이 진행되는 한반도이다. 미국과 일본이 한국을, 중국이 북한을 지원하는 형국인데, 최근엔 美中, 日中에 이어 韓日관계마저 악화되어 발칸처럼 복잡해졌다.

3. 지도력의 결핍. 비스마르크, 몰트케, 빌헤름 1세가 주도한 독일 통일 이후 오래 평화가 계속되던 유럽에선 대인물이 사라지고 편협한 국가주의에 함몰된 지도자들뿐이었다. 1914년 여름, 유럽이 전쟁을 향하여 치닫는데도 어느 정부의 어느 지도자도 전쟁을 회피하기 위한 진지한 노력을 하지 않았다. 독일, 프랑스, 오스트리아의 軍 지휘부는 거의가 實戰(실전) 경험이 없는 이들이었다. 이들은 제1차 세계대전 때도 戰線에 나가지 않고 먼 후방의 사령부에서 지도를 펴놓고 수만, 수십 만 명을 죽이는 작전을 지휘하였다. 전투경험이 없는 지도자일수록 더 好戰的(호전적)이란 이야기가 있다.

지금 동아시아도 비슷하다. 드골, 아데나워 같은 지도자들이 나와서 독일과 프랑스의 화해를 이끌어냈듯이 동북아의 긴장을 주도적으로 해소하려는 지도자가 보이지 않는다. 동북아 군대 지휘자들도 거의 전부가 實戰 경험이 없다. 동북아에서 일단 위기가 발생하면 분쟁 국가 간 조정 기능이 작동하지 않아 전쟁으로 치닫게 될 가능성이 있다.

4. 당시 독일군 참모본부가 맹신하던 공격적 작전계획이 제1차 세계대전의 한 요인이 되었다. 그들은, 철도의 발달로 총동원령을 먼저 내린 쪽이 전투지역으로 병력을 집중 배치할 수 있게 되었기에 선제공격이 승패를 좌우할 수 있다고 보았다. 기습을 당하지 않으려는 강박관념이 무모한 행동을 유발하였다. 독일은, 러시아의 총동원령을 선전포고로 간주하였다. 한반도에서도 공격적 작전계획이 主이다. 북한정권은 늘 기습남침을 준비하고 있으며 한국도 남침 징후 포착 시의 선제공격 계획을 발전시킨다. 특히 북한이 핵무기를 갖게 됨으로써 한국은 선제공격을 당하면 망한다는 생각을 갖지 않을 수 없게 되었다.

5. 독일군은 1914년에 시간이 자기편이 아니라고 생각, 초조하였다. 러

시아가 군비증강에 박차를 가하고 있었다. '지금 전쟁을 하면 유리하고 2년 뒤엔 불리하다'는 판단이 독일군을 초조하게 만들었다. 오스트리아–헝가리 제국 황태자 암살은 독일의 국익을 침해하는 것도 아닌데 독일군이 開戰(개전)을 향하여 달려 간 데는 위기를 찬스로 본 때문이다. 북한정권은 한국이 미사일 방어망을 완성하기 전에 核미사일을 써야 한다는 강박관념에 사로잡혀 있을지도 모른다. 한국도 북한정권이 핵폭탄 대량 생산체제를 갖추기 전에 결정적 행동을 해야 한다는 판단을 내릴지도 모른다.

6. 예측불능인 김정은으로 하여금 '내가 核을 쓰는 순간 나와 一族(일족)이 죽는다'는 확신을 갖게 해야 한다. 김정은의 일거수일투족을 24시간 감시하고 치명타를 날릴 수 있는 무기체제를 갖추어야 한다. 韓美日(하미일) 정부 협동이 전제되이야 가능하나. 한반도의 총성 한 방이 동북아 大戰(대전), 또는 核전쟁으로 연결될 수 있는 最惡(최악)의 시나리오를 써 볼 때이다.

7. 국가의 모든 정책, 국민들의 모든 정치적 판단엔 核공격 저지가 최우선 순위로 올라야 한다. 北이 핵개발을 하도록 도운 남한의 반역자들을 색출, 응징, 배제, 낙선시켜야 한다. 北의 핵미사일 實戰배치와 南의 從北(종북)정권 등장이 결합되면 한국은 망한다는 위기의식을 공유해야 전쟁을 막는다. 이 순간에도 미친 자가 核미사일 발사단추를 만지작거린다.

"설마 김정은이 쏠까?"

讀後記 | 〈북한 핵·미사일 위협과 대응〉
핵을 자기의 문제가 아니라고 생각하는
국민이 있는 한 답이 안 나온다.

"설마 김정은이 쏠까?"

李東馥 선생의 실망

한국에 유리한 내용을 담은 유일한 합의문인 남북기본합의서를 이끌어낸 對北전문가인 李東馥(이동복) 전 국회의원은 조갑제닷컴에 朴槿惠(박근혜) 대통령의 '드레스덴 선언(2014. 3.28)'을 비판하는 글을, 그 직후에 올렸다.

그는 〈한마디로 필자의 머리를 강타한 것은 지독한 실망감이었다〉고 했다.

〈박 대통령이 연설을 통해 제시한 것은 "평화통일의 기반 조성"을 위한 세 가지의 '對北 제안'이었다. 曰(왈), "①인도적 문제의 우선 해결 ②남북한 공동번영을 위한 '민생 인프라' 공동 구축 ③남북 주민간 동질성 회복"이었다. 순간 필자의 머릿속에서는 "도대체 이것은 1970년 8월15일 광복절 25주년 경축사에서

朴正熙(박정희) 대통령(당시)이 제시했던 '평화통일 기반 조성 구상'의 복사판이 아니냐"는 想念(상념)이 세차게 고개를 드는 것을 느끼지 않을 수 없었다.〉

　朴 대통령의 드레스덴 연설 화두는 여전히 '평화통일 기반 조성' 차원의 '분단관리'였지 '통일'이 아니었다. 朴 대통령이 이 연설에서 제시한 3개 항목의 '對北 제안'은 그 어느 하나도 새로운 것이 아니었다. 역대 대통령들이 어느 한 사람의 예외도 없이 기회가 있을 때마다 북한에 제의하고 또 내외에 천명하는 것을 수없이 반복해 온 '흘러간 옛 노래 가사'였다는 것이다.

　이동복 선생은, 대통령이 '평화통일'이라는 표현으로 '방법론'의 차원에서만 '통일'을 인식할 뿐 '자유민주주의'와 '시장경제'라는 성공한 체제의 가치를 대한민국이 추구하는 '통일'의 '내용'으로 신포하는 데는 주저하는 모습을 드러내 주었다고 지적하였다.

　〈독일의 통일은 '반공' 국가였던 西獨(서독)과 '공산' 국가였던 동독 사이에 '협상'을 통하여 이루어진 '합의' 통일이 아니다. 독일의 통일은 동독의 붕괴를 통하여 이루어졌다. 그뿐만 아니었다. 독일의 통일은 서독이 동독의 공산체제가 붕괴하여 민주체제로 전환될 때까지 인내한 뒤 동독에 수립된 '민주정권'을 상대로 협상을 통하여 이룩한 것이었다.〉

再起한 左右합작 노선

　이동복 씨는, 〈이 같은 독일통일의 과정은 한반도의 통일도 그 절대적인 '전제조건'이 '북한의 민주화'라는 사실을 명백하게 해 준다〉고 강조하였다. 朴 대통령도 '통일대박론'을 거론하려면 서독의 콜 수상이 1989년 11월에 그랬던 것처럼 '북한의 민주화'가 통일의 '先決課題(선결과제)'라는 점을 명백하게 천명하는 것이 필요하였다는 것이다.

1989년 11월28일 헬무트 콜 수상은 서독 연방의회 연설에서 11월9일의 베를린 장벽 붕괴로 빚어진 상황을 통일로 가져가기 위한 10大 원칙을 발표한다. 이 원칙이 그 뒤 10개월 만에 독일 통일을 해치우는 지침이 되었다. 콜은 측근들과 의논하여 이 원칙을 만들었지 정부 여당이나 동맹국엔 알려주지도 않았다. 콜은 회고록에서 이렇게 썼다.

〈그런 협의를 하였더라면 10개항은 갈가리 찢어지고 말았을 것이다. 이젠 異議(이의)를 가진 사람들의 시간이 아니었다. 독일 총리인 내가 더는 통일의 주도권을 빼앗겨서는 안 되는 순간이었다.〉

이 10大 원칙의 핵심은 5항과 6항이었다.

〈5항: 민주국가와 非민주 국가 사이의 국가연합적 구조는 한마디로 난센스이다. 그것은 동독에 민주화된 정부가 들어섰을 때만이 가능하다. 장차 東베를린에 자유선거에 의한 정부가 탄생하여 서독 정부의 파트너로 등장하면 새로운 형식의 제도적 협력이 단계적으로 이뤄지고 확대될 것이다.

6항: 미래의 독일이라는 건축물은 미래의 전체 유럽이라는 건축물 속에 끼워 맞춰야 한다.〉

콜 수상의 회고록을 읽으면 베를린 장벽이 무너졌는데도 社民黨(사민당) 등 좌파세력은 서독 주도의 통일에 반대하는 등 한국의 좌파 정치

세력이 지금 하는 것과 비슷한 행태를 보였다는 점에 주목하게 된다. 중대한 차이점은 기독교민주당과 자유민주당의 聯政(연정) 집권세력이 아데나워의 흡수통일 노선을 굳건하게 밀어붙여 좌파의 방해를 극복하였는데, 한국에선 새누리당이 그런 역할을 못하고 있다는 점이다.

공산주의와 민주주의를 혼합하는 방식의 통일을 거부한 콜 수상의 통일 10大 원칙은 한국에도 시사하는 바가 크다. 지금 한국의 좌파 세력은 '평화적 자유통일'을 규정한 헌법과 배치되는, 공산주의를 용인하는 左右합작 식 통일방안을 추진하고 있다. 특히 북한의 핵개발을 비호하고, 6·15 및 10·4 선언을 추종하는 極左는 이른바 '南의 연합제와 北의 낮은 단계 연방제 혼합 방식'의 통일 노선을 채택, 심각한 체제위협이 되고 있다. 대한민국은 李承晩(이승만)의 영도 하에 공산당의 적화통일론과 중도세력의 좌·우합작론을 극복하고 자유민주주의 식 建國을 한 나라이고, 이것이 대한민국 식 성공의 가장 큰 요인이 되었다. 통일도 이런 建國 노선과 헌법 정신의 연장선에서 이뤄져야 대박이 될 수 있다. 李東馥 선생은 이런 역사성과 가치관을 결여한 '드레스덴 선언'에 실망한 것이다.

핵전쟁의 惡夢을 꾸게 하는 책

군사적 측면에서 한국이 독일 식 통일로 갈 수 없음을 경고한 책도 나왔다. 核前(핵전) 무장해제 상태인 한국이 核을 가진 북한정권을 흡수 통일하는 것은 불가능할 뿐 아니라 北이 남한을 향하여 核미사일을 발사하지 못하도록 억제하는 힘조차 부족하다고 지적한 책이다.

〈북한 핵·미사일 위협과 대응〉은, 한국안보문제연구소(권태영 노훈 박휘락 문장렬 共著. 북코리아)에서 최신 정보를 종합, 674페이지의 보고서로 만든 것이다. 단숨에 읽고 나니 북핵 문제의 심각성에 대하여 가장 깊게 연구한 책이란 느낌이 들었다. 딱딱한 내용이지만 긴박하게 읽혀진 것은 다루고 있는 주제가 우리 머리 위에서 언제 터질지 모르는 북한 독재정권의 핵폭탄과 미사일 문제이기 때문이다. 한국군의 대표적 전략통으로 꼽히는 金熙相 장군(전 대통령 안보 보좌관, 예비역 육군중장)이 지도한 이번 연구에서 공동 저자로 참여한 이들은 쟁쟁한 전문가들이다. 權泰榮 박사(한국안보문제연구소 자문위원)는 국방부 군사혁신단장을 지냈고, 盧勳 한국국방연구원 책임연구위원은 국방부 장관 정책보좌관을, 朴輝洛 국민대학교 정치대학원 부교수는 국방부 對北정책과장을, 文章烈 국방대학교 교수는 국가안보회의 사무처 전략기획담당을 역임하였다. 실무와 이론을 겸한 이들이다.

이 책을 읽고 나면 '통일대박론'이 꿈처럼 느껴지고, 핵전쟁의 惡夢을 꾸게 된다.

〈지난 20년 사이에 한국은 미국의 전술핵 제공을 받는 간접적 핵 보호 국가에서 완전한 비핵국가로 변모되었고, 북한은 非核(비핵)국가에서 완전한 核보유국가로 변했다. 核地形(핵지형) 측면에서 평가해보면, 南과 北은 처지가 정반대로 역전되었다. 한국의 安保 위상이 갑자기 상대적으로 왜소해졌다.〉

책은, 북한의 핵·미사일을 막지 못한 세계 유일의 초강대국인 미국의 위상도, 새로 G2로 등장하고 있는 중국의 위신도, 그리고 경제 대국인 일본의 위신도 추락하였으나 한국은 생존 문제에 직접적인 타격을 받았다는 점에서 차이가 크다고 지적했다. 동북아에서 한국만이 순수한 非核국가이기 때문이다. 일본은 우리처럼 외형상 비핵국가이지만, 내면

상으론 완전한 核週期(핵주기)를 갖추어 단기간에 핵무장을 할 수 있는
準핵국가이다.

책은 한국이 核은 물론이고 核 억제 및 방어대책도 없는 '핵 안보 벌
거숭이'의 모습이 되었다면서 〈우리의 후손들은 오늘의 우리를 어떻게
평가할까?〉라고 물었다.

북한의 핵능력 추정

著者들은, 2013년 2월12일의 북한 3차 핵실험에 대하여 〈여러 가지
정황을 고려할 때 HEU(고농축 우라늄) 내폭형 핵무기를 사용했을 가
능성이 높다〉고 분석했다.

〈요컨대 북한은 세 차례의 핵시험을 통해 플루토늄과 우라늄을 사용한 핵
무기를 개발했으며, 그 위력은 편차가 크지만 대략 20kt 내외까지 접근했다
고 평가할 수 있다. 따라서 핵무기의 보유량과 함께 본다면 북한의 현재 핵무
기 능력은 하나의 대푯값으로 거칠게 표현할 경우 '표준탄 20개' 정도라는 평
가가 가능하다.

현재 북한이 보유하고 있는 핵무기는 플루토늄 핵무기 2~19개, 고농축 우
라늄 핵무기 0~20개, 전체적으로는 중간값을 취할 경우 대략 20기 수준의
핵무기를 보유한 것으로 추정된다. 향후 핵무기 보유 전망은 2년 뒤인 2016
년에 17~52개(중간값 약 34개), 4년 후인 2018년에 중간값 43개 수준으로 증
가될 것으로 추측된다. 최종적으로는 아마도 오늘날 인도와 파키스탄이 보
유하고 핵무기를 고려할 때 약 100기 수준을 보유하면서 핵무기를 각종 탄도
미사일에 탑재하기 위한 질적 성능 향상을 추구해 나갈 것으로 판단된다.

탄도 미사일은 현재 약 850~1000기 수준을 보유하고 있는데, 향후 한국을 대상으로 한 단거리 미사일(KN-01, KN-02 등)과 방사포(신형 300mm)를 개발하고, 이동식의 비중을 提高(제고)하면서, 전술핵무기 탑재를 고려할 것이다. 아울러 미국을 대상으로 핵탄두 장착의 IRBM과 ICBM 능력을 보유하고자 도전할 것이며, 인공위성 능력도 함께 발전시키고자 노력할 것이다. 분명한 것은 북한의 핵·미사일 능력은 시간이 지날수록 계속 증가하고, 이에 비례하여 북한 정권의 핵·미사일을 배경으로 한 정치, 외교, 군사, 심리전 공세는 더욱 강화될 것이라는 점이다.〉

北核의 본질은 赤化통일용

이 책은 '북한 핵·미사일 보유의 의미'를 이렇게 정리했다.

- 한반도 적화통일 달성을 위한 핵무기 사용 가능성 대두
- 주변국들이 북한 핵을 용인할 경우, 한국의 전략적 입지 훼손 심각
- 한반도의 통일을 결정적으로 저해
- 한국의 國論 분열 요소로 작용

著者들은 北核의 본질을, 赤化통일용이고 實戰用(실전용)으로 보았다. 북한의 적화통일 야욕이 클수록, 핵무기에 대한 한국의 방어력이 취약할수록, 또는 북한이 다양한 양과 형태의 핵무기를 보유할수록 그것을 사용할 가능성은 높아질 것이라고 했다. 북한이 핵무기를 적극적으로 사용하거나 사용 가능성을 배경으로 위협할 경우, 한반도의 모든 문제에 대한 주도권은 북한에 넘어가고 한국은 극단적인 전략적 守勢(수세)에 몰

릴 수밖에 없다는 것이다. 한국이 적의 핵무기 위협을 극복할 수 있는 대안을 갖지 못한 상태이기 때문이다. 더구나 이스라엘, 인도, 파키스탄과 같은 非공인 핵무기 보유 국가들에 비해서 북한은 더욱 호전적이고, 절망적이며, 비합리적이다. 북한은 우선 핵무기를 사용하겠다는 위협을 바탕으로 주한미군 철수를 요구하거나 미국에 대하여 평화협정 체결을 추진하고자 할 것이고, 한국을 철저히 소외시킬 것이며, 그러한 요구조건이 수용되지 않을 경우 핵무기로 위협하거나 실제로 사용할 수도 있다.

기존 핵보유국들이, 북한에 대한 핵무기 포기 정책의 실현이 불가능하다고 판단, 핵무기 보유를 용인하는 방향으로 정책을 전환할 경우 한국으로서는 대안이 없는 상태가 될 수 있다. 이러할 경우 한국의 국제적 위상은 심각하게 손상될 것이고, 북한의 입지가 점점 좋아질 것이며, 한국은 혼자서 북한 핵무기를 상대해야 하는 고립무원의 상황에 빠질 수도 있다.

책은, 북한의 핵무기 보유는 한국의 통일을 어렵거나 불가능하게 만들 수 있다고 본다. 군사적으로 우위를 확보하지 못한 한국이, 의도하는 방향으로 통일을 달성할 가능성은 거의 없어진다는 것이다.

〈주변국들이 통일에 합의해준다고 하더라도 북한 핵문제 처리가 주변국들의 이해를 불일치하게 할 가능성이 높고(누가 북한 핵무기를 처리하느냐를 둘러싸고), 그러한 과정에서 한국의 통일이 더욱 복잡해지거나 왜곡될 가능성도 높아진다.〉

北이 核을 쓰지 못할 것이란 막연한 믿음

이 책은 北의 핵무기가 한국의 여론을 지속적으로 분열시키는 역할도 할 것이라고 전망한다. 일부에서는 북한과의 '화해·협력'을 통하여 핵문제를 해결하자고 할 것이고, 일부에서는 강경한 대응만이 해결책이라고 주장할 것이기 때문이다. 북한이 핵무기 사용을 위협하면서 어떤 조건을 내세울 경우 國論(국론)분열은 최고도에 달할 수 있다. 일부에서는 북한의 조건을 수용하자고 할 것이고, 일부에서는 그것은 굴복이라면서 반대할 것이다. 따라서 앞으로 南南갈등은 더욱 심해질 것이고, 그 과정에서 북한에 대한 한국의 협상력도 점점 약화될 것이다.

저자들은, 〈북한이 핵무기를 보유하였다는 사실은 기존의 대비태세를 더욱 강화해야 하는 산술급수적인 위협의 증대를 의미하는 것이 아니다. 한반도의 안보지형을 근본적이면서 기하급수적으로 변모시키는 결정적인 사건이다〉고 정의하였다.

이 책은 한국인들에게 퍼진, 북한이 核을 사용하지 않을 것이라는 막연한 믿음을 집중적으로 비판한다. 〈도피성 희망에 불과한 이러한 믿음으로 인하여 한국은 북한 핵무기 위협에 철저히 대비한다는 방향으로 국민여론이 결집되지 못하고 있다〉는 것이다.

상당수 국민들은 북한이 아무리 절박한 상황이라 하더라도 같은 민족인 한국에 대해서는 핵무기를 사용하지 않을 거라고 생각하면서 북한의 핵무기는 미국을 공격하기 위한 것이고, 따라서 미국과 북한의 문제이지 한국의 문제는 아니라고 여기게 되었다. 심지어 미국과 북한의 문제에 한국이 괜히 개입한다고 생각하는 사람도 적지 않다. 일부 국민들은 북한이 핵무기를 사용할 경우 미국의 대대적인 보복을 받아서 북한정권은 물론이고 수뇌부도 멸망할 것이기 때문에 핵무기를 사용하지 않을 것이라고 보는데, 이 책은 북한정권의 합리성에 근거한 분석은 위험하다고 본다.

과거 북한정권의 행태는 극도로 비합리적이고 돌출적이었다. 대규모 경제원조를 받을 수 있는 개방과 개혁을 수용하지 않은 채 핵무기 개발을 통한 고립의 길을 선택한 북한을 어떻게 합리적이라고 말할 수 있을까? 별 노력 없이 거액의 外貨(외화)를 받을 수 있는 금강산 관광사업이나 개성공단을 하루아침에 폐쇄해버리는 집단을 어떻게 합리적이라고 말할 수 있을 것인가?

〈일부 국민들은 북한의 핵무기는 자신을 방어하기 위한 苦肉之策(고육지책)이고, 공세적이라고 하더라도 협박하기 위한 것이지 사용하기 위한 것은 아니라고 생각한다. 그러하지만 인류의 대부분 전쟁은 갑작스러운 상황악화가 돌발적인 결심으로 연결되어 발생하였다. 스퇴싱어(John Stoessinger)가 최근 10개의 전쟁 사례를 연구한 결과를 바탕으로 "전쟁으로 빨려 들어가게 하는 것은 바로 사람이다"라고 분석하면서 대부분 誤認識(오인식)에 의하여 전쟁이 발발한다고 분석하였듯이 합리적인 계산보다는 지도자의 성격적 결함, 자존심, 오판이 전쟁의 발발에 더욱 근본적인 원인일 수 있다.

김정은과 같은 젊은 지도자일수록 상황을 오판할 가능성이 크다. 게다가 북한은 지구상에 유례가 없는 왕조적 독재체제로서 핵단추를 통제하는 절대권력자의 非이성적 판단을 제어할 제도적 장치도 없다.〉

北, 한국을 핵공격 대상으로 명시

이 책은, 남북한 간에 어떤 局地的(국지적) 도발이 발생하거나 심각한 견해 차이가 발생하여 긴장이 최고도에 달하였음에도 北이 핵무기 사용만은 자제할 것이라고 판단할 수는 없다고 본다.

북한은 2013년 4월1일 최고인민회의에서 채택한 '자위적 핵보유국의 지위를 더욱 공고히 할 데 대한 법' 제5조에서 "적대적인 핵보유국과 야합해 우리 공화국을 반대하는 침략이나 공격행위에 가담하지 않는 한 非核국가들에 대하여 핵무기를 사용하거나 핵무기로 위협하지 않는다"고 밝히고 있는데, 이를 逆으로 해석하면 '적대적인 핵보유국'은 미국일 것이고, '적대적인 핵보유국과 야합해 우리 공화국을 반대'한다고 북한이 판단하는 국가는 한국일 것이며, 따라서 북한은 미국과 한국에 대해서는 핵무기를 사용할 수도 있다는 방침을 설정한 상태라고 봐야 맞다.

북한이 핵무기를 사용하지 않을 것이란 희망적 관측보다는 북한의 법제화된 핵사용 지침을 믿고 대비하는 게 옳은 자세일 것이다.

核사용의 유혹들

이 책은 북한이 체제의 命運(명운)을 걸고 국제적 압박을 무릅쓰고 종합적인 核 미사일 공격 체제를 완성하면 다양한 수단으로 활용될 것이라고 본다.

- 한국 및 국제사회에 대한 정치적 영향력 확대 수단
- 북한 도발에 대한 한국의 응징을 차단하는 수단
- 全面戰(전면전)을 일으키고도 한국 측의 반격을 차단하는 수단
- 핵무기를 사용한 공격
- 한반도에 대한 미국의 지원 및 증원 차단 수단

저자들은 北이 이미 핵무기의 효과를 보고 있다고 분석하였다. 경제

적으로 극도로 피폐해진 현재의 북한이 핵무기를 보유하지 않은 상태라고 할 경우 주변국들이 북한에 대하여 관심을 갖겠는가? 중국이 국제사회의 비판을 받으면서도 북한의 잘못된 행동을 옹호해 주겠는가? 비록 다양한 유엔 결의안이 작동하고 있지만 북한이 극단적인 제재를 받지 않는 것은 바로 핵무기를 보유하였기 때문이다. 이러한 성과는 이미 북한이 느끼고 있고, 따라서 핵무기를 더욱 강화하고자 노력할 것이다.

앞으로 북한이 局地도발을 감행할 경우 한국이 단호하게 대응하는 것은 쉽지 않을 것이고, 그렇게 되면 북한은 더욱 잦은 도발을 시도할 수도 있다. 북한은 全面戰(전면전)을 감행하더라도 핵무기 사용으로 위협하면 한국이나 미국이 계획처럼 대규모로 반격하는 것이 어려울 것이라고 계산할 수 있다. 그러한 계산을 바탕으로 局地戰을 일으켰다가 全面戰으로 확대시키는 방식을 선택할 수도 있다는 것이다.

〈북한은 한국의 어느 부분을 기습적으로 공격하여 확보한 후, 일단 공격을 정지한 상태에서 韓美 양국이 어떤 대응조치를 취할 경우 핵무기를 사용하겠다고 엄포하면서, 공격으로 확보한 것을 기정사실화 할 수도 있다. 전면전을 수행할 수 있는 경제적 뒷받침이 없다고 할 경우 국지전 도발 후 중단, 또 다른 국지전 도발 후 중단을 반복할 가능성이 높다〉는 것이다.

최악의 경우로는 한국의 어느 도시에 그들의 의지와 능력을 과시하기 위하여 핵폭탄을 투하할 수도 있고, 한국의 항복을 강요하기 위하여 그들이 판단한 결정적인 표적을 타격할 수도 있다. 처음부터 치밀하게 계산한 후 핵무기를 사용할 수도 있지만, 남북한 간의 군사적 갈등이 제대로 관리되지 못한 채 악화되는 과정에서 갑자기 사용될 가능성도 배제할 수 없다.

통일대박론이 핵문제를 피해간다면…

김정은은 핵무기를 정치적 카드로 써먹기 위해서는 극적인 위력 과시로 한국인들이 공포심을 느끼도록 만들어야 한다고 판단할 것이다. 국지적 도발을 해놓고 한국군이 응징할 경우, "책임자를 처벌하라. 보상하라. 그러지 않으면 핵무기를 쓰겠다"고 나올 수 있는 상황을 조성하려고 할 것이다.

김정은이 남한에 핵무기를 써도 미국이 보복하지 못할 것이라고 믿는다면 그 믿음이 사실이든 誤判(오판)이든 핵전쟁의 가능성은 높아진다. 전술 핵무기 정도는 사용해도 미국이 보복하지 않을 것이라 생각할 수 있고, 수도권을 핵미사일로 집중 타격해버리면 한국의 국가기능이 소멸할 것이므로 미국이 이미 죽어버린 한국을 위하여 평양을 핵공격하는 愚는 범하지 않을 것이라고 상상할 수도 있다.

한국 쪽에는 이런 도발적 생각이나 誤判을 근원적으로 막을 만한 억지 수단이 없다는 게 가장 큰 위험 요인이다. 한국은 핵무기를 쓰기엔 지리적으로 가장 적합하고, 핵무장한 敵에는 가장 완벽하게 노출되어 있으면서도, 국민들과 지도층이 핵위협에 가장 무관심한 곳이다. 그런 점에서 김정은의 도발을 유혹하고 있으며, 국가 생존을 요행수에 걸고 사망유희를 벌이고 있는 셈이다. 핵문제를 피해가는 '통일대박론'은 사망유희의 위험성을 잊게 하는 마취제 역할을 할 것이다.

김정은을 표적으로 삼아야

2004년 미국의 환경기구인 NRDC(천연자원보호협회)의 연구결과에 따르면 국방부, 合參(합참), 韓美연합사가 있는 용산의 삼각지 500m 상공에서 15kt짜리 핵폭탄을 투하, 地面(지면)에서 폭발할 경우, 1.8km 이내의 1차 직접 피해 지역은 초토화되고, 4.5km 이내의 2차 피해지역은 半破(반파) 이상의 피해를 당하여 직접 피해를 입은 사망자가 40만 명, 추가 사망자가 22만 명으로 추정되었다. 같은 해 美 국방부 위협 감소국(DTRA)의 시뮬레이션에 따르면 사전경고 없이 서울 상공에 100kt(히로시마 원폭의 다섯 배)의 핵폭탄을 투하할 경우, 핵폭발로 31만 명 사망, 23만 명 중상, 방사능 낙진으로 수백 만 명이 죽거나 다치는 것으로 나왔다.

이 책의 저자들은 가장 유효한 대응책으로 북한의 수뇌부를 일거에 무력화시키는 이른바 '참수작전'을 제안하였다. 독재자의 경우엔 다른 목표물의 파괴로는 전쟁의지를 바탈할 수 없으므로 독재자의 무력화나 불능화를 추구해야 한다는 것이다. 독재국가의 가장 핵심적인 전략 重心(중심)은 군사력이 아니라 독재자라는 것이다. 즉 원거리 타격수단으로, 핵미사일의 발사를 통제하는 최고 지도부, 군사작전 최상급 지도부, 핵미사일 부대 지휘센터의 전부를 일거에 동시·통합·병렬적으로 타격, 파괴할 수 있으면 핵미사일을 작전배치 해놓고 있어도 핵단추 통제권자의 不在로 작동이 불가능하게 만들 수 있다. 비용 對 효과 측면에서도 단연 유리한 방법이다. 요컨대 김정은을 표적으로 삼아야 한다는 이야기이다.

貧國强兵 대 富國弱兵

著者는 〈북한의 핵 미사일 문제는, 우리 국민이, 정부의 문제 또는 미국의 문제이고 나와는 상관이 없는 문제라고 생각하는 한 답이 안 나온 다〉고 지적했다. 한국은 主權在民(주권재민)의 자유민주주의 국가이므로 국민이 관심이 없으면 국민이 뽑은 정부가 문제 해결에 앞장 설 수는 없다는 것이다. 북한 핵은 독재정권을 위한 핵, 주민을 압제하는 핵, 한국을 인질로 삼으려는 핵, 민족 멸망의 핵이란 사실에 대한 인식의 공유가 문제해결의 알파요 오메가이다.

1991년 미국이 전술 핵무기를 한국에서 빼내갈 때까지 한국은 군사적으로 對北 우위에 있었다. 미국의 핵무기가 한국 영토에 있었고, 북한은 핵무기가 없었다. 從北세력도 미미하였다. 그럼에도 국민의 안보의식은 튼튼하였다. 지금은 北이 핵무기와 종북세력을 다 갖고 한국은 核이 없으며 있던 미군 核은 철수되었다. 그럼에도 한국인들은 천하태평이다.

이 책은 한국과 西獨(서독)이 너무 달라 독일 식 통일은 어렵다고 지적한다. 서독은 東獨(동독)에 대하여 경제적, 군사적 우세였지만 한국은 핵무장한 북한에 劣勢(열세)이기 때문이다. 북한은 貧國强兵(빈국강병)이고, 한국은 富國弱兵(부국약병)이다. 역사는 배고픈 군대가 배부른 군대를 이긴 사례로 가득하다. 핵무장하지 못하고 핵문제에 관심조차 없는 나라가 핵무장한 국가를 흡수, 통일할 수 있는가 하는 근원적인 의문을 던진 책이다.

安保위기를 스스로 극복한 적이 없는 민족

1392년 조선조 開國(개국) 이후 韓民族(한민족)은 安保위기를 스스로 극복한 적이 없다. 북한 核미사일 實戰배치 상황이란 절체절명의 위기에 대응하는 국가와 국민의 자세를 보고 있노라면 이 끔찍한 악순환의 고리가 끊어질 것 같지 않다.

- **1592년 임진왜란:** 보름 만에 서울 함락
- **1627년 정묘호란:** 後金(후금) 군대가 압록강을 넘은 지 11일 만에 평양 점령(조선, 휴전협상에 응하여 형제의 盟約을 하다)
- **1636년 병자호란:** 後金의 後身(후신)인 淸軍(청군)이 압록강을 건넌 지 열흘 만에 서울 점령. 인조는 남한산성으로 피했다가 항복

임진왜란에 대비하지 못하였던 조선은 그 35년 뒤 정묘호란을 당하였고, 다시 그 9년 뒤 병자호란을 허용하였다. 대비를 하지 않은 상태에서 명분론에 입각한 강경론을 편 탓이다. 1910년의 韓日합병도 역사의 실패로 배우지 못한 체질을 가진 조선조의 종말이었다. 이런 惡習(익습)은 대한민국 건국 후에도 계속된다. 6·25 기습 남침은 불행 중 다행히 미국 트루먼 대통령의 파병 결단 덕분에 亡國(망국)으로 가지 않았다.

1989~1991년 사이 東歐(동구)와 소련의 공산주의 체제가 무너졌다. 사회주의 실패를 보고도 한국에선 좌익들이 득세하였다. 대통령의 목숨을 노린 北의 테러가 네 차례(1·21 청와대 기습, 국립묘지 현충문 폭파기도, 문세광 사건, 아웅산 테러) 있었지만 응징을 제대로 못하였다. 2010년 3월 천안함 폭침을 당하고도 8개월 뒤 또 다시 연평도 포격을 당하였다. 두 번 다 응징을 하지 못하였다. 2011년 유럽에서 과잉복지로 경제위기가 발생하고, 그리스 이탈리아 스페인 등 과잉복지 국가의 정권들이 바뀌었다. 이를 보고도 한국에서는 이른바 무상복지 선동이 기승을 부렸다. 국방예산을 희생시키면서 낭비성 복지예산을 늘렸다.

2012~2013년 북한이 핵실험과 장거리 미사일 발사에 성공, 核미사

일 實戰(실전)배치가 임박하였는데도 좌익 정치인들은 미국과 협력해야만 가능한 미사일 방어망 건설을 반대한다. 강간상습범 앞에서 옷을 벗은 여인 꼴이다. 그렇게 하면 범인을 충동질하니 옷을 입으라고 충고하는 사람들을 욕하는 이들이 국회와 언론에 수두룩하다.

역사적 실패의 되풀이

1870년 普佛(보불)전쟁 때 프러시아에 진 프랑스는 이를 갈다가 1914년에 일어난 제1차 세계대전을 맞아 독일을 이기고 빼앗겼던 알사스 로렌 지방을 되찾았다. 화가 난 독일은 히틀러를 등장시켜 1940년 전격전으로 프랑스를 패배시켰다. 프랑스는 그러나 드골의 영도 하에 연합군의 일원으로 반격을 개시, 제2차 세계대전이 끝날 때는 戰勝國(전승국)으로서 미국, 소련, 영국과 함께 敗戰(패전) 독일을 분할 점령하고 유엔 안보리 상임이사국이 된다.

일본은 1274년 몽골-고려 연합군의 침공을 받았다. 하카다에 상륙한 연합군은 일본 가마쿠라 막부 군을 大破(대파)하였으나 폭풍을 만나 후퇴하였다. 그 7년 뒤인 1281년 몽골-고려 연합군 십 여 만은 다시 일본을 침공, 상륙전을 벌였다. 이번엔 陸戰(육전)에서도 일본군에 밀렸다. 일본군은 몽골군의 再侵(재침)을 예상, 준비를 단단히 하고 있다가 반격을 하였고 폭풍이 와서 정박 중이던 연합군의 함선들이 크게 부서졌다. 수만의 연합군만 살아 돌아갔다. 일본은 제국주의 시절에 미국 등으로부터 開港(개항)을 강요당하자 정신을 차리고 1868년 명치유신을 단행, 선제적이고 자주적 근대화에 착수함으로써 식민지 신세를 면하고 오히려 식민지 확보에 나섰다.

프랑스와 일본에 비하면 한국은 역사의 교훈에서 실패의 반복을 방지할 지혜를 배우는 게 아니라 역사의 교훈을 거꾸로 배우는 듯하다. 즉 실패의 요인을 제거하지 못하고 계속 키워가다가 더 큰 재앙을 잇따라 부르는 것이다. 공산주의자들 때문에 지옥의 문턱까지 갔던 사람들이 그 공산주의의 득세를 허용했다. 사망유희! 죽어봐야 죽는 줄 안다는 말이 있는데 韓民族(한민족)은 그럴 것 같지도 않다.

실패의 요인을 객관적으로, 과학적으로 분석하여야 대비책이 나온다. 실패의 요인을 남 탓으로 돌리고, 변명만 늘어놓으면 실패의 원인은 치유되지 않고 재발하는 것이다. 조선조의 亡國은 오로지 나쁜 일본 때문이고, 高宗(고종)과 閔妃(민비, 死後에 명성황후)는 좋은 사람이었다고 가르친다. 일본에 투항한 最高사령관(고종)은 美化(미화)하고 버려진 졸병들에겐 왜 끝끼지 싸우지 않았느냐며 親日派(친일파)로 본다. 이런 沒(몰)과학적 자세 때문에 조선조 開國(개국) 이후 한국은 安保위기를 스스로 극복해 본 적이 없는 것이다.

內憂外患

漢族(한족) 중심의 주자학적 명분론에 기초한 조선의 對中사대주의는 자주국방 의지를 근원적으로 말살하였다. 지도층은, 공동체의 생존을 중국에 맡겨놓고 내부 권력투쟁에 몰입하였다. 이런 전통을 잇고 있는 게 한국의 정치, 학계, 언론이다. 1980년대 후반 이후 이들이 주도권을 잡은 한국 사회는 反국가, 反국군, 反기업, 反반공, 反美, 親中, 親北 성향을 드러냈다. 이 시기에 北이 핵무장에 성공한 것이다. 內憂外患(내우외환)이 닥친 것이다.

약 30년간 국가 지도층 역할을 했던 국군 장교단을 밀어내고 實權(실권)을 장악한 신판 '양반세력'은 민주주의를 앞세우지만 본성은 조선조적 사대주의−명분론으로 돌아갔다. 우파는 미국에 의탁, 자주국방을 멀리하고, 반역좌파는 계급투쟁론에 사로잡혀 국가의 彼我식별 기능을 마비시켰다. 안보위기 때 항상 실패하였던 自害的 DNA가 되살아나고 있다.

북한 核미사일 實戰배치 상황이란 절체절명의 위기에 안일하고 무책임하고 때로는 반역적으로 대응하는 국가와 국민의 자세를 보고 있노라면 이 끔찍한 악순환의 고리가 끊어질 것 같지 않다. 그렇다면 그 결과는? 생각하기조차 두렵다.

통일前夜의 新羅와 비슷한 처지

新羅(신라)의 三國(삼국)통일은 멋으로 한 게 아니다. 살기 위하여 한 것이다. 宿敵(숙적)인 百濟(백제)가 의자왕의 登極(등극) 이후 서쪽에서 대공세를 펴고, 지금의 합천에 있던 대야성까지 함락시켰다. 북쪽의 고구려도 親백제, 反신라적이었다. 배후의 倭(왜)도 전통적으로 백제와 친했다. 7세기 초의 신라는 사방이 포위된 形局(형국)이었다. 지금의 서울을 중심으로 한 漢江下流(한강하류) 지역을 생명선으로 지켜내기가 힘겨웠다. 당시의 객관적 國力(국력)은, 군사력은 고구려가, 경제력은 백제가 더 강했다. 신라의 삼국통일은 지도층의 단합력에 위기의식이 보태진 덕분에 가능하였다. 亡國(망국)의 위기를 통일의 好機(호기)로 逆轉(역전)시킨 것은 金春秋(김춘추, 태종무열왕), 金庾信(김유신), 金法敏(김법민, 문무왕)으로 대표되는 지도층의 決死的(결사적) 자세였다. 위기의식이 통일의지로 승화되어 통일의 주체세력을 만들어냈다.

'통일하지 않으면 우리가 죽게 되었다'는 위기의식이 신라로 하여금 유일한 活路(활로)인 백제 고구려 멸망 작전으로 나서게 하였다. 대야성 전투에서 사위와 딸을 잃은 金春秋가 倭와 고구려를 찾아가 동맹을 꾀하다가 실패, 마지막으로 고구려가 장악한 서해를 건너 入唐(입당), 唐 태종을 만나 羅唐(나당)동맹을 맺음으로써 현상타파의 발판을 마련하였던 것이다. 목숨을 건 외교였다.

한국의 상황도 統一前夜(통일전야)의 신라와 비슷하다. 한국은 핵무장 국가로 둘러싸여 있는 非核(비핵)국가이다. 北의 핵미사일 實戰(실전)배치는 이미 성공하였거나 임박하다. 한국도, 미국도 核미사일을 막을 수단이 없다. 미국의 애매한 핵 보복 약속이 김정은의 한반도 공산화 의지를 꺾을 것이라고 믿고 웰빙에 전념하는 것은 5000만의 생존을 요행수에 의덕하는 무책임한 짓이다. '北의 核미사일 實戰배치'는 대한민국에 선택을 강요한다.

〈핵무장한 북한정권에 굴종하여 살아가든지 그들을 무너뜨려 살 길을 찾아라.〉

이런 상황에서 朴槿惠(박근혜) 대통령은 '통일대박론'을 꺼냈다. 우리가 처한 절박성보다는 우리가 누리는(또는 누린다고 생각하는) 優位(우위)를 강조하는 여유 있는 用語(용어)이다.

통일대박론이 아닌 '통일決死論'이어야

군사적으로는 핵무장한 국가가 핵무장하지 못하고 분열된 국가를 흡수통일하기가 쉽다. 핵무장하지 못한 한국이 안으론 利敵(이적)세력을 키워가면서, 바깥으론 핵무장한 집단을 흡수통일하겠다고 나서는 것은 천지분간을 못하는 철없는 짓으로 보일 수가 있다. 지금 김정은은 누르기만 하면 10분 만에 서울 상공에서 터져 한국을 멸망시킬 수 있는 核미사일 발사 단추를 만지작거리면서 통일대박론을 비웃고 있을지 모른다.

北이 선전포고 사유가 될 만한 무인기 침투 작전을 전방위적으로 편 것은 한국을 만만하게 본 때문이다. 이런 도발을 하고도 "우리가 核미사일을 갖고 있는데, 어쩔래?"라고 나오면 한국군이 보복하지 못할 것이라고 낙관(또는 오판)하고 있을지 모른다.

國史(국사) 교육을 강조하던 박근혜 대통령은 좌편향 한국사 교과서가 全國(전국) 고등학교의 90%를 차지하는 상황을 막지 못했다. 좌익들에게 逆利用(역이용)당한 것이다. 이념과 전략 不在(부재)의 통일대박론도 그런 식으로 역이용당하여 햇볕정책의 아류로 전락할 가능성을 배제할 수 없다. 朴 대통령 말고 통일주체 세력이 있는가? 21세기의 화랑도가 있는가? 통일의 공격수가 있는가? 통일을 향한 決死的 자세가 있는가? 없다면 키워야 하고, 키울 의지가 없다면 核미사일이 서울 상공에서 터지지 않도록 하는 수비에 전념해야 한다.

통일대박론의 내용은 統一決死論(통일결사론)이어야 한다. 통일하지 않으면 죽는다는 절박감으로 무장해야 성공한다. 그래야 親中反日(친중반일)의 외교 노선이 통일에 도움이 될지, 害(해)가 될지를 가려내는 이성적 눈도 갖게 될 것이다. 신라는 對唐(대당)결전에 즈음하여 宿敵(숙적) 백제를 도운 倭와도 화친하는 현란한 통일외교를 보여주었다. 살기 위해서 무슨 짓을 못하겠는가?

박정희 대통령은 1976년 국방부 순시 때 이런 말을 독백처럼 했다.

"통일은 언젠가는 아마도 남북한이 실력을 가지고 결판이 날 겁니다. 대외적으로는 내어놓고 할 이야기는 아니지만 미·소·중·일 4대 강국이 어떻고 하는데 밤낮 그런 소리 해보았자 소용없는 이야기입니다. 어떤 객관적 여건이 조성되었을 때 남북한이 실력으로 결판을 낼 겁니다."

　종합적인 國力(국력)은 한국이 우세하다. 문제는 통일의지이다. 國力을 군사력과 통일의지로 전환시킬 국가 엘리트가 없다면, 방으로 들어오는 칼 든 강도를 보고도 권총의 방아쇠를 당길 용기가 없는 주인의 노예적 삶이 기다리고 있을 것이다. 한국의 현대사는 기적과 逆轉(역전)의 드라마였다. 이번에도 北核 위기를 통일의 기회로 逆轉시킬 것인가, 아니면 자주적 위기 극복에 실패하여 퇴보할 것인가, 대한민국은 선택의 갈림길에 섰다.

3

'核前무장해제'
상태의 한국

서울에서 터지면 핵폭탄
한 방으로 40만 명 死傷

'核前무장해제'
상태의 한국

서울에 10kt짜리 핵폭탄 한 방이 떨어진다면

2010년 미국의 랜드 연구소가 발표한 〈북한 핵 위협의 불확정성〉(브루스 W. 베넷 작성)이란 보고서는 북한이 10kt(TNT 1만t에 해당하는 폭발력)짜리 핵폭탄을 쓸 경우의 피해를 예측하였다. 이 정도의 핵폭탄이 지상에서 터졌을 때 치명적 피해를 주는 반경은 1100m, 重傷(중상) 반경은 1500m이고, 반경 1800m 내에선 사망자가 발생한다.

이 핵폭탄을 한국군 사단을 향하여 사용할 경우, 1개 사단(약 1만 명)의 약 19%를 死傷(사상)시킬 수 있다. 비행장에 사용할 경우는 약 70%의 死傷率(사상률)이 예상된다.

서울을 향해 쏠 때는 피해가 크다. 10kt의 핵폭탄이 서울의 주택가에서 터질 때는 12만 5000명에서 20만 명이 죽을 것이다. 부상자를 포함하면 29만 명에서 40만 명이 죽과 다친다. 사망자의 20%만 즉사하고 나머지는 시간을 끌다가 죽는다. 따라서 어마어마한 의료진이 필요하다. 29만~40만 명의 사상자를 안치하고 치료해야 한다. 랜드 보고서는 심각한 환자 약 30만 명을 우선적으로 치료해야 할 것이라고 계산하였다. 경상자까지 병원을 찾을 경우엔 총 50만 명의 치료가 필요해진다. 이들 이외에도 방사능에 노출되었다고 믿는 이들이 병원으로 더 몰려올 것이다. 참고로 군 시설을 포함한 전국 의료기관의 총 病床(병상) 수는 약 60만 개이다. 서울에서 핵공격을 받은 부상자의 상당수는 입원하지 못하고 치료를 받다가 죽어가야 한다는 뜻이다.

위의 수치는 밤에 주택가를 공격하는 경우이다. 낮에 공격하면 야간의 약 30% 정도 피해가 생긴다. 주간에 사무실이 몰려 있는 곳을 공격하면 야간보다 피해는 50% 정도가 늘어난다. 만약 북한군이 50kt짜리 핵폭탄을 쓴다면 피해는 2~2.5배가 된다. 즉 사망자는 最多 50만 명이나 된다는 것이다.

1조 5000억 달러의 피해

서울이 아니고 일본과 한국의 다른 도시를 핵폭탄으로 공격하였을 때는 서울보다 약 5~40% 정도 피해가 줄어들 것이다. 즉, 인구가 밀집한 서울을 핵폭탄으로 공격하는 게 가장 큰 피해를 준다는 연구 보고였다. 핵폭탄에 의한 공격으로 입는 피해는 人命(인명)에 한정되지 않는다. 건물이 부서지고 도심부가 방사능으로 오염된다. 서울에서 살아남은 이들의 대탈출이 시작될 것이고, 접근이 금지될 것이다. 한국産 상품에 대한 불안감으로 수출이 격감할 것이다. 랜드 보고서는 10kt 한 방으로, 한국의 GDP(국내총생산)가 10년 이상 10%씩 떨어질 것이라고 계산, 1조 5000억 달러의 피해를 줄 것이라고 내다보았다.

수십 개의 핵폭탄을 가진 북한이 한 발만 사용한다는 보장이 없다. 한 방으로도 수도권이 폐허가 된다면 그 이상에선 국가기능이 마비된다고 봐야 할 것이다. 한국이 방사능 잿더미가 되었는데도 미국이 북한을 핵무기로 응징해야 '핵우산' 약속을 지키는 게 된다. 과연 미국의 언론과 의회가 대통령에게 그런 권한을 줄 것인가? 즉 이미 망했거나 망해가는 나라에 대한 약속을 지키기 위하여 북한까지 핵폭탄으로 초토화시켜 한반도 전체를 核오염지대로 만들 것인가?

문제는 이런 핵폭발이 고의가 아니라 사고를 통해서도 일어날 수 있다는 사실이다.

사고가 더 위험

1995년 1월25일 러시아의 모스크바. 보좌관이 가방 하나를 옐친 대통령에게 건넸다. 4분 전 노르웨이 근해에서 미사일이 발사되어 날아오고 있다는 것을 시사하는 항적이 스크린에 나타났다. 옐친이 발사 단추를 누르면 러시아의 핵미사일이 미리 지정된 목표물을 향하여 날아갈 판이었다.

러시아군 참모총장 콜레스니코프 장군도 다른 곳에서 스크린을 보고 있었다. 로켓이 단계적으로 분리되는 것으로 봐서 중거리 탄도 미사일로 추정되었다. 西유럽의 나토 동맹국에 배치된 美製(미제) 퍼싱 미사일일 가능성이 높다는 판단을 했다. 항적의 경로로 봐서 미국 잠수함에서 모스크바를 목표로 발사한 듯했다. 참모총장은 옐친에게 전화를 걸었다. 대통령은 6분 안에 발사 여부를 결정해야 했다. 수 분 더 항적을 관찰한 결과 러시아 지도부는 미사일이 러시아 영토에 떨어지지 않을 것이라는 판단을 했다. 나중에 밝혀진 바로는 이 항적은 노르웨이가 오로라를 연구하기 위하여 쏜 과학 로켓이었다. 노르웨이는 발사 예정 사실을 러시아에 통보하였으나 이 정보가 군 당국에 제대로 전달되지 않아 오해가 빚어졌던 것으로 보인다.

냉전 시대의 核 사고 보고서를 종합하면 핵무장 국가의 핵공격으로 핵전쟁이 일어날 확률보다는 사고로 일어날 가능성이 더 높았다고 한다. 작동 실수로 비행기에서 핵폭탄을 떨어뜨린다든지, 핵 탑재 비행기에서 불이 난다든지, 핵 탑재 미사일의 폭발이나 레이더와 컴퓨터의 오작동 같은 사례들이 있었다.

1958년 마크 36형의 수소폭탄을 실은 미국의 B-47 폭격기가 모로코이 미군 기지에서 휠주로 진입 중 불이 났다. 폭격기는 두 동강 났고, 불은 두 시간 반 계속되었다. 기지 요원들은 긴급 철수하였다. 다행히 핵탄두의 화약은 폭발하지 않았다. 이 사고는 비밀에 붙여졌다.

그 6주 후 마크 6 핵탄두를 싣고 가던 미군 폭격기 안에서 한 승조원이 폭탄 투하 수동 레버를 잘못 건드렸다. 핵탄두가 떨어졌는데 이 탄두에 핵물질 코어가 삽입되지 않은 상태였다. 폭약만 터져, 땅에 큰 구멍을 냈을 뿐이었다.

핵전쟁을 부를 뻔한 컴퓨터 오작동

1960년 콜로라도의 北美방공 사령부(NORAD) 컴퓨터가 방금 소련이 미국을 향하여 전면적인 핵미사일 공격에 나섰다는 경보를 발령했다. 핵폭탄이 수 분 이내로 떨어질 확률은 99.9%라는 것이었다. 당시 흐루

시초프는 유엔에 참석하기 위하여 뉴욕에 있었다. 이를 근거로 사령부는 오작동이라고 판단하였다. 나중에 밝혀진 바로는 그린란드의 조기경보 시스템이 노르웨이 쪽에서 떠오르는 달을 미사일 발사로 인식하였다는 것이었다.

1979년 북미방공사령부 컴퓨터가 소련의 전면공격이 시작되었다고 경보했다. 미국의 폭격기, 미사일 기지에 비상이 걸렸다. 공항 관제소엔 민간 여객기에 대한 즉시 착륙 명령이 떨어질지 모른다는 주의가 하달되었다. 이 경보 또한 교육용 워 게임 테이프를 한 기술자가 컴퓨터에 잘못 끼운 데서 발생한 것으로 조사되었다. 1년 뒤에도 비슷한 소동으로 카터 대통령의 안보 보좌관 브레진스키를 밤중에 깨우는 사태가 벌어졌다. 이 사고는 컴퓨터의 결함 때문이었다.

미국의 핵전쟁 계획은 핵공격이 임박할 때의 대응전략이 너무나 단순하였다. 핵공격에는 '전면적인 핵공격'으로 대응한다는 것이었다. 즉 어떤 경우에도 적의 핵공격을 받은 이후를 상정하지 않았다. 그러니 즉각 대응에 모든 것을 걸었다. 시간에 쫓기면 오판을 하기 쉽다. 여기에 핵사고의 위험이 있다.

북한이 핵무기를 소형화하여 미사일에 갖다 붙이는 이른바 核미사일 實戰배치가 기정사실화되었다. 일단 核미사일이 실전배치된 후엔 의도적인 핵사용에 의한 재앙보다는 상호 오해나 기계 오작동에 의한 사고 가능성이 더 높아질지 모른다.

대한민국이 절대로 용인할 수 없는 상황

冷戰(냉전) 시대의 核사고를 다룬 《지휘와 통제(Command and Control)》

란 책에서 著者(저자) 에릭 슐로서는 핵무기 관리의 위험성을 이렇게 지적하였다.

〈미국이 핵무기를 관리하면서 직면하였던 어려움들을 알게 된다면 핵개발을 꾀하는 나라들은 잠시 생각을 다시 하게 될 것이다. 핵무기 관리 기술은 미국에서 발명되고 완성되었다. 나는 미국의 핵무기가 가장 안전하게 관리되고 있다고 믿는다. 그럼에도 미국은 여러 번 사고로 인한 핵 재앙을 겪을 뻔하였다. 이 분야에서 경험이 적은 나라들은 미국만큼 運(운)이 좋지 않을 가능성이 있다. 한 나라의 기술적 효율성을 재는 기준은 산업 재해의 빈도이다. 인도는 미국보다 두 배, 이란은 세 배, 파키스탄은 네 배이다. 고도의 기술은 국경을 넘어 쉽게 전달되지만 조직 기술과 안전 문화는 공유하기가 쉽지 않다. 핵무기는 힘의 상징이고, 국가적 자존심의 원천으로서 매력이 있으나 이를 소유하는 나라에는 심각한 위협이 된다.〉

1. 미국정부의 심리 분석에 따르면, 김정은은 성격이 '위험하고, 예측불능이며, 폭력을 좋아하고, 과대망상적'이다. 이런 자가 발사 단추를 누르는 자리에 있다는 것은 어린 아이의 손에 라이터를 쥐어준 것과 같다.

2. 북한에서 누가 어떤 의사 결정 과정을 거쳐 핵미사일 발사 단추를 누르느냐가 문제이다. 김정은이 오판이나 발작으로 발사 단추를 누르려고 할 때, '안 됩니다'라고 건의할 사람이 있을 것 같지 않다.

3. 북한이 신뢰할 만한 핵미사일 발사 결정 과정과 시스템을 갖출지 의문이다. 한국, 미국, 일본이 북한 지도부의 합리성을 의심하게 되면 민감하게, 선제적으로, 과격하게 대응할 가능성이 높아진다.

4. 북한정권도 핵미사일을 실전배치한 다음엔 더욱 예민해질 것이다.

韓美(한미)군사 훈련 중 미군 폭격기가 접근하면 '우리 核미사일을 파괴하려는 것이 아닐까' 의심, 核미사일을 쏠지도 모른다.

5. 긴장하기는 한국 측도 마찬가지이다. 레이더에 이상한 물체가 남하하는 게 잡히면 핵폭탄을 실은 것으로 간주, 강경한 대응을 할 수도 있다. 북한의 통상적인 미사일 발사 시험을, 핵미사일 실제 발사로 오인, 선제공격을 했다가 北의 핵공격을 부를 수도 있다.

6. 北에서 쿠데타나 암살이 발생하면 지휘체제가 무너져 핵미사일 발사 단추를 누르는 사람이 자주 바뀌고 발사 권한이 흔들릴 것이다. 자연히 사고 위험성이 높아진다.

北의 핵미사일 實戰배치는 의도적이든 비의도적이든 핵폭발의 위험성을 극적으로 높인다. 이는 대한민국이 절대로 용인할 수 없는 조건이다.

核미사일 實戰배치의 공식화

2015년 4월9일, 미국의 자유아시아방송(RFA)은 "북한이 핵탄두를 탑재한 이동식 대륙간 탄도 미사일을 실전배치한 것으로 평가하고 있다고 미국의 고위 국방 관리가 밝혔지만 한국 측은 이것이 미국의 공식 입장은 아니라고 지적했습니다"라고 보도하였다.

〈미국의 윌리엄 고트니 북미항공우주방위사령관 겸 북부사령관은 7일 미국 국방부 청사에서 기자들과 만나 북한이 ICBM, 즉 대륙간 탄도 미사일을 배치하고 핵무기를 소형화한 것으로 평가했습니다.

고트니 사령관: "우리의 판단은 북한이 소형화된 핵무기를 KN-08 미사일에 탑재하고 미국 본토에 발사할 수 있는 능력을 갖고 있다는 것입니다."

그는 아직 북한이 이동식 대륙간 탄도 미사일인 KN-08을 시험 발사하는 것을 목격하지 못했지만 그 시험 발사를 기다리고 있다고 덧붙였습니다.

최근 미국 당국자들은 의회에 출석해 북한의 핵탄두 대륙간 탄도 미사일 실전배치 가능성을 연이어 거론하고 있습니다. 지난달 제임스 클래퍼 미국 국가정보국(DNI) 국장은 북한이 미국 본토를 직접 타격할 수 있는 KN-08 미사일의 배치 수순에 돌입했다고 평가했고 세실 헤이니 미군 전략사령부 사령관도 북한이 핵탄두를 소형화했을 것으로 믿는다고 밝혔습니다. 한편 한국 국방부의 김민석 대변인은 8일 북한의 핵탄두 탑재 대륙간 탄도 미사일의 실전 배치설은 미국정부의 공식 입장이 아니라고 밝혔습니다.

김민석 대변인: "한미 정부는 현재까지 북한이 KN-08, 즉 대륙간탄도미사일을 실전 배치하는 단계에 이르지 않은 것으로 평가하고 있습니다."

한국 국방부 측은, 한미 간의 공식 입장은 북한의 KN-08 미사일이 실전 배치되지 않았고 핵무기 소형화 기술이 상당한 수준에 있다는 것이라고 설명했습니다.〉

북미항공우주방위사령관 겸 북부사령관은 미국으로 날아오는 핵미사일을 탐지, 요격하는 부대의 최고 지휘관이다. 그런 사람이 기자들에게 한 말을, 한국의 국방부 대변인이 '미국정부의 공식 입장이 아니다'라고 부인하는 게 이상하다. 도대체 어떻게 해야 공식 입장이 되는가? 역대 정부, 특히 이 정부가, 북한의 핵 및 미사일 위협에 대하여 국민들에게 사실과 다른, 상당히 축소·왜곡된 정보를 제공하는 것이 아닌가 의구심이 드는 대목이다.

李明博(이명박) 정부에서 안보 정책에 간여하였던 한 핵심 인물은 "북한은 핵탄두 소형화와 대량 생산 체제를 갖추었고, 핵미사일도 이미 실전 배치하였다"고 단정적으로 말했다.

北核 정보 축소 의혹

역대 정부는 북한의 핵과 미사일 능력에 대하여 축소하거나 과소평가하는 태도를 취해왔다. 미국의 평가를 과장된 것이라고 비판하기도 하였다. 핵미사일 실전배치 상황에 직면하여 과거를 뒤돌아보면 한국 측의 무책임한 정보 분석과 의도적인 은폐가 섞여 있었다는 느낌이다. 이는 핵문제 해결을 미국에 맡겨놓은 군대와 국가의 주인의식 결여, 더 심하게 말하면 사대주의적 근성 때문일 것이다. 국정원 출신의 한 전문가는 이렇게 말하였다.

〈1991년 무렵 舊소련이 붕괴될 때 북한은 소련 마피아를 통하여 핵폭탄을 적어도 세 개 정도 밀수입하였다. 이를 파키스탄의 칸 박사에게 보여준 것이다. 2006년 10월9일의 핵실험 한 시간 전에 북한은 중국에 4kt짜리 핵실험을 한다고 통보하였다. 중국은 駐中(주중)한국 대사관을 경유, 우리 정부에 이를 알렸다. 실제로 관측된 폭발력은 1kt 이하였다. 실험이 실패한 때문이 아니라 지하 시설의 구조 때문이었을 것이다. 플루토늄을 소량 사용한, 통제된 핵실험을 할 수 있었다는 점에서 북한의 핵 기술은 첫 실험 때부터 상당히 진전되어 있었다고 본다. 농축우라늄 생산 시설에 필수적인 고강도 알루미늄도 밀수하여 쓰다가 지금은 自力(자력) 생산하는 것이 틀림없다. 우리는 2007년 무렵에 이미 북한이 핵폭탄 소형화에 성공하였다고 판단하였다.〉

지금 상황을 아무리 낙관적으로 해석해도, 〈북한이 우라늄 농축 방식에 의한 핵폭탄 대량 생산 체제를 구축하였고, 핵탄두 소형화에도 성공, 스커드나 노동 미사일에 장착, 實戰배치 하였거나 그 直前(직전) 단계이다〉는 게 사실에 가까워 보인다. 이 엄중한 사실을 대통령과 국방부는 국민들에게 제대로 알리지 않는 정도를 넘어 축소 보고하고 있다. 국가지도부가 국민들에게 애매한 표현으로 흘리고 있는 정보는 '핵탄두 소형화가 진행되고 있는 것 같다'는 식이다. 안보정보를 과장하는 것도 문제이지만 축소 은폐는 범죄이다. 특히 모든 국민들의 생존에 직결된 핵정보는 국민들이 알 권리가 있다. 안보 사령탑이 이러니 정치권에선 자위적 핵무장론은커녕 '총력을 다하여 빨리 미사일 방어망을 만들고 철수한 미군 전술 핵무기를 재반입해야 한다'는 정도의 이야기조차 나오지 않는다.

朴 대통령은 宣祖가 될 생각인가

엄청난 사실 앞에서, 정치권은 한가하게 사드(高고도 미사일 방어망)를 배치할 것이냐 말 것이냐로 말장난만 벌인다. 중국을 자극하느니 마느니 하는 수준의 이야기를 하고 있으니 국민들도 사태의 심각성을 알지 못거나 알고 싶어 하지 않는다. 홍수로 江의 물이 불어 둑을 넘을 정도가 되었는데 둑 위에 있는 사람이 경보음을 울리지 않으니 둑 아래 사람들은 사소한 데 목숨 거는 치사한 싸움에 빠지고, 하루하루의 쾌락을 좇는다. 자기 눈만 가리면 다가오는 비극은 피해가는가?

강물이 둑을 넘을 지경에 이르렀다는 사실을 가장 잘 아는 대통령과 국방부가 침묵을 계속하거나 정보를 왜곡하는 것은 임진왜란 前의 宣祖(선조)에 못지않은 실수이다. 선조는 일본군의 침략을 미리 알았다고 하더라도 손을 쓸 구석이 많지 않았으나 朴槿惠(박근혜) 대통령은 수단이 많다. 국가와 국민이 진실을 直視(직시)하면 국가 생존 차원의 國力(국력) 동원이 가능하다. 대통령은 이렇게 보고해야 할 것이다.

'국가생존 차원의 위기가 왔다. 대화를 통한 北核(북핵) 폐기는 실패하였다. 앞으로도 가능성이 낮다. 北의 核미사일 實戰(실전)배치는 기정사실이라고 보고 대비하여야 한다. 현재로선 北이 핵미사일을 발사하면 막을 방법이 없다. 미국 등 우방국과 긴밀히 협조, 효율적인 미사일 방어망을 조속히 건설하고 미국에 전술 핵 재배치를 요구하겠다. 북한의 핵개발을 지원하고 비호한 세력에 대한 국가적 조사와 수사를 통하여 내부의 적을 제거할 것이다. 앞으로 남북대화에선 핵 문제를 최우선 과제로 다루겠다. 國政(국정)도 核미사일 實戰배치에 대비하는 방향으로 수렴될 것이다. 韓美日(한미일) 동맹을 강화하겠다. 국민들의 협조를 요청한다.'

진실의 순간이 왔다

링컨은 이렇게 말한다.

"나는 국민을 굳게 믿는다. 진실을 알려주면 어떤 국가적 위기를 만나도 그들을 믿을 수 있다. 중요한 점은 그들에게 진실 된 사실을 전하는 일이다."

朴 대통령이 국민들에게 진실을 알려야 국민들은 核 위기 때 대통령을 믿고 정부에 협조할 수 있다. 核 문제의 본질과 실상을 알게 될 때 국민들은 敵의 核개발을 도운 종북 좌익 세력에 정권을 넘기지 않게 될 것이다.

대한민국이 망하지 않은 것은 아직 김정은이 미치지 않아서이다. 오늘 밤 그가 발작하여 핵미사일 발사 단추를 누르려고 할 때 北에는 말릴 사람이 없고 南에는 막을 방법이 없다. 이게 진실이다. 국민들이 '설마 김정은이 쏘겠나'라는 요행수 심리와 '미국이 가만있겠나'라는 노예근성으로 살도록 하는 책임은, 북핵의 진실을 은폐, 축소하고 있는 대통령의 몫이다. 북한의 핵미사일 실전배치가 부인할 수 없는 현실로 나타날 때 朴 대통령과 국방부는, 北의 핵개발을 도운 반역세력으로부터 "진실을 알고도 국민을 속여온 당신들이 진짜 역적이다"는 逆攻(역공)을 당하여 지도력을 상실할 것이다. 朴 대통령에게 진실의 순간이 왔다.

2015년 2월24일, 미국의 북한 전문 웹사이트 '38 노스'를 운영하는 조엘 위트 씨(미국 존스홉킨스 대학 초빙 연구원)가 한국 기자들에게, 북한이 2020년까지 最多(최다) 100개의 핵무기를 보유하고, 미국 본토를 칠 수 있는 장거리 미사일(대륙간 탄도 미사일) KN-08도 20··30개 갖게 될 것이며, 1Mt(TNT 100만 톤의 폭발력)급 수소폭탄을 실험할 가능성이 있다고 밝혔다.

이는 새로운 정보가 아니다. 2014년 2월7일 한국안보문제연구소(이사장 金熙相)가 주최한 세미나에서 문장렬 국방대학교 교수 등이 발표한 내용과 거의 같다. 다른 점은 위트의 발표 이후 미국의 고위 국방당국자들이 공개적으로 같은 취지의 견해를 밝히고 있다는 점이다. 이로써 전문가들 사이에서 기정사실화되었던 북한의 '핵미사일 實戰(실전)배치' 상황이 公論化(공론화)되기 시작하였다.

金正奉 논문

이런 가운데, 수십 년에 걸친 북한의 핵과 미사일 개발 과정을 지속적으로 추적해온 국정원 출신의 金正奉(김정봉) 북한연구회 회장이, '북한의 핵·미사일 능력과 THAAD 배치 필요성 검토'라는 논문에서, 북한의 핵무기 핵미사일 체제를 아래와 같이 종합하였다.

1. 플루토늄 핵폭탄

• 영변 원자로에서 추출한 플루토늄: 30~50kg

• 두 차례 핵실험에서 사용된 양: 10~12kg

• 현재 보유량: 20~40kg, 핵폭탄 4~8개 해당

2. 우라늄 핵폭탄

• 2010년에 미국의 헤커 박사에게 공개한 영변 핵 단지 내의 2000여 기 원심분리기에서 매년 2~3개의 핵폭탄을 만들 수 있는 30kg의 고농축 우라늄이 생산된다.

• 2014년 추가로 동일 규모의 농축공장 건설, 가동 확인.

• 이미 공개된 두 개의 농축공장만으로도 우라늄 핵폭탄을 연간 4~6개 제조 가능.

• 2013년 2월의 핵실험은 우라늄탄일 가능성이 높다.

• 매년 우라늄 농축공장(원심분리기 2000개)을 하나씩 신설해간다면 10년 내에 우라늄 핵폭탄 100여 발 확보 가능.

3. 핵폭탄의 소형화 · 경량화

• 2013년 핵실험 직후 북한은 '소형화·경량화된 원자탄을 사용하였다'고 발표. 미 국방정보국(DIA)도 그 직후 '북한은 현재 탄도 미사일로 운반 가능한 핵무기를 보유하고 있다고 어느 정도 자신 있게 평가한다'

는 보고서를 의회에 제출. 스케퍼로티 주한미군 사령관도 같은 취지의 견해를 공개적으로 밝힘.

• 북한은 스커드 B, 노동미사일, 대포동 미사일에 핵탄두를 탑재할 수 있는 능력 보유. 지난 해 '전략로케트군사령부'를 '전략군사령부'로 개편한 것은 핵미사일 실전배치의 뜻.

4. 2010년 5월의 또 다른 핵실험說

• 북한은 핵폭탄의 폭발력을 최고 열 배까지 증가시키기 위하여 '증폭핵분열탄'을 개발 중.

• 중수소와 3중수소를 혼합한 가스를 핵분열 물질 안에 넣어 핵분열 시 중성자의 발생을 폭발적으로 증가시켜 폭발력을 증가시키는 방법인데, 2010년 5월 북한이 이를 실험하였을 가능성이 농후함.

• 증폭핵분열탄을 개발하려면 3중수소의 확보가 關鍵(관건)인데, 북한이 2013년 8월부터 재가동하기 시작한 5MWe 흑연감속로에서 3중수소를 생산하고 있을 가능성이 있다. 이는 수소폭탄 개발의 토대가 된다.

5. 북한의 미사일 능력

• 1984년, 사정거리 300km의 스커드 B와 500km의 스커드 C를 작전 배치, 남한 全域(전역)이 사정권 안에 들어감.

• 1990년대엔 사정거리 1000km인 노동미사일의 성능을 개량, 1300km로 늘려 작전 배치, 일본까지 사정권 안에 들어감.

• 2007년엔 사정거리 3000km 이상의 무수단 미사일을 실전배치, 일본과 괌을 타격할 수 있게 되었다.

• 1990년대부터 장거리 대륙간 탄도 미사일 개발에 착수, 5회 실험.

사정거리 1만km로 미국 본토 위협.

• 미사일 보유량: 스커드 800기, 노동 300기, 무수단 50기(헤리티지 재단 자료).

• 고체연료를 사용하는 이동식 단거리 미사일 KN-02도 보유, 휴전선 인근에서 신속하게 수도권 공격 가능. 다양한 미사일을 탑재, 이동시킬 수 있는 차량 100여 대 보유, 사전 탐지가 어렵다.

• 2014년 북한은 아홉 차례의 高고도 미사일 발사 실험을 통하여 주한미군의 PAC-3로는 요격이 불가능하다는 점을 보여주었다.

6. 한국의 대응 능력

• 킬 체인(Kill Chain): 적의 미사일 위협을 실시간으로 탐지, 표적을 식별, 이를 파괴할 수 있는 수단을 선정, 타격을 명령하는 일련의 과정을 말한다. 한국군은 현재 감시 정찰 능력도, 타격 수단도 없으며 계획만 있는 상태임.

• 한국형 미사일 방어체제(KAMD): 종말단계의 下層(하층)방어 위주의 중첩된 방어 체제를 구축하고 있다. 종말단계의 上層(상층)방어를 위한 사드나 SM-3 요격 미사일의 확보도 필요하나 한국의 미국 MD 체제 편입 논란으로 도입은 고사하고 미군 사드의 한반도 배치도 늦어지고 있다.

• 한국이 對空(대공)미사일로 보유한 PAC-2로는 북한의 핵미사일 공격을 막을 수 없다. 한국이 2018년까지 가질 계획으로 있고 미군이 보유한 PAC-3로는 미사일의 종말단계(저고도)에서 한 차례 요격할 수 있을 뿐이다. 이게 실패한다면 핵폭탄을 맞아야 한다.

• 한국은 북한의 핵미사일을 막을 수 있는 수단이 없으며, 킬 체인과

한국형 방어체제도 갖추는 데 10년 가까이 걸린다.

7. 사드에 대한 중국의 반대

• 중국에 전혀 위협이 되지 않는 방어용 무기를 반대하는 것은, 한국의 내부 분열과 韓美(한미)동맹의 균열을 노린 것으로 보임.

• 중국은 북한의 핵과 미사일 개발을 방치, 방조해왔음. 원유 50만 톤을 계속 공급하면서도 무역통계에서 누락시킴. 미사일의 핵심 부품인 관성항법장치를 지속적으로 북한에 공급하였고, 조선족 중국인 과학자들이 미사일 개발에 참여하는 것을 알고도 전혀 규제하지 않았다.

• 한국 내의 사드 배치 반대론은 對中(대중)사대주의의 발로가 아닌가? 金 씨의 분석에 따르면 북한은 수십 개의 경량화된 핵폭탄과 1000기의 난·중·상거리 미사일을 결합시킨 종합석 核戰力(핵선력)을 완성, 이제는 핵폭탄의 고도화 및 수소폭탄 개발로 나아가고 있는데, 한국은 사실상 무방비 상태이다. 그럼에도 정부는 '소형화가 진전되고 있다'는 표현으로 국민들의 경계심을 흐리게 하고, 핵미사일 방어망 건설을 미루면서 무슨 죄 짓듯이 쉬쉬한다. 지난 70년간 한국이 군사적으로 이처럼 불리한 조건에 선 적은 없었다.

핵전략의 원칙

핵무기를 절대 무기라고 부른다. 한번 얻어맞으면 나라가 망하거나 再起不能(재기불능) 상태에 빠지기 때문이다. 기습을 받고도 반격이 가능한 재래식 무기와는 질적으로 다르다.

한국은 敵이 핵무장을 하였는데도 대응 핵무장을 하지 않고 방어망도 만들지 않으며 敵의 핵무장을 도운 자들을 응징하지 않을 뿐 아니라 동맹관계조차 소홀히 하는 세계유일의 나라이다.

핵무기가 역사에서 등장한 이후 70년간 증명된 핵전략이 있다.

1. 핵은 핵으로써만 대응할 수 있다.

2. 쌍방이 다 핵무장을 해야 전쟁을 막는다. 인도에 이어 파키스탄이 핵무장한 1998년 이후엔 兩國(양국) 사이에 전쟁이 없다. 그 전엔 세 번 전쟁이 있었다. 1971년 전쟁에서는 파키스탄이 패배하여 방글라데시(東 파키스탄)가 독립하였다. 우크라이나가 핵무기를 포기하니 핵무장한 러시아에 당하고 있다.

3. 핵무장을 하지 않는 나라가 핵무장을 한 나라를 무너뜨리거나 통일하는 것은 불가능하다. 오히려 핵무장한 나라가 핵무장하지 않는 나라를 붕괴시키거나 통일할 가능성이 높다. 美蘇(미소) 냉전 시절에 소련이 핵무장을 하고 미국은 하지 않았더라면 무너진 것은 미국이었을 것이다.

4. 한국의 통일대박론 식 경제 중심 통일정책은 핵전략의 일반 법칙에 반한다. 성공 가능성이 낮다는 이야기이다. 실패 가능성이 높다는 뜻이기도 한데, 이 경우는 한국이 핵폭탄을 맞고 사라지든지, 북한에 종속되는 것을 뜻한다.

핵무장한 중국과 북한이 한편에 서고 핵무장하지 않는 한국과 핵무장한 미국이 다른 편에 서 있는데 한국에서 중국과 북한 편을 들면서 대응 핵무장도, 방어망 건설도 반대하는 종북·좌파 연대 세력이 집권하면 한국은 자주 독립과 主權(주권)을 잃게 될 것임이 自明(자명)하다. 2017년에 좌파정권이 재등장하면 대한민국은 소름끼치는 상황으로 몰려 갈 것이다.

소름끼치는 순간

모든 생명체는 實存(실존)이 위협당할 때 저항해야 한다. 저항의지가 없으면 죽어야 한다. 고귀한 생명체의 집합인 국가도 마찬가지이다. 국가의 생존투쟁은 自主國防(자주국방) 의지로 표현된다. 스스로의 힘으로 나라를 지킨다는 정신이다. 경제력이 부족하여 국방력 건설에 차질이 생길 때는 동맹국을 만들어 도움을 얻는다. 이것은 자주국방의 일환이다. 경제력은 충분한데 생존의지가 부족하여 동맹국에 의존한다면 이는 자주국방이 아니라 事大(사대)국방이다. 자신을 지킬 힘이 있는데도 투지가 모자라 자주국방을 포기하고 외국에 안보를 의존하게 되면 국가 지도부와 국민의 타락이 시작된다. 그 과정은 다음과 같다.

1. 국방을 외국에 맡기면 굳이 彼我(피아), 즉 敵과 我軍(아군)을 구분할 필요가 없게 된다. 敵과도 어울리고 동침한다. 아군을 소중하게 생각하는 마음이 없어지고 적보다 더 미워하기도 한다. 정신적 혼돈이 시작된다.

2. 敵과 我를 구분하지 않게 되면 적을 惡으로 볼 필요가 없어지므로 자연히 善惡(선악) 개념도 무디어진다. 惡을 미워하지 않게 되니 善을 고마워하지 않게 된다.

3. 한반도에 이 원리를 대입한다. 김정은 일당을 敵으로 보지 않으면 공산당이나 종북좌파 세력을 惡으로 여기지 않게 되고, 따라서 그들의 惡行(악행)에 경계도 분노도 하지 않게 된다. 동시에 대한민국을 我와 善으로 보지 않으니 대한민국·미국·국군에 감사하는 마음도 없어진다.

4. 善惡(선악)구분과 彼我(피아)식별의 기초는 眞僞(진위)분별이다. 적과 악을 가려볼 이유가 없으면 굳이 무엇이 진실이고 무엇이 거짓인지 따

질 필요가 없다. 거짓 선동이 판을 친다. 정확성과 정직성이 떨어진다.

5. 敵과 惡에 대한 분노가 일어나지 않으면 이들을 단호하게 대할 이유도 없어진다. 法治를 세울 動機(동기)가 무너진다.

6. 彼我(피아)구분 능력이 망가지면 현실감이 사라지고 空想(공상)이 심해진다. 핵무장을 한 나라와 핵무장을 하지 않은 나라가 통일경쟁을 하면 前者(전자)가 後者(후자)를 흡수통일할 가능성이 많은데도, 맨손으로 핵무장한 북한을 통일하겠다고 나선다.

敵의 핵개발을 도운 자는 살인범보다 더 위험

미국은 1953년에 율리우스 로젠버그 부부를 간첩죄로 사형집행했다. 두 부부는 공산당원이었다. 과학자인 율리우스 로젠버그는 핵무기 개발에 필요한 기술 정보를 수집하여 소련 정보기관에 제공했다. 1951년 4월 두 사람에게 사형을 선고한 어빙 카우프만 판사는 준엄하게 논고했다. 그 요지는 이러했다.

'나는 피고인들의 범죄가 살인보다 더 악질이라고 간주한다. 살인은 피해자만 죽이지만 당신들은 러시아가 과학자들이 생각하던 것보다 1년 먼저 핵실험을 할 수 있도록 도왔다. 그리하여 한국에서 공산주의자들이 침략전쟁을 벌여 5만 명 이상의 희생자가 생겼고, 백만 명 이상의 무고한 사람들이 피고인들의 반역으로 더 피해를 볼지도 모른다. 피고인들의 반역은 역사의 흐름을 우리에게 불리한 방향으로 바꿔놓았다. 우리가 핵무기 공격에 대비한 민방위 훈련을 매일 하고 있다는 사실이 피고인들이 반역질을 하였다는 증거이다. 율리우스 로젠버그가 主犯(주범)임은 분명하나 妻 에델 로젠버그도 책임이 있다. 成年(성년)의 여자로서 남편의 추악한 범죄를 막기는커녕 격려하고 도왔다. 피고인들은 목적달성을 위한 신념을 위하여 자신들의 안전뿐 아니라 자녀들도 희생시켰다. 목적달성을 위한 사랑이 자녀들에 대한 사랑보다 앞섰다.'

로젠버그 부부는 미국에서 사람을 죽이지 않았는데도 사형집행된 유일한 경우이다. 공소장은, 피고인들이 미국을 위험하게 만들려는 의도를 갖고 간첩질을 하였다고는 주장하지 않았지만 카우프만 판사는, 소련이 미국의 생존을 위협하는 존재이고, 피고인들은 마르크스주의자들이 세계 혁명을 통하여 자본주의를 파괴하려는 목적을 갖고 있음을 알고 있었음이 확실함으로 반역죄라고 단정하였다.

核미사일 實戰배치가 공식화될 때 국민들의 분노는 로젠버그를 사형대로 보낸 미국처럼 들끓을 것인가? '北核을 도운 자들을 잡아 죽여라'는 여론이 형성된다면 한국은 活路(활로)를 찾을 것이다. 반대로 '核을 가진 북한정권이 하자는 대로 다 해주자. 이게 평화공존이다'라는 여론이 主流가 되면 대한민국은 중국과 북한에 종속되고, 한미동맹은 해체되며, 자유와 번영, 자주와 독립을 잃게 될 것이다. 노예적 삶이냐, 자유인의 삶이냐 기로에 섰다.

不赦의 결단

북한의 核미사일 實戰배치는 아래 사람들의 도움이 없었으면 불가능하였거나 이렇게 빠를 순 없었다.

1. 북한의 핵 및 미사일 개발에 자금과 기술을 제공한 자

2. 북한의 핵개발을 막으려는 미국 등 국제사회의 노력을 계획적으로 방해한 자

3. 북한의 핵개발을 변호하고 다니면서 애국자들을 공격한 자

4. 北의 핵실험 이후에도 우리가 핵미사일 방어망을 만들지 못하게 하여 北의 核 사용을 유혹하는 자들

어느 나라이든 위의 죄목에 해당하는 자들은 반역자로 斷罪(단죄)된다. 카우프만 판사의 논고처럼 核간첩은 살인자보다 더 위험하고 有害(유해)하다. 이런 반역자를 알면서도 감옥에 보내거나 잡아 죽일 수 없는 나라는 해체의 길을 갈 것이다.

2014년 12월19일 헌법재판소가 통진당을 해산시킬 때 안창호, 조용호 재판관은 결정문의 보충의견을 통하여, 大逆(대역)행위를 용서할 수 없는 이유를 밝혔다.

〈'우리들과 우리들의 자손의 안전과 자유와 행복'의 바탕인 자유민주주의의 존립 그 자체를 붕괴시키는 행위를 관용이라는 이름으로 무한정 허용할 수는 없는 것이다. 뻐꾸기는 뱁새의 둥지에 몰래 알을 낳고, 이를 모르는 뱁새는 정성껏 알을 품어 부화시킨다. 그러나 알에서 깨어난 뻐꾸기 새끼는 뱁새의 알과 새끼를 모두 둥지 밖으로 밀어낸 뒤 둥지를 독차지하고 만다. 둥지에서 뻐꾸기의 알을 발견하고 적절한 조치를 한 뱁새는 자신의 종족을 보존하게 되지만, 둥지에 있는 뻐꾸기의 알을 그대로 둔 뱁새는 역설적으로 자기 새끼를 모두 잃고 마는 법이다.

피청구인 주도세력에 의해 장악된 피청구인 정당이 진보적 민주주의체제와 북한식 사회주의 체제를 추구하면서 대한민국의 자유민주주의체제를 부

정하고 그 전복을 꾀하는 행동은 우리의 존립과 생존의 기반을 파괴하는 소위 大逆(대역)행위로서 이에 대해서는 不赦(불사)의 결단을 내릴 수밖에 없다. 이는 단순히 옳고 그름이나 좋고 나쁨의 문제가 아니라, 존재와 본질에 관한 문제이기 때문이다.〉

核을 돈으로 무력화시키는 비대칭 전략

한국은 지금 자유민주주의 국가로서의 존재와 본질에 관한 문제에 봉착하였다. 敵이 핵미사일을 실전배치하였는데 우리는 방어망이 없고 敵의 핵무장을 도운 利敵세력이 정치와 언론의 주도권을 장악하고 있다는 사실보다 더 소름끼치는 상황은 없다. 소름끼치는 상황엔 소름끼치는 결단을 내려야 살 수 있다. 그걸 피하는 순간 국가는 없어지거나 協會化(협회화)된다.

한반도의 3大 문제, 즉 北核, 북한 인권 탄압, 그리고 남한의 從北(종북) 세력은 북한정권이란 한 뿌리에서 나온 것이다. 이 核·人·從 문제는 북한정권을 무너뜨리지 않고는 해결할 수 없다. 중국의 國力(국력) 팽창, 북한의 核强國化(핵강국화)에 한국의 좌경화가 결합되면 시간은 한국 편이 아니다. 통일은 해도 되고 안 해도 되는 게 아니라 우리가 살기 위하여 반드시 해치우지 않으면 안 되는 命題(명제)가 된 것이다.

특히 앞으로 10년간이 위험하다. 핵미사일 방어망을 갖추기 전, 敵(적)의 위협에 노출된 기간이기 때문이다. 경제적 國力(국력)은 한국이 北(북)의 40배이다. 돈의 힘으로 核(핵)을 無力化(무력화)시키는 전략을 연구해야 할 때이다. 특히 북한정권의 내부 분열과 체제의 균열을 유도하는 공작에 우리의 强點(강점)인 돈과 정보와 기술을 집중 투입하는 '비

대칭 전략'을 국가 생존 차원에서 도모하지 않을 수 없으면 우리가 먹히
게 되었다. 신라가 잘 사는 백제와 강한 고구려를 흡수통일할 수 있었던
힘은 통일하지 않으면 우리가 망하게 되었다는 절박감에서 나왔다. 北核
(북핵)에 종속되는 순간 대한민국은 자유민주주의, 법치주의, 개인의 자
유, 그리고 사유재산을 근간으로 하는 시장경제를 유지할 수 없다.

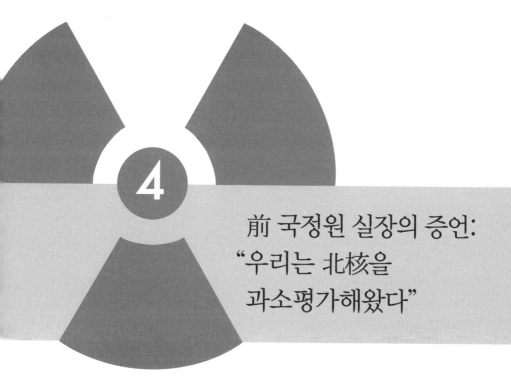

4

前 국정원 실장의 증언:
"우리는 北核을
과소평가해왔다"

'아직 소형화 단계'라는 정부에 대한
金正奉 교수의 공개적 반론:
소형화는 벌써 끝났고, 우라늄 다량 생산
체제로 핵미사일 실전배치 상황.

前 국정원 실장의 증언:
"우리는 北核을 과소평가해왔다"

北核 정보의 과소평가 문제

〈뉴욕타임스〉는 2015년 5월9일, 북한의 잠수함의 미사일 사출 실험 뉴스를 전하면서 한국 국방 당국자들을 은근히 꼬집었다.

〈성공적인 실험이 있었다는 소식은 한국의 국방 관리들을 놀라게 하였을 것이다. 왜냐하면 그들은 비공식적으로 기자들에게 북한이 잠수함 발사 탄도 미사일을 개발하는 데 수년이 걸릴 것이라고 말해왔었다.〉

북한 군사 전문가인 조셉 S. 버뮤데즈 주니어 씨는 〈북한의 잠수함 미사일 발사 능력 개발은 평양의 위협을 한국, 일본, 동아시아의 미군기지로 확장할 것이고, 이 지역의 미사일 방어계획을 복잡하게 만들 것이다〉고 지적했다. 그는 〈잠수함 운반용 미사일은 탐지와 추적이 어렵고, 어디서도 공격할 수 있으며, 특히 한반도에서 상당히 멀리 떨어진 곳에서도 발사할 수 있다〉고 했다. 국제위기관리위원회 아시아담당 부국장인 다니엘 핑크스톤 씨는 "만약 북한이 핵미사일을 탑재한 잠수함을 배치한다면 막기가 힘들고 北이 제2차 타격능력(핵공격을 받고도 반격할 수 있는 능력)을 갖는다는 것을 의미한다"고 했다.

부시 행정부의 국가안보회의에서 한반도 담당이었던 빅터 차 조지타운대 교수는 2015년 4월 말 CNN에 기고한 글에서 〈워싱턴과 서울은 본격적인 위기가 오기 전엔 북한의 위협을 과소평가하는 경향이 있었다〉고 했다. 예컨대 미국은 북한이 2012년 12월에 인공위성을 궤도로 쏴 올리기 전엔 북한의 미사일 능력을 평가절하 하였다고 한다. 2006년 북한이 핵실험을 하기 전엔 아무도 실험을 예측한 사람이 없었다는 것이다.

중국의 전문가들이 최근 북한에 대하여 우라늄 원자탄 다량 생산체제를 갖추었다고 보는 것과 관련, 빅터 차 교수는, 〈이는 워싱턴이 북한의 핵 위협을 과소평가해왔다는 증거이다〉고 했다. 빅터 차 교수는 북미방공사령부(NORAD) 사령관이 북한의 미사일 능력에 대하여 평가한 것을 주목해야 한다고 했다. 첫째는 북한이 핵폭탄을 소형화하여 미사일에 장착, 미국을 위협할 수 있게 되었다는 점이고, 둘째는 이동식 탄도 미사일 능력의 향상으로 한반도에서 유지되는 억지력이 불안정해졌다는 점이라고 했다. 이런 상황이 북한으로 하여금 미국의 보복 공격을 무력화시킬 수 있다는 자신감을 갖게 할 가능성이 있다는 것이다.

2012년 12월에 북한이 장거리 미사일 발사 실험을 예고하고 있을 때 필자가 만난 국방부의 고위 간부는 북한이 실험에 실패할 것이라고 단언하였지만 결과는 성공이었다.

이런 가운데 국정원에서 북한의 핵 및 미사일 개발 과정을 오래 추적하였던 인물이 공개적으로 "우리 정부는 그동안 북한의 핵전력을 과소평가해왔다"는 요지의 논문을 발표, 논란에 불을 붙였다. 적의 능력을 과대평가하는 일은 다반사이고 어떻게 보면 정상이지만 핵무장하지 않는 나라에서 핵무장한 적의 능력을 과소평가한 사례는 세계적으로도 특이한 경우이다.

스탈린의 誤判

지도자나 지도부가 敵의 전쟁 의도를 잘못 판단하거나 능력을 과소평가하면 대재앙을 부른다.

1941년 6월22일 독일군이 소련을 침공하기 전 스탈린은 세계에 퍼져 있는 소련 간첩망으로부터 정확한 정보를 받고 있었다. 문제는 스탈린이 이 보고를 불신하였다는 점이다. 그는 "역사적으로 러시아 침공은 일찍 시작해야 성공할 수 있다"면서 "올해는 너무 늦었고, 침공설은 공작이다"고 확신하였다. 1939년 8월 불구대천의 이념적 원수 사이이던 독일과 소련은 불가침 조약을 맺었고 그 직후 독일은 폴란드를 침공, 제2차 세계대전이 시작되었다. 스탈린은 히틀러가 영국을 정복하지 못한 상태에서 또 다른 戰端(전단)을 열리가 없다고 굳게 믿었다.

최고 지도자가 편견을 가지면 부하들도 상관의 판단에 맞춰주려고 정보를 왜곡한다. 6월16일, 즉 開戰(개전) 6일 전 영국에 있던 소련 정보요원은 포섭된 독일 공군 정보장교로부터 〈모든 준비가 끝났다. 언제든지 침공이 가능하다〉는 첩보를 입수, 본부에 보고하였다. 스탈린에 直

報(직보)되었는데, 그는 보고서 옆에다가 이렇게 메모를 하여 부하에게 돌려주었다.

〈이 독일 공군 간첩은 창녀 같은 어머니에게 돌려보내라. 이 자는 역정보를 주고 있다.〉

도쿄에서 독일인 기자로 위장, 활동 중이던 소련 간첩 리처드 조르게는 일본주재 독일 대사와 친하고 대사 부인과는 戀人(연인) 관계였다. 그는 독일군의 침공이 임박하였다는 첩보를 입수, 스탈린에게 보고하였다. 스탈린은 이것도 묵살하였다.

더 놀라운 정보는 소련주재 독일 대사 슐렌버그로부터 나왔다. 그는 6월 초, 독일주재 소련 대사 데카노조프와 식사를 하면서 히틀러가 전쟁을 결심하였다고 말했다. 그는 이렇게 덧붙였다.

"귀하는 내가 왜 이런 말을 하는지 의심하겠지만 나는 러시아와의 전쟁을 늘 반대하였던 비스마르크의 정신을 이어 받은 사람입니다."

슐렌버그는 1944년 히틀러 암살 음모에 연루되어 처형되었다. 정치국 회의에서 스탈린은 "역정보 공작에 드디어 대사까지 나섰구먼"이라고 했다.

영국의 처칠 수상도 스탈린에게 독일의 침공이 임박하였다고 알려주었다. 스탈린은 히틀러보다 반공주의자 처칠을 더 싫어하였다. 볼셰비키 혁명 직후 처칠이 영국 정부를 움직여 反혁명 공작을 한 것을 잊지 않았다. 스탈린은 처칠이 히틀러와 자신의 사이를 떼어놓기 위하여 음모를 꾸미고 있다고 판단하였다.

정보 수집엔 성공, 판단엔 실패

독일은 러시아 침공작전을 위하여 152개 사단, 전차 3350대, 대포 7200문, 전투기 2770기를 국경지대에 집중시키고 있었다. 이에 관한 정보가 쏟아져 들어오자 스탈린도 의심을 하기 시작하였다. 독일 정보기관도 대규모 병력 집중은 숨길 수 없다는 판단을 하고 역정보를 흘렸다. 히틀러의 병력동원은 전쟁을 위한 것이 아니고, 스탈린에게 최후통첩을 하여 양보를 받아내기 위한 武力(무력) 과시라는 정보였다. 여기에 스탈린이 넘어갔다.

독일군의 침공 하루 전 해외 첩보망을 거느린 소련 비밀경찰 총수 베리아는 스탈린에게 자꾸만 開戰(개전) 임박 정보를 올리는 간부 4명을 강제 수용소로 보내라는 명령을 내린다. 그는 스탈린에게 이렇게 보고하였다.

〈저는 독일주재 우리 대사를 소환, 처벌하기를 간청 드립니다. 그는 히틀러가 소련을 칠 것이란 보고를 계속 보내오고 있습니다. 최근엔 내일 공격이 시작될 것이라고 보고하였습니다. 그렇지만 저희들은 히틀러가 1941년엔 절대로 공격하지 않을 것이라는 지도자의 현명한 판단을 뇌리에 박아 놓고 있습니다.〉

6월22일 세계전쟁 역사상 최대 규모의 침공 작전 '바바로사'가 시작되었다. 스탈린은 별장에서 자고 있었다. 그는 주코프 장군에게 독일군의 침공에 대응하지 말라는 명령을 내리고 사무실로 출근하였다. 스탈린은 독일군의 누군가가 음모를 꾸미고 있다면서 "히틀러도 이 사실을 모를 거야"라고 했다. 몰로토프에게 "독일 대사에게 전화를 걸어 어찌 된

영문인지 물어보라"고 했다. 소련 측에 정보를 제공했던 슐렌버그 대사는 '독일의 선전 포고를 전달하러 가겠다'고 했다. 이때까지도 소련군 수뇌부는 스탈린에게 무력 대응을 허락해달라고 간청 중이었다. 엄청난 사태 앞에서 '강철의 인간'이란 스탈린도 진실을 직시하기가 어려웠다. 그는 탈진 상태에서 며칠간 별장에 칩거하였다. 부하들이 그를 찾아가자 스탈린은 불안한 표정이었다고 한다. 미코얀의 증언에 의하면 자기를 체포하러 온 것으로 판단한 듯하였다고 한다. 몰로토프가 전쟁 지도를 해달라고 부탁하자 비로소 표정이 풀렸다고 한다. 이 사례는 정보 수집엔 성공하였으나 분석과 판단에는 실패한 경우이다.

6일 전쟁은 정보전의 승리

1967년 6월5일 이스라엘은 선제공격으로 이집트의 공군을 30분 만에 궤멸시킨 뒤 6일 만에 이집트, 요르단, 시리아를 무찔렀다. 6일 전쟁에서도 정보판단이 어긋날 뻔하였다. 이스라엘 군의 정보부대인 아만(AMAN)은 이집트의 군사력이 이스라엘보다 훨씬 약하므로 전쟁을 시작하지 못할 것이라는 先入見(선입견)에 잡혀 있었다. 5월14일 이집트 군 일부가 수에즈 운하를 건너 시나이 반도로 진출했을 때나 5월16일 나세르가 유엔의 평화유지군에 대하여 이스라엘-이집트 국경선에서 철수할 것을 요구했을 때도 아만은 침공을 위한 것이 아니고, 이스라엘이 시리아를 공격하지 못하게 하려는 武力(무력)시위라고 해석하였다. 5월20일 이집트 군은 샤롬 엘 세이크 항을 장악, 아카바 만을 통제할 수 있는 자리를 확보하였다. 21일 이집트는 총동원령을 내렸다. 다음 날 아만은 정보 분석 회의에서 이집트의 아카바 만 봉쇄 가능성을 낮게 평가하였으나 그날 밤 나세르는 아카바 만을 봉쇄, 이스라엘 선박의 통항을 금지시켰다. 23일 이스라엘 총참모본부 회의에서 아만 사령관 야리브 장군은 태도를 바꿨다.

"이것은 통항의 자유에 관한 문제가 아니다. 우리가 가만있으면 아랍 국가들은 우리의 의지를 얕보고 생존을 위협하게 될 것이다."

5월30일 요르단의 후세인 왕이 카이로에 도착, 나세르와 상호방위조약을 맺었다. 6월2일 야리브 장군은 내각 회의에서 전쟁을 하면 이스라엘 군이 이길 것이라고 보고하였다. 6월4일 내각회의는 전쟁을 선택하였다. 이집트가 특공대를 요르단으로 이동시켰다는 보고가 에슈콜 수상을 主戰論(주전론)으로 몰았다.

이스라엘 정보기관은 이집트 공군의 대비상황을 면밀하게 관찰하였다. 이집트 요격기들은 아침 5~7시 사이에 초계비행을 한 다음 기지로 돌아와 조종사들은 지상 요원들과 함께 아침 식사를 하러 간다. 전투기는 屋外(옥외)의 정비소로 옮겨진다. 이때가 되면 地對空(지대공) 미사일 요원들도 야간 근무로 피로해 있다. 6월4일, 이스라엘 공군 사령관 모티 호드 장군은 라빈 참모총장에게 보고하였다.

〈아침 7~8시 사이 이집트 공군은 작동을 멈춘다. 7시45분이 공격 타이밍이다.〉

다음 날 이스라엘 공군은 7시45분에 이집트 공군기지를 공격, 419대의 전투기 중 304대를 지상에서 파괴하였다. 요르단 공군기 30대, 시리아 공군기 57대도 부쉈다. 6일 전쟁은 開戰(개전) 30분 만에 사실상 끝난 것이다.

이집트에 대한 과소평가

정보의 세계에선 성공이 실패의 어머니가 되는 경우가 흔하다. 이스라엘 군사 정보 부대 아만은 6일 전쟁의 大勝(대승)으로 영웅이 되었다. 이 전쟁은 본질적으로 정보부대와 공군의 승리였다. 아만은 화려한 각광을 받는 가운데 중대한 偏見(편견)에 사로잡히기 시작하였다. 참패한 아랍 국가들이 앞으론 절대로 질 것이 뻔한 전면전을 하지 않을 것이란 독트린(교리)을 갖게 된 것이다. 이집트와 시리아의 군사 활동을 그런 관점에서 시켜보기 시작한 아만은 이스라엘 군과 정치권까지 오염시켰다. 워낙 아만에 대한 평가가 높았고, '전쟁이 임박하였다'는 정보보다는 '전쟁은 없다'는 정보가 달콤한 법이다.

1969년 11월 아만은 이집트가 예상보다 빨리 군사력을 再建(재건)하고 있다는 보고를 받았으나 묵살하였다. 1970년 2월엔 더 충격적인 정보가 입수되었다. 소련이 이집트의 군사력 강화에 전면적으로 개입하기 시작하였다는 것이었다. 이 또한 무겁게 다뤄지지 않았다. 이 무렵 아만 내부에선 사령관 야리브가 분석관들을 호통 치는 일이 자주 일어났다. 6일 전쟁의 영웅인 야리브는 현장 보고서를 흔들면서 분석관들에게 "이건 당신들의 평가와 다르단 말이야"라고 소리치곤 하였다. 분석관들은 이집트를 과소평가하는 독트린의 포로가 되어 현장의 다른 첩보들을 왜곡 평가하고 있었던 것이다.

야리브 장군이 轉役(전역)한 뒤 아만의 후임 사령관은 엘리 제이라 소장이었다. 그는 1973년 5월, 이집트 군이 수에즈 운하에 병력을 집중시키는 등 수상한 동향을 보이자 〈이집트는 준비가 되어 있지 않다〉는 판단을 했고, 정치권도 이를 존중하였다. 이스라엘은 이집트에 대응, 예비군을 소집하였지만 아무 일 없이 지나갔다. 아만의 권위는 더욱 높아졌고 예비군 소집은 과잉 대응이고 예산 낭비라는 비판을 받았다. 1973년 10월 4차 중동전쟁의 開戰(개전) 하루 전날 미국 CIA도 닉슨 대통령에게 전쟁 가능성이 낮다는 보고를 했다.

이집트 대통령 사다트는 전쟁 8일 전 연설에서 공개적으로 복수를 다짐하였다.

"빼앗긴 영토를 되찾는 것은 우리의 첫째가는 임무이다. 이 목표를 달성하기 위하여 모든 희생을 아끼지 않겠다."

제이라 사령관은 사다트의 이 연설을 공갈 정도로 취급하였다. 1973년 10월에 들어서자 수에즈 전선의 이스라엘 군으로부터 이집트 군의 공격이 임박하였다는 첩보가 쏟아져 들어오기 시작하였다. 그래도 제이라는 꿈쩍하지 않았다. 이스라엘의 국가 정보기관인 모사드는 달랐다. 모사드는 수상 직속 부서였다. 開戰(개전) 이틀 전 모사드는 카이로에 있는 간첩으로부터 이집트 군의 공격이 곧 시작된다는 믿을 만한 정보를 얻었다. 모사드 책임자 자밀은 이 결정적 정보의 처리를 소홀히 하였다. 그는 아만의 제이라 사령관에겐 전화로 통지하고 골다 메이어 수상에겐 자신의 보좌관을 보내 설명하도록 했다. 보좌관은 전화로 수상 비서에게 이야기하였을 뿐인데 이 비서조차도 담당자가 아니었다. 자밀은 자신의 지시가 이행되었는지 확인도 하지 않고 출국하였다. 카이로 간첩을 외국으로 불러내 직접 물어보러 간 것이다.

정보판단이 세계사를 바꾸다

10월6일 토요일에야 이스라엘 정보기관들은 이집트의 공격이 이날 중에 시작될 것이란 결론을 내렸다. 공군기에 의한 선제공격 시간은 있었지만 그렇게 할 경우 이스라엘은 국제사회에서 침략자로 규탄될 것이고, 미국은 이스라엘을 지원할 수가 없게 될 것이다. 메이어 수상과 댜얀 국방장관은 예비군 동원령만 내리고 얻어맞는 쪽을 선택하였다.

이집트와 시리아의 기습을 받은 이스라엘은 역사상 처음으로 아랍 군대에 밀리기 시작하였다. 한국처럼 縱深(종심)이 얕은 이스라엘은 기습을 허용하면 생존하기 어렵다. 다얀 장관은 한때 핵무기 사용을 검토하였다. 제리코 미사일과 팬텀 전폭기가 핵폭탄을 사용할 준비를 하도록 지시하였다. 메이어 수상의 친구는 수상으로부터 "다얀이 항복 조건을 논의하자고 한다"는 말을 듣고 그런 상황에선 수상에게 자살용 독약이 필요하겠다고 판단, 의사에게 부탁하였다고 한다.

이스라엘은 샤론 장군의 수에즈 운하 逆渡河(역도하) 작전의 성공으로 위기에서 벗어나지만 戰後(전후)의 대화 국면에서 시나이 반도는 이집트에 반환된다.

제4차 중동전쟁은 제1차 석유위기를 불렀고 한국의 朴正熙(박정희) 정부는 이 위기를 중화학공업 건설과 중동건설 시장 진출로 돌파, 호기로 逆轉(역전)시켰다. 사다트는 이스라엘과 평화협정을 맺은 後果(후과)로 암살당한다. 이스라엘 정보부대 아만의 정보 오판이 세계사의 흐름을 바꾼 것이다.

맥아더가 트루먼에게 "중공군 개입은 없다"

1950년 10월 유엔군이 인천상륙 작전의 여세를 몰아 北進(북진)을 시작하자 중국의 周恩來(주은래) 수상은 중국 주재 인도대사를 통해서 워싱턴에 경고를 보냈다. 〈유엔군이 38선을 넘으면 중국은 개입할 수밖에 없다〉는 통보는 워싱턴에서 '가벼운 공갈'로 간주되었다. 한국군 3사단은 10월1일 동부전선에서 38선을 돌파했다. 미군을 主力(주력)으로 하는 유엔군은 10월9일 서부전선에서 38선을 넘었다. 북한군의 저항은 미미했다. 10월10일 트루먼은 맥아더 원수를 만나러 태평양의 웨이크 섬으로 날아가겠다고 발표했다. 11월의 중간 선거를 겨냥한 정치적 쇼의 측면이 강했다. 1950년 10월15일 오전 6시30분 대통령 전용기가 웨이크 섬 활주로에 착륙했다. 맥아더를 태운 비행기가 상공을 선회하면서 대통령 전용기가 먼저 내려 자신을 마중하도록 했다는 說이 있으나 이는 사실이 아니다. 맥아더는 전날 밤에 도착해 있었고 비행장엔 30분 전에 와서 기다리고 있었다.

맥아더 유엔군 사령관은 트루먼과 獨對(독대)하여 "전쟁은 이긴 것이나 마찬가지이고 중공군의 개입은 없을 것이다"고 안심시켰다. 단독 면담 뒤 두 사람은 배석자를 두고 두 시간 더 회담했다. 맥아더는 한국의 戰況(전황)을 장밋빛으로 그렸다. 극동군 사령부의 정보참모인 찰스 월로비 소장이 브리핑을 했다. 맥아더는 호언장담하였다.

"평양은 일주일 안으로 떨어질 것이다. 추수 감사절까지는 북한군의 조직적 저항은 끝날 것이다. 美 8군은 크리스마스까지는 일본으로 복귀할 것이다. 내년엔 남북한 총선거를 치를 수 있을 것이다. 그 뒤 미군은 전부 철수할 것이다. 군사적 점령으로 얻을 것은 없다."

트루먼은 "이 전쟁을 制限戰(제한전)으로 축소시켜야 한다. 중국과 소련의 개입 가능성은 없는가"라고 물었다. 맥아더는 이렇게 斷言(단언)했다.

"그들이 전쟁이 터진 후 한두 달 사이에 개입했더라면 결정적이었을 것이다. 이제는 개입을 겁낼 필요가 없어졌다. 중국은 30만 군대를 만주에 모아놓고 있는데 10만에서 12만 5000명이 압록강을 따라 배치되어 있다. 5만~6만 명 정도가 개입할 수 있으나 그들은 공군도 없다. 우리는 한국 내에 공군 기지를 갖고 있으므로 중국군이 평양으로 진격하려고 하면 사상최대의 떼죽음이 기다리고 있을 것이다. 러시아는 시베리아에 1000대의 전투기를 보유하고 있다. 러시아 공군력과 중공 육군이 결합되면 큰 문제이지만 그런 작전은 매우 힘들기 때문에 가능성이 거의 없다고 본다."

정보장교의 자질이 의심스러웠던 윌로비 정보참모

트루먼은 비행기에 타기 전에 맥아더에게 훈장을 주었다. 샌프란시스코에 도착한 트루먼은 '미국의 소리'로 중계된 연설을 통해서 맥아더를 격찬했다.

"그는 세계戰史(전사)의 새로운 페이지를 썼습니다. 이런 상황에서 그와 같은 인물을 갖게 되었다는 것은 全세계가 다행으로 생각해야 할 일입니다. 그는 위대한 군인 더글러스 맥아더 장군입니다."

웨이크 섬 회담 4일 후인 10월19일 중국의 彭德懷(팽덕회)는 4개 보병군단과 3개 포병사단의 압록강 渡河(도하)를 명령했다. 그 자신은 저녁에 참모 1명, 경호원 2명, 무전기 한 대를 실은 지프차로 압록강 철교를 넘었다. 약 30만 명이 한반도에 들어온 것이다.

웨이크 섬에서 맥아더가 트루먼 대통령에게 한 호언장담은 誤判(오판)이 되어버렸다. 중공군이 10월 말 한국군을 공격한 뒤에도 맥아더의 정보참모 윌로비 소장은 북한에 들어온 중공군의 병력을 실제의 약 10분의 1(3만 명)로 축소, 워싱턴에 보고하였다. 11월24일 맥아더는 또 다시 총공세를 명령한다. 이날 윌로비가 평가한 중공군의 규모는 최저 4만, 최고 7만 1000명이었다. 실제로는 약 30만 명의 중공군이 산속에서 매복하여 기다리고 있었다. 맥아더는 그 함정 속으로 유엔군을 밀어 넣었다가 반격을 당하고 후퇴한다. 1·4 후퇴, 흥남철수, 이산가족의 비극이 맥아더의 오판에서 비롯되었다.

戰史家(전사가)들은 일본점령사령관으로 부임, 천황 위에서 군림하면서 '미국의 시저'로 불리던 맥아더가 인천상륙 작전의 성공으로 자만심이 너무 강해져 정확한 정보판단을 하지 못하였다고 분석한다. 특히 맥아더의 정보참모 윌로비 소장이 이런 맥아더의 충복이 되어 객관적 정보 분석 대신 상관이 바라는 방향에 부합하는 방향으로 정보를 왜곡, 조작하였다는 것이다. 독일 출신인 윌로비 장군은 異見(이견)을 허용하지 않는 권위적인 성격의 소유자였다. 그는 한국에서 미국 CIA가 독자적으로 활동하는 것도 방해, 워싱턴에선 한국전과 관련, 윌로비-맥아더 라인의 정보 이외엔 다른 정보를 얻기가 힘들었다. 맥아더는 이런 윌로비를 '나의 군 복무기간 50년 동안에 만난 최고의 정보장교'라고 추어주었다. 건전한 비판을 배제하는 이런 인간관계는 냉철한 정보판단에 치명적이다. 윌로비는 10년간 맥아더의 정보참모로 근무하면서 맹종하는 습관을 익혔다. 감정적 기복이 심하여 냉철해야 할 정보장교로선 어울리지 않았다. 특히 부하들이 자신의 판단과 다른 정보를 올리는 것을 싫어하였다.

유엔군은 1950년 10월 말 중공군의 기습을 받고 일단 후퇴한 한 달 뒤 다시 공세를 펴는데 이게 재앙을 불렀다. 윌로비가 양심이 있는 정보참모였다면 중공군의 규모를 맥아더에게 정확하게 보고, 무모한 공세를 막고, 평양~원산 선에서 방어선을 치도록 했어야 했다. 그는 맥아더가 약속한 크리스마스 공세를 뒷받침하기 위하여 북한에 들어온 중공군의 규모를 축소, 워싱턴에 보고하였다.

혹자는 중국 본토 수복을 꿈꾸고 있던 맥아더가 중공군의 개입을 유도, 중국 공격을 노렸다는 해서도 한다. 윌로비의 책상 위엔 중공군의 만주 집결에 관한 현장 정보가 쌓이고 있었고, 30만 명이 집결하였다는 점에는 그도 동의하였지만 개입 여부에 대한 판단을, 맥아더의 희망에 맞추어주는 방향으로 내려버린 것이다. 군사정보를 정치적으로 왜곡한 셈이다. 북한의 핵능력에 대한 정보판단을 한국의 역대 대통령이 그런 식으로 한 것이 아닌가 의심해볼 필요가 있다. 중공군 개입 여부나 북한의 核戰力(핵전력)에 대한 정보 판단은 수백만 명의 生과 死, 그리고 국가의 存亡(존망)을 결정하기 때문이다.

캠브리지 5인방의 간첩질

수백만의 생명을 代價(대가)로 치른 스탈린, 이스라엘 정보기관, 맥아더의 誤判(오판)은 敵의 의도에 대한 지도자의 분석과 판단이 선입견이나 오만, 그리고 정치적 계산의 영향을 받을 수 있는 여지가 크다는 사실을 보여준다.

중공군의 개입 여부에 대한 맥아더의 오판은 소련이 간첩망을 통하여 맥아더와 트루먼의 전략에 관하여 최고급 정보를 입수하고 있었다는 점에서 더욱 심각한 결과를 빚었다. 1930년대 영국 캠브리지 대학에 다니면서 좌경화되어 소련 정보기관에 포섭된 다섯 명의 공산주의자들에게 소련은 외무부와 정보기관에 들어갈 것을 권고한다. 이 가운데 두 명은 한국전이 한창이던 시기, 특히 중공군이 개입하던 기간에 한국전에 관한 최고 기밀이 지나가는 길목을 지키고 있었다. 돈 매클레인은 영국 외무부의 미국과장, 킴 필비는 미국 주재 영국정보기관(SIS, MI6라고도 불림)의 연락관으로서 미국 CIA에 대한 접촉창구였다. 이 두 사람은 트루먼이 맥아더에게 原爆(원폭) 사용을 금지시킨 사실, 미국의 원폭 보유량이 부족하다는 사실, 애틀리 영국 수상이 트루먼과 담판한 내용 등을 알아내 소련 정보기관에 관련 비밀서류를 복사, 통째로 넘겼다. 캠브리지 5인방은 좋은 집안 출신인데, 공산주의자가 된 후엔 돈 한 푼 받지 않고 신념에 따라 자발적으로 간첩질을 하였다. 영국정부의 엘리트 사회에 속해 있었으므로 인맥이 두터웠다. 이 사건은 1980년대 한국의 대학을 다니면서 좌경 의식화된 다음 정치, 언론, 법조계에 진출, 북한정권을 위하여 복무하는 '자발적 간첩'의 존재 가능성을 시사한다.

국정원 출신 전문가의 공개적 문제 제기

맥아더의 중공군 개입 여부에 대한 오판이 한국인의 운명을 바꾼 것보다 더한 결과를 가져올지도 모르는 오판이 한국인들을 기다리고 있다. 북한의 핵 및 미사일 戰力(전력)과 戰略(전략)에 대한 한국정부의 誤判(오판) 가능성이 그것이다. 북한의 핵전력에 대하여 한국은 '핵폭탄 소형화가 진전되고 있다'는 수준의 판단을 하면서, 주한 미군의 사드(고고도 미사일방어망) 배치에 대하여도 애매모호한 태도를 취하고 있다. 민방위 훈련을 할 때 핵공격에 대한 방어 훈련조차 하지 않는다. 반면 미국에선 북미방공사령관이 공개적으로 북한의 핵능력은 미국에 도달할 수 있는 장거리 미사일에 소형화된 핵폭탄을 장착, 실전배치한 수준이라고 말하고 있다. 한미 간엔 엄청난 인식의 격차가 있다. 그럼에도 정부는 이 인식의 차이를 메우려는 노력, 즉 혼란에 빠진 국민들에게 설명하려 하지 않는다.

金正奉(김정봉) 한중대 석좌교수는 북한의 핵 및 미사일 개발에 관하여 가장 전문적 정부를 가진 이다. 그는 국정원에서 이 부문에 대한 징보 판단에 종사하였고, 노무현 정부 때 청와대의 NSC(국가안보회의) 정보실장, 그리고 국정원 계열 외곽 연구기관인 국가안보전략연구소 소장을 지냈다. 현직을 빼고는 북한의 핵 및 미사일에 대하여 가장 권위있는 정보와 경험을 가진 이라고 볼 수 있다. 金 교수는 최근 국가정상화추진위원회 등이 주최한 세미나에서 '북한의 核전력과 核전략'이란 논문을 발표, "한국은 그동안 북한의 핵능력을 과소평가해왔다"고 주장하였다. 그의 北核(북핵) 능력 평가는 요사이 박근혜 정부와는 많이 다르고 미국의 평가에 근접한 것이다.

그는 알려진 것보다 북한의 핵 및 미사일 능력이 종합적이고, 강력하며, 한국의 대응능력은 취약하다고 평가하였다. 그의 논문엔 뉴스거리가 많다.

1. 북한은 6·25남침 전쟁 직후부터 핵무기 연구 개발에 착수, 소련에

기술자를 보냈다.

2. 북한은 1970년의 노동당 5차 대회에서 핵무기 개발을 위한 정책결정을 내렸을 것이다.

3. 북한은 1980년대 말에 플루토늄을 추출하고, 90년대 초에 舊소련의 붕괴를 틈타 핵폭탄이나 플루토늄을 밀수하였으며 핵기폭장치 개발에 성공, 1990년대 초 이미 핵폭발장치(nuclear device)를 완성하였다.

4. 북한의 핵개발엔 舊소련 기술자들이 대거 참여하였고 미사일 개발은 중국 기술자와 중국정부가 도왔다. 미사일의 핵심인 관성항법장치를 중국정부가 제공하였다.

5. 1998년의 파키스탄 핵실험은 북한의 기폭장치 기술 지원으로 가능하였고, 북한을 위하여 플루토늄 탄 실험을 대행하였을 가능성이 있다.

6. 북한은 러시아로부터 고강도 알루미늄을 밀수, 우라늄 농축 원심분리기를 자체 기술로 제작하고 있다.

7. 북한이 우라늄 농축을 시작한 것은 1996년부터로 추정된다. 우라늄 원폭 多量(다량) 생산 체제를 갖추었다.

8. 2006년 10월의 최초 실험 때부터 소형화를 위한 실험을 하고 있는 것으로 보인다(이 부분은 기자의 질문에 대한 답변).

9. 북한이 보유하고 있는 우라늄 핵폭탄은 최소 32발에서 최다 80발이며, 2020년까지 북한이 보유할 수 있는 우라늄탄은 최소 84발에서 최다 210발에 이른다. 플루토늄 탄 10발을 합하면 현재 북한이 보유하고 있는 핵폭탄은 최소 42발에서 최다 90발이며, 2020년까지 북한이 보유 가능한 핵탄두 수는 최소 94발에서 최다 220발에 이른다.

10. 국방부의 킬 체인은 어떤 의미에서는 '국민들을 안심시키려는 국방부의 선의의 거짓말'일 수 있다.

단행본 분량의 이 논문 중 결론부분을 소개한다.

〈결론: 이 논문은 북한의 핵 무장력이 기존에 알려진 것 보다 심각한 수준으로 증강되었다는 점을 입증하는 데 초점을 두었다.

❶ 북한이 1989년 5MWe원자로에서 나온 폐연료봉에서 플루토늄을 추출해 보유하고 있었으며, 1990년도에는 70여 차례 실시한 高爆(고폭) 실험을 통해 핵기폭장치를 완성했을 가능성이 크다. 이 같은 북한의 핵무기 개발에는 舊소련 핵 과학기술자들의 도움이 컸으며 중국 기술진의 도움도 있었다. 그러므로 북한은 1990년도 초에는 이미 핵폭발장치(Nuclear Device)를 개발하여 보유했을 가능성이 있다.

❷ 북한이 舊소련방의 붕괴과정에서 이들 국가에서 보유하고 있던 완성된 핵무기 또는 Pu를 다량으로 밀수입하여 보유했을 가능성이 높다. 이 사실은 당시 북한이 러시아, 우크라이나, 벨라루스, 카자흐스탄 등지에서 핵무기를 도입하려다 거의 성사단계에서 韓美(한미) 측에 적발되어 차단당한 사례에서 그 가능성을 미루어 짐작할 수 있다.

김정일의 발언과 황장엽 당비서가 핵무기 개발을 전담하고 있던 전병호 당 군수공업비서로부터 들은 내용은 '북한이 충분한 량의 핵무기를 이미 1990년대에 보유하고 있었다'는 의미이다. 당시 북한이 보유할 수 있는 Pu량은 2~3개의 핵무기를 제작할 수준에 불과하므로, '쓰기에 충분한 량의 핵폭탄'을 보유하기 위해서는 그 핵무기들이 해외에서 반입되어야 한다는 것이 논리적 귀결이다. 그렇다면 북한이 舊소련방 해체 시 무정부 상태가 나타난 상황에서 핵무기 관리가 느슨해졌고, 북한이 이 '허술한 관리 상황'을 이용하여 핵무기 또는 Pu의 대량반입에 성공했다고 봐야 한다.

❸ 1998년 5월 파키스탄의 핵실험은 북한의 핵기폭장치 제공으로 이루어

진 것으로 추정되며, 파키스탄은 북한의 핵기폭장치 제공 및 노동미사일 완제품과 미사일 제작기술을 제공한 대가로 북한의 Pu원자탄을 대리하여 실험했을 가능성이 있다. 파키스탄이 5월28일 3번, 5월30일 3번 핵실험을 했는데 5월30일 3번의 핵실험은 북한이 제작한 Pu핵폭탄을 대리하여 실험했을 가능성이 열려 있다.

❹ 북한은 1999년 파키스탄의 칸 박사가 제공한 원심분리기 설계도와 실물을 이용하고, 1990년대 중·후반 러시아로부터 밀반입한 150t의 고강도 알루미늄을 활용하여 2002년까지 원심분리기 3000기 이상을 제작하여 고농축 우라늄을 생산하기 시작했다. 기술적 문제는 칸 박사가 해결해 주었으며, 원심분리기 제작의 최대 난제인 고강도 알루미늄도 확보되었으니 원심분리기 제작에 어려움이 없었을 것으로 추정된다. 고강도 알루미늄 이외의 중요부품들은 일본과 홍콩, 마카오에서 민수용으로 위장하여 대량으로 밀수입되었다. 한국 미국, 그리고 나중에는 일본도 차단에 동참했지만 차단 전에도 많은 부품들이 북한에 도착했다.

❺ 파키스탄의 칸 박사는 '1999년 북한의 핵전문가가 지하 동굴에서 꺼내서 보여준 핵탄두 3발은 1시간 이내에 조립되어 미사일에 장착이 가능한 Pu탄이었다'고 고백하면서, '북한의 핵무기 제작기술은 파키스탄보다 월등히 앞서 있었다'고 증언하고 있다. 칸 박사는 '핵기폭장치의 숫자는 64개'라고 기폭장치의 숫자까지 세어보았다. 북한 핵무기의 소형화 경량화 문제는 이미 1999년 이전에 끝난 문제였다.

미국의 핵 전문가들이 '기술적 난제'를 거론하고 있으나, 이들은 '舊소련 핵무기 기술자들의 존재'를 모르고 있기 때문이다. 이들이 '舊소련 핵무기 기술자들의 존재'를 알면서도 계속 북한의 핵무기 소형화, 경량화 문제와 대기권 재진입 시 高熱(고열)로부터 탄두보호 문제를 제기한다면 '舊소련 핵무기가 낙후되어 문제가 있으며 舊소련의 핵무기 기술자들은 바보'라고 생각하는 것과 같다.

❻ 2010년 11월 미국 헤커 박사 일행이 영변에서 목격한 북한의 '원심분리기 2000개가 가동되고 있는 고도로 발전된 수준의 공장시설'은 북한이 헤커 박사 일행에게 보여주기 위해 다른 지역의 (지하) 핵시설에서 뜯어다가 설치한 시설이므로 북한이 가동하고 있는 원심분리기 공장의 규모는 가름하기 어려울 정도로 클 가능성이 있다. 이상과 같은 추론을 바탕으로 북한이 보유하고 있는 핵폭탄 량은 다음과 같다.

현재 북한이 보유하고 있는 우라늄 핵폭탄은 최소 32발에서 최다 80발이며, 2020년까지 북한이 보유할 수 있는 우라늄 핵폭탄은 최소 84발에서 최다 210발에 이른다. 플루토늄 탄 10발을 합하면, 현재 북한이 보유하고 있는 핵폭탄은 최소 42발에서 최다 90발이며, 2020년까지 북한이 보유가능 한 핵탄두 수는 최소 94발에서 최다 220발에 이른다. 그런데 북한이 5MWe원자로를 계속 가동하고 있고, 100MWe 경수로도 가동이 임박해 있어, 플루토늄 원자탄의 숫자도 계속 늘어날 것이다. 게다가 북한이 1990년대 초 舊소련 붕괴과정에서 밀반입한 완성된 핵탄두와 밀반입에 성공한 플루토늄으로 제작한 플루토늄 탄의 숫자를 알 수는 없지만 우리는 칸 박사가 목격한 3발의 완성된 핵탄두의 존재는 부인할 수 없다.

다음은 북한의 미사일 능력이다.

북한의 노동미사일과 중거리 미사일인 무수단 미사일, 그리고 대륙간 탄도탄인 KN-8과 대포동 2호 등은 우리 안보와는 직접 관련이 없다. 우리에게는 스커드 미사일이 직접적 위협이 된다. 북한이 이동식 미사일 발사대인 TEL을 100~200기 정도 운용하고 있다. 아무리 우리가 킬 체인과 KAMD를 완성한다 한들 북한이 이동식 발사대를 통해 핵미사일을 발사하는 것을 모두 사전에 포착하는 것은 불가능에 가깝다. 북한의 핵미사일이 포착되는 것은 발사 후 고도가 수 km 정도는 되어야 한다.

북한의 핵미사일에 대해 선제공격을 할 수도 없고, 事前포착도 어려우니 킬 체인은 어떤 의미에서는 '국민들을 안심시키려는 국방부의 선의의 거짓말'일 수 있다. 다만 킬 체인이 완전히 무용지물은 아니다. 첫발은 쏜 이동식발사대를 我軍의 탄도 미사일, 크루즈 미사일이나 공군의 空對地 미사일로 제거함으로써 추가 발사를 막는 데는 유용하다. 북한이 동일한 이동식 발사대에서 한 발을 쏜 후 다음 발을 쏘는 데는 30분에서 1시간이 걸리므로 우리 미사일로 파괴가 가능하다.

다음은 KAMD(한국형 미사일 방어망)이다. 우리 軍이 보유하고 있는 PAC-Ⅱ로는 북한의 핵미사일을 요격하는 것이 거의 불가능에 가깝다. 내년까지 도입한다는 PAC-Ⅲ로도 종말단계에서 1-2초 정도 주어진 시간 내에 요격할 기회가 있다. 요격성공 확률이 그리 높지도 않다. 여기에 우리 국민의 생명과 국가의 존립을 맡길 수 있겠는가?

그렇다면 THAAD(高고도 미사일 방어망)를 도입하려는 미국에 반대할 이유는 없다. THAAD는 주한미군의 생존을 위해서도 필수적 수단이기 때문이다. 韓美 양국은 THAAD 배치를 통해 다층방어망을 구축함으로써 생존확률을 높여야 한다.

우리는 미국이 확장된 억지력과 THAAD배치를 통해 한국을 방위하도록 함으로써 우리만의 KAMD를 완성할 시간을 벌어야 한다. THAAD값이 싸다면 우리도 몇 개 포대를 사다가 배치하고, 동시에 우리 중거리 요격미사일과 장거리 요격미사일을 개발하여 KAMD도 완성할 수 있으면 얼마나 좋겠나?

그런데 우리는 2조원이나 하는 THAAD 몇 개 포대를 한국에 배치할 돈이 없다. 그리고 1개 포대에 48발 밖에 없기 때문에 북한 미사일을 첫발에 맞추면 좋지만 첫발에 못 맞추면 2~3발을 쏘아야 한다. 그러면 북한의 미사일 1000발을 상대하려면 THAAD 몇 개 포대가 있어야 하나? 따라서 우리가 THAAD를 구입하느라 돈을 쓰게 되면 재정적 여력이 없어 우리 자체의 요격미사일 개발은 사실상 물 건너간다. 결론적으로 '미국의 힘을 이용하여 북한의 핵미사일을 막아내고, 우리 힘으로 요격할 수 있는 때를 기다린다'가 우리의 전략이 되어야 할 것이다.〉

敵에 대한 과소평가는 용서 받을 수 없다

김 교수는 논문과 별도의 인터뷰에서 '외부에선, 2006년 첫 핵실험에서 북한이 1kt(TNT 1000t의 폭발력)의 폭발력을 보인 것을 두고 완벽한 폭발이 아니었다고 평가설해 왔는데, 처음부터 소형화 실험을 한 것을 오해한 때문이다'는 의견을 보태었다.

한편 李明博(이명박) 정부 시절 안보 부서의 핵심에 있었던 두 전직 요인은 金 교수의 평가에 대하여 엇갈린 견해를 보였다. A 씨는 '북한이 이미 핵소형화에 성공, 미사일 실전배치를 마친 상태이다'고 했고, B 씨는 '한국과 미국에 자신 있는 정보가 없다'면서 '소형화의 진전 단계가 아닐까'라고 했다. 그는 '우라늄 농축 시설의 효율성, 즉 가동률이 중요한데, 이에 대한 정보가 없는 상태이다'고 했다.

미소 냉전 시절에 미국에선 '미사일 갭(Missile Gap)'이란 용어가 유행하였다. 미국이 핵미사일 분야에서 소련에 뒤지고 있다는 주장이었다. 존 F. 케네디 상원의원은 1958년 재선 운동 기간에 '미사일 갭'이란 말을 처음 썼다. 그는 미국 공군이 제공한 과장된 자료에 근거하여 소련의 미사일 능력을 과대평가하였다. 냉전이 끝난 후 밝혀진 사실은 미국이 소련에 뒤진 적은 한 번도 없었다는 것이었다.

북한 핵에 대한 과소평가는 미사일 갭과는 다른 심각한 문제를 제기한다. 敵의 능력을 과대평가하는 것과 과소평가하는 것의 후유증은 다르다. 과대평가는 국민의 불안감 조성, 국방예산의 낭비 등의 부작용을 초래하지만 과소평가는 스탈린, 이스라엘 지도부(4차 중동전쟁 때), 맥아더처럼 국가적 재앙을 불러들인다. 敵에 대한 과소평가는 용서 받을 수 없다.

1994년에 영변을 폭격했어야

북한의 핵 및 미사일에 대한 한국정부 측의 과소평가는 역사가 오래이다. 北核(북핵) 문제 해결을 한국정부가 자신의 일이라고 판단, 책임을 지는 자세였다면 한가하게 과소평가를 하고 있을 수 없었을 것이다. 金泳三(김영삼) 정부 이후 한국의 지도부는 북한 핵은, 미국의 문제이고 미국이 알아서 해주겠지 하는 심리상태에서 사실상 구경꾼 입장을 선택하였다. 그러면서 한반도의 화해 협력 평화가 북핵 문제 해결보다 더 중요하다는 무책임한 태도를 보였다.

1994년 여름 클린턴 행정부가 영변 핵시설 폭격을 검토하고 있을 때 金泳三 대통령은 협력할 생각은 하지 않고 말리는 입장을 취하였으며 회고록에서 이를 업적처럼 선전하였다. 당시는 북한이 핵전력을 실전화하기 전이었고 중국의 영향력도 크지 않을 때였다. 한국이 더 강경하게 一戰(일전)을 불사하는 자세로 미국을 끌고 가서 북한의 핵시설을 폭격하여 없애버렸더라면 후환을 남기지 않은 것은 물론 북한정권이 무너졌을 가능성이 있다.

金 대통령이 핵무장한 북한과는 절대로 공존할 수 없다는 자세로 나오지 못한 것은 핵문제를 당사자가 아닌 구경꾼 입장에서 다루었기 때문일 것이다.

젊었을 때 좌익 운동가였고 그런 성향을 평생 가져간 김대중 대통령은 북한이 핵을 개발 중임을 알면서도 현대그룹을 앞세워 5억 달러의 금품을 제공하고 김정일과 회담, 노벨평화상을 받았다. 한반도의 평화는 북한의 핵개발과 인권탄압을 저지해야 이뤄질 수 있는데도 핵개발을 사실상 지원하고, 인권탄압을 묵인한 사람이 상을 받은 것이다. 김대중은 재임 기간엔 敵의 핵개발을 도왔고, 퇴임 후엔 핵실험한 북한정권에 대하여 노무현 정부가 제재를 가하지 못하게 막았다. 이런 대통령 아래에선 北核 정보가 햇볕정책을 뒷받침하는 방향으로 왜곡되지 않을 수 없었을 것이다. 스탈린과 맥아더의 예에서 보듯이 정보 책임자가 상관의 취향에 맞추어주는 방향으로 정보를 조작, 왜곡하는 경우는 자주 있다.

김대중 아래에서 국정원장, 통일부 장관 등 요직을 지내면서 對北(대북)정책을 총괄하였던 林東源(임동원) 씨는 회고록에서 이렇게 썼던 사람이다.

〈부시 대통령은 북을 '악의 축'이요 '선제핵공격'의 대상이라며 위협하고, 핵의혹을 조작해 제네바 합의를 일방적으로 파기했다. 미국은 국제기구까지 동원해 북측을 압박하고, 쌍무회담을 기피하며 북한이 핵문제의 국제화를 추진하고 있다고 비난했다. 이런 워싱턴의 네오콘들의 방해책동에 맞서 우리 민족은 힘을 합쳐 지뢰를 제거하고 '평화회랑' 건설을 위해 매진했던 일을 이제는 아름다운 추억으로 간직하고 있다.〉

김정은도 웃을 정도의 북핵을 비호한 사람이 북한의 핵능력을 제대로 평가, 보고하였을 리가 없다.

"수고하셨습니다. 현명하게 하셨고, 잘하셨구요"

2007년 10월3일 김정일-노무현 회담 때 배석한 6자회담 대표 김계관은 한국 대통령 앞에서 모욕적인 발언을 한다.

"우리가 핵계획, 핵물질, 핵시설 다 신고합니다. 그러나 핵물질 신고에서는 무기화된 정형은 신고 안 합니다. 왜? 미국하고 우리하고는 교전상황에 있기 때문에 적대상황에 있는 미국에다가 무기 상황을 신고하는 것이 어디 있갔는가. 우리 안 한다."

6자회담의 합의 내용을 부정하는 이 망언에 대한 노무현의 논평은 이러하였다.

"수고하셨습니다. 현명하게 하셨고, 잘하셨구요. 뭐 미국이 이 회담 바라고 그러진 않을 것입니다. 나는 공개적으로 핵문제는 6자회담에서 서로 협력한다. 이것이 원칙이다. 그러니까 6자회담 바깥에서 핵문제가 풀릴 일은, 따로 다뤄질 일은 없습니다. 단지 남북 간에 비핵화 합의 원칙만 한 번 더 확인하고, 실질적으로 풀어나가는 과정은 6자회담에서 같이 풀어나가자 이렇게 갈 거니까요."

5000만 국민의 생존과 관련된 문제를 방관자 입장에서 바라보는 한국 대통령의 비참한 모습이다. 이런 정부가 북한의 핵능력에 관한 정보를 왜곡하지 않았다면 그건 기적일 것이다.

계속되는 北核 경시 풍조

李明博(이명박) 정부는 천안함 폭침과 연평도 포격에 단호하게 대응하지 못하였지만 10년간 이어진 對北(대북)굴종 정책은 따르지 않았다. 하지만 북한의 핵미사일 위협에 적극적으로 대응하지도 않았다. 재임 기간 두 차례 북한이 핵실험을 하였지만 노무현 정부의 한미연합사 해체 결정을 계승하였고 미사일 방어망 건설에 주력하지 않았다. 이명박 정부의 안보 참모들 중엔 "우리는 북한정권이 핵폭탄을 소형화하는 데 성공하였다고 판단하였다"고 말하는 이들이 있지만 그런 인식이 對北정책에 반영된 흔적은 없다.

朴槿惠(박근혜) 대통령도 15년간 이어져온 북한 核 능력에 대한 과소평가 흐름을 되돌리려는 노력을 하지 않고 있다. 미국 측이 과거와 달리 북한의 핵전력을 솔직하게 이야기하기 시작하면서 韓美(한미) 두 나라의 인식 차이가 커져 보이기 시작하였다. 전문가들 사이에 '북한의 핵개발'이란 용어 대신에 '북한의 핵미사일 실전배치'라는 말이 자주 쓰이게 되었다. 柳炳賢(유병현) 전 합참의장은 수년 전 "북한의 핵미사일 실전배치는 선전포고로 간주하고 막아야 한다"고 말하였지만 이 정부는 그런 위기감이나 결의를 보이지 않고 있다.

정부의 親中反日(친중반일) 외교 노선은 북한의 핵문제를 우리의 문제로 여기지 않는다는 반증일 것이다. 북한의 핵미사일 실전배치 상황에서 한국 외교가 가장 주력해야 할 부분은 韓美日 동맹의 강화에 의

한 핵억지력의 확보이다. 親中反日 외교는 한미 관계를 어렵게 만들고 북한정권의 한일 이간질에 이용당할 수 있다. 그럼에도 朴 대통령이 이 노선에 집착한 것은 북한의 핵전력과 핵전략에 대한 무관심이나 과소평가에 기인한 것이 아닌가 의심스럽다. 핵문제 해결을 피해가는 '통일대박론'은 국민들에게 환상을 심어 북핵 해결을 위한 국가적 의지력을 모으는 데 방해가 될 수 있다. 핵미사일 실전배치 상황을 직시한다면 미사일방어망 건설, 미국의 핵미사일 탑재 잠수함 한국 水域 상시 배치, 미국의 핵우산 정책의 구체적 명문화, 핵민방위훈련, 핵방어시설 건설 등 시급히 해야 할 일이 많다. 종군위안부 문제로 김정은보다 아베를 더 만나기 싫어한다는 것은, 대통령의 핵문제에 대한 인식을 상징적으로 보여준다.

북한 식 自力更生의 저력을 輕視

북한의 핵능력에 대한 전문가들의 평가를 취재해온 지 근 20년, 이들의 예측과 실제 상황은 거의 어긋 낫다. 소위 한국의 전문가들은 북한의 핵무기 개발 수준을 평가하면서 몇 가지 잘못된 기준을 적용하고 있는 것 같다. 먼저 북한의 경제력이 형편 없으니 무기 개발 수준도 그럴 것이란 전제를 깔고 이야기한다.

북한이 武器(무기) 개발에 자원을 쏟아부었기에 경제력이 망가진 측면도 고려해야 한다. 핵무기 개발이 엄청나게 어려운 기술이 것처럼 생각한다. 핵폭탄 개발은 원자력 발전소 건설이나 운용보다 훨씬 쉽다. 국가 단위의 조직이라면 제재를 받지 않을 경우 만들 수 있는 것이다. 對北(대북)제재에 대한 過信(과신)도 있다.

북한에 대한 항만 및 공항 봉쇄가 적용된 적이 없고 중국이 뒷문을 열어주므로 제재의 효과는 제한적이다. 이란처럼 봉쇄당한 적이 없다. 북한의 무기가 조잡하다는 점을 들어 핵능력도 평가절하한다. 무기의 조잡성은 오히려 북한 식 自力更生(자력갱생)의 집념과 저력을 보여준다. 미국을 때리는 장거리 미사일이면 몰라도 한국 공격용 미사일은 조잡해도 날아가서 터진다. 북한이 핵폭탄 제조에 집중한 지 30년이란 세월이 흘렀다. 100만 대군을 가진 광신적 이념무장 집단이 30년 동안 한 우물을 팠다는 점을 輕視(경시)하면 큰 코 다칠 때가 있다.

朴 대통령의 '1보 후퇴 2보 전진' 전략

朴 대통령의 역사적 평가는 두 사안에 의하여 결정될 것이다. 첫째는 2017년 선거를 통하여 북한의 핵개발을 지원하였던 좌파 세력에 정권을 넘겨주느냐의 여부이고 둘째는 북한의 핵미사일 실전배치에 어떻게 대응하느냐이다.

박근혜 대통령은 '선거의 여왕'이라고 불린다. 박근혜 식 전략의 핵심은 '1보 후퇴 2보 전진'이다. 감성적 면을 중시하는데 자신이 연약하고 피해자이며 개혁적이라는 이미지를 만들어 동정심이 많은 한국인의 민심을 얻으려 한다.

1. 2004년 4월 총선(당 대표): 탄핵역풍 속에서 천막당사 전략으로 한나라당이 개헌저지선 확보

2. 2006년 5월 지방선거(당 대표): 목에 칼을 맞은 후, 한나라당이 열린당에 압승

3. 2012년 4월 총선(당 대표): 세종시 수정안 반대, 경제 민주화, 黨名 (당명) 개칭, 김용민 막말 등에 힘입어 과반수 의석 차지

4. 2012년 12월 대선(후보): 5·16과 유신 사과, 이정희의 도발적 토론, 보수결집으로 당선

5. 2014년 6월 지방선거: 해경해체 담화 이후 善防(선방)

6. 2014년 7월 재보선: 문창극 자진 사퇴 후 새누리당 압승

7. 2015년 4월 재보선: 세월호 인양 결정, 이완구 사표 수리 후 압승

朴 대통령은 선거에 이기기 위해서 선동된 여론에 영합하고, 國益(국익)에 배치되는 행동도 한다. 세종시 수정안 거부나 해경해체 결정이 좋은 예이다. 그는 선거에 이겨 좌파정권의 등장이나 좌파 강화를 막는 게 더 큰 국익이라고 판단할지 모른다.

지도자의 정보실패는 安崩 부른다

이런 朴 대통령이 2016년과 2017년의 두 차례 선거에서 北의 핵미사일 實戰배치 사태를 어떻게 다룰지 주목된다. 선거 전략 차원에서 이용할 것인지, 국가 안보 차원에서 다룰 것인지. 앞으로 2~3년 사이에 북한이 핵미사일 실전배치에 근거한 고차원의 對南도발을 해올 때, 이 사태가 두 차례 선거와 맞물려 어떤 결과를 만들어낼 것인가? 한국이 갖지 못하고 북한이 가진 두 가지 전략적 무기인 핵미사일과 종북 세력이 어떻게 결합될 것인가?

두 차례 선거를 통하여 북한의 핵미사일 개발을 지원하였던 세력이 정권을 잡으면 외환 보유고 4조 달러의 중국과 핵무장한 북한노동당 정

권 및 한국의 친중 친북 정권이 한편으로 정렬하게 된다. 정권을 넘긴 맨주먹의 보수세력과 反韓的(반한적) 일본과 멀리 있는 미국이 대륙 지향의 3각 연계 체제(계급투쟁론에 기반한 좌경사상을 공통분모로 한다)를 당할 수 있을까. 없다면 한국의 자유민주주의는 유지할 수 없게 된다. 좌파 핵심세력은 北의 핵개발을 방조하여 왔고 한국의 核미사일 방어망 건설도 반대하여 왔다. 이런 노선이 집권 후에도 계속될 경우 한국은 북한의 핵위협에 노출되어 정치적으로 종속되고 군사적으로도 주도권을 놓치게 된다. 북한정권의 노골적 협박이 한국의 정치와 언론, 그리고 사법기능을 제약하게 될 것이다. 보수 세력이 반발하고, 국군이 헌법 제5조에 규정된 국가안보의 최후 보루 역할을 고민하기 시작하면 내전적 상황도 예견된다.

이런 기로에 선 대한민국의 조종간을 쥔 朴 내동령이 15년 이상 계속되는 북한 핵 과소평가 흐름에서 어떻게 벗어날지 주목된다. 북한의 핵미사일 실전배치 문제를 생각하면 다른 모든 사안은 사소하게 보인다. 우리의 생존의 본질에 관한 일이기 때문이다. 선거전략 차원에서 다루기엔 너무나 큰 주제가 장벽처럼 우리 앞을 가로막고 있다. 스탈린과 맥아더의 정보 판단 실패가 주는 교훈은 지도자가 희망적 관측에 빠져 진실을 회피하려 할 때 재앙이 덮친다는 것이다. 절대무기인 核과 관련된 정보를 잘못 다루면 토털 페일러(Total Failure), 즉 安崩(안붕)이 일어난다. 한국은 敵이 핵무장하였는데도 핵폭탄 투하에 대비한 민방위 훈련을 하지 않는 (아마도 세계에서 유일한) 나라가 되었다.

"훈련상황입니다. 지금 서울 강남 상공에서 10킬로톤 급 핵폭탄이 터졌습니다. 신속히 대피해주시기 바랍니다."

이런 방송이 한 달에 한 번씩 나와야 국민들이 정신을 차리고 현실을 직시할 것이 아닌가.

5

北의
핵개발 후원자는
중국이었다

北의 핵개발 후원자는
중국이었다

중국의 핵시설을 10년간 방문 조사한 사람의 보고

핵전문가들 사이에 화제가 된 책이 있다. 토머스 C. 리드와 대니 B. 스틸만이 共著(공저)한 《核特級(핵특급, The Nuclear Express)》이다(미국 지니스 프레스 출판).

이 책이 관심을 모으는 것은 秘話(비화)가 많고 필자들이 핵폭탄 제조에 직접 관여한 인물이기 때문이다. 리드는 로렌스 리브모어 국립연구소에서 핵폭탄 설계에 종사했고, 포드 및 카터 행정부 시절엔 공군장관을 지냈으며 레이건 대통령의 안보 특보였다.

스틸만은 미국 최초의 핵폭탄을 만들어냈던 로스 앨러모스 연구소에서 핵폭탄 설계 등 업무에 종사했고, 13년간 핵관련 기술정보국을 이끌었다. 그는 10년간 중국의 핵관련 시설을 방문 조사하기도 했다. 중국 정부는 미국 핵폭탄 연구소의 정보책임자가 핵실험장, 핵폭탄용 플루토늄을 만드는 원자로 등 중국의 핵시설들을 10년에 걸쳐 방문 조사하도록 한 것인데, 그 배경은 무엇일까?

스틸만은 "중국이 자신들의 높은 핵능력을 보여줌으로써 미국이 誤判(오판)하지 않도록 하기 위한 것이 가장 중요한 목적이었다"고 했다.

그는 팀을 만들어 1990년 4월에 처음 중국의 핵시설을 시찰했다. 중국 정보기관들은 그들의 一擧手一投足(일거수일투족)을 추적, 감청했다. 스틸만은 중국의 핵폭탄 기술 개발이 높은 수준에서 진행되고 있는 것을 보고 놀랐다. 몇 분야에선 미국보다 앞서 있었다. 그는 여행 중 많은 과학자를 만나면서 중국이 1982년 이후 정책적으로 중동과 아시아 국가를 상대로 핵기술을 확산시켜 왔다는 결론에 이르게 됐다고 한다. 1994년 방문 때 그는 "중국 원자력 연구소장이 이란·이라크·파키스탄 과학자들을 만나 그들에게 과학 장비들을 피는 데 많은 시간을 보내고 있다"는 이야기를 들었다. 1990년대 말 중국 방문 때는 중국이 오랫동안 프랑스와 핵개발에서 협조해 왔다는 사실을 알았다.

스틸만의 중국 여행은 1999년에 끝났다. 美 하원 정보위원회가 중국이 미국의 수소폭탄 설계 정보를 훔쳤다는 요지의 보고서를 발표하자 중국 측이 대응조치를 취한 것이다.

이 책에서 스틸만은 10년간의 중국 핵시설 방문으로 얻은 정보를 공개하고 있다. 그가 이 책에서 강조하는 것은 미국을 포함해 어느 나라도 혼자 실력으로 핵폭탄 개발에 성공하지는 못한다는 점이다. 미국이 뉴멕시코州(주) 로스 앨러모스 연구소에서 최초의 핵폭탄을 연구하고 있을 때 영국·캐나다·이탈리아 등 외국인 과학자들이 많았다. 프랑스는 이스라엘의 핵개발을 도왔고, 이스라엘은 남아프리카 공화국의 핵개발을 지원했다. 파키스탄과 북한의 핵개발엔 중국의 지원이 있었다는 것이다.

중국이 1964년 핵실험에 성공하게 된 데도 소련 간첩과 프랑스 과학자 등의 도움이 있었다. 로스 앨러모스 연구실에서 핵폭탄 설계에 종사했던 클라우스 푹스는 독일인으로 공산주의자였고 일찍 소련 정보기관에 포섭된 스파이였다.

그는 나치의 압제를 피하려고 영국으로 건너가 물리학자가 됐는데, 미국의 원폭개발계획인 '맨해튼 프로젝트'에 참여하게 됐던 것이다. 여기서 얻은 고급정보를 소련 측에 보낸 그는 영국에서 체포되어 징역형을 살고 나와 1959년 東獨(동독)으로 달아났다.

여기서 그는 중국 핵개발 책임자를 만나 미국이 최초로 개발한 원폭의 설계 개념뿐 아니라 수소 폭탄에 대한 정보도 주었다고 한다. 푹스는 로스 앨러모스에서 일하던 1948년에 벌써 수소 폭탄을 구상하고 있었다. 이 정보는 소련으로 넘어가 소련의 水爆(수폭) 개발을 도왔다.

中, 북한·파키스탄 핵개발 적극 지원

중국은 1964년 10월16일 우라늄 원폭 실험에 성공했고, 1967년 6월 17일엔 3.3Mt(TNT 환산 330만t)짜리 수소 폭탄 실험에 성공했다. 미국 과학자들은 중국이 原爆에서 水爆으로 가는 데 32개월밖에 걸리지 않은 것에 놀랐다. 미국은 그 단계에서 7년이 걸렸던 것이다. 문화대혁명의 狂風(광풍)이 몰아치던 중국에서 어떻게 이런 기적이 일어날 수 있었던가? 스틸만은 10년간의 현지 조사로 이런 결론을 내렸다.

1. 간첩 클라우스 푹스의 정보 제공

2. 연구자들의 높은 數學的(수학적) 분석 능력

3. 높은 해외 기술정보 수집 능력

4. 서방에서 교육받은 과학 인력

스틸만은 중국이 1980년대에 네 번의 실패 끝에 중성자탄 개발에도 성공했다고 썼다. 그는 중국의 핵기술은 미국과 거의 同級(동급)이라고 평가했다. 그는 이 책에서 중국의 최고 지도자 덩샤오핑(鄧小平)이 중국의 핵 및 미사일 기술을 파키스탄 등 이슬람 국가와 공산국가(북한)에 확산시키기로 결정한 것은 1982년이었다고 주장했다. 책의 일부를 인용한다.

〈중국은 알제리와 비밀 협정을 맺고 원자로를 지어주기로 했다. CSS-2 미사일을 사우디아라비아에 팔았다. 북한에 대하여는 전폭적인 핵지원을 했다. 특히 파키스탄의 핵개발을 적극적으로 지원했다.〉

중국은 라이벌인 인도의 宿敵(숙적) 파키스탄이 핵무기 개발에 나서자 기술자들을 초빙해 교육도 하고 CHIC-4라고 불리는 단순구조의 원자폭탄 설계에 대한 정보를 건네주었다. 파키스탄의 핵개발 책임자이고 '죽음의 핵상인'으로 불리는 A. Q. 칸 박사는 이 자료를 리비아에 팔았다. 리비아가 수년 전 핵개발 포기 선언을 할 때, 양복점용 하얀 플라스틱에 들어 있는 이 설계도의 존재가 알려졌다.

당시 파키스탄의 실력자는 군사 쿠데타로 집권한 지아울 하크 장군이었다. 그는 미국 편에 서서, 아프가니스탄을 침공한 소련에 대한 저항운동을 지원하고 있었다. 레이건 대통령은 親美的(친미적)인 파키스탄이 중국으로부터 핵개발 지원을 받고 있다는 사실을 알았겠지만 눈 감아 주었을 것이다.

파키스탄의 핵실험 代行해 주기도

중국은 파키스탄의 핵실험까지 代行(대행)해 줬다고 스틸만은 주장한다. 중국이 '35번'으로 이름 붙인 핵실험은 1990년 5월26일 신장 위구르자치구 롭 누르 실험장에서 있었다. 우라늄탄이었는데, 폭발력은 10kt 정도로 추정됐다. 스틸만은 이 실험 때 쓰인 핵폭파 장치 CHIC-4가 8년 후인 1998년 5월28일 파키스탄이 自國(자국) 내에서 실험했던 原爆(원폭)과 同型(동형)이라고 주장한다.

파키스탄은 인도가 핵실험을 하자 17일 뒤에 대응 핵실험을 했다. 이렇게 빨리 대응하고 또 미리 실험계획을 발표할 정도로 자신감을 가질 수 있었던 것은 1990년 중국에서 실험한 자료가 있었던 덕분이란 것이다.

미국도 1990년대에 영국을 위해 네바다 사막에서 핵실험을 한 적이 있다. 이스라엘과 南阿共(남아공)도 대서양에서 공동 핵실험을 한 것으로 추정된다. 스틸만은 중국이 파키스탄을 위한 대행실험 때 기폭장치의 中性子(중성자) 발생 기술을 제공했다고 했다.

스틸만은 《핵특급》에서 파키스탄이 북한과 미사일-핵기술 교환 협정을 맺은 것은 베나지르 부토 총리 때였다고 주장한다. 북한은 노동 미사일 기술을 판매하고 파키스탄은 농축 우라늄 기술을 북한에 제공하기로 했다는 것이다. 북한노동당 국제담당 비서이던 黃長燁(황장엽) 선생은 필자에게 이런 증언을 한 적이 있다.

〈1990년대 초반 金日成(김일성)이 살아 있을 때에도 핵무기 개발 책임자 (노동당 군수공업부장) 전병호가 핵실험 계획을 세워 허가를 받으려 했습니다. 전병호는 "우리는 핵실험 준비가 다 되어 있는데 왜 주석께서 허가를 하지 않는지 모르겠다"고 불평도 했어요. 1994년 제네바 합의 이후엔 나를 찾아와 "러시아에서 플루토늄을 얻어올 수 없을까"라고 묻더군요. 내가 "왜 아직도 충분하지 않은가"라고 했더니 그는 "몇 개를 더 만들어 놓아야 한다"고 말했어요. 그 얼마 뒤 전병호가 나타나더니 "이젠 됐다. 파키스탄과 협력하기로 했다"고 말했습니다.〉

파키스탄은 1998년 5월28일에 다섯 차례, 30일에 여섯 번째의 핵실험을 했다고 발표했다. 미국은 여섯 번째 핵실험을 한 지역에서 플루토늄을 검출했다. 파키스탄은 우라늄 농축 방식의 핵개발을 하고 있었기에 이 플루토늄彈(탄)을 두고 소문이 많았다. 북한에서 가져온 플루토늄을 사용했다는 이야기도 있었다. 이 실험을 북한의 기술자들이 현장에서 참관했다는 정보도 있었다.

북한, 중국의 原爆 설계를 개량

스틸만은 북한의 핵개발에 중국의 지원이 있었다고 주장한다. 그는 '중국의 친구들'이, 북한은 중국의 CHIC-4型(형) 원폭 설계도를 개량한 것을 가지고 있다는 말을 했다고 소개했다. 이 설계도는 중국이 핵개발 도상국들에 대한 일종의 '수출용'으로 설계한 것으로 核彈(핵탄)을 만들기 쉽도록 되어 있다.

스틸만은 파키스탄·북한·리비아·이란에 이 설계도가 넘어갔다고 본다. 스틸만은 2006년 10월9일의 북한 핵실험에 사용된 설계도는 우라늄탄인 CHIC-4를 플루토늄용으로 변형한 것일 가능성이 높다고 했다. 이 형이라면 12kt의 폭발력이 나와야 하는데 설계치의 약 4%인 400t에 그친 이유를 다음과 같이 분석했다.

1. 폭파장치의 설계 미숙
2. 중성자 발생장치의 고장
3. 설계 변경時의 착오

스틸만은 북한이 농축 우라늄이나 원시적 형태의 핵폭탄을 만들면 미사일처럼 외국에 팔 가능성이 높다고 지적한다. 2000년에 리비아는 50개의 중거리 노동 미사일을 수입하는 데 6억 달러를 지불했다. 북한은 2006년의 핵실험으로 유엔의 제재를 받는 가운데서도 시리아에 영변식 원자로를 지어주다가 이스라엘의 폭격을 自招(자초)했다.

북한이 2009년 4월 미사일을 발사하는 현장에는 이란 참관단이 와 있었다고 한다. 중국-파키스탄-북한의 핵개발 트라이앵글과 함께 북한-이란-시리아의 핵 및 미사일 거래 트라이앵글이 작동하고 있었다.

스틸만은 이렇게 썼다.

〈중국은 핵 및 미사일 기술을 이란·시리아·파키스탄·이집트·리비아·예멘에 파는 데 있어서 북한을 再이전의 포인트(re-transfer point)로 이용해 왔다. 중국은 북한-파키스탄 사이의 미사일 및 핵장비 거래를 지켜보면서도 아무런 조치를 취하지 않았다. 중국과 북한의 장교들은 1998년 및 2006년 미사일 발사 실험 전 긴밀하게 정보를 교류했다.〉

북한은 파키스탄에서 우라늄 농축용으로 만든 왕복 가스 실린더에 제6불화 우라늄을 채워 리비아에 밀수출한 적이 있다. 당시 리비아는 파키스탄의 칸 박사에게 1억 달러를 주기로 하고 원폭용 우라늄 농축 시설을 만들고 있었다.

중국은 말리는 시늉만 할 뿐

스틸만은 이런 핵 및 미사일 거래는 중국의 묵인이나 협조 없이는 불가능하다고 지적한다. 핵물질과 미사일 수출에는 중국 영공을 지나는 항공편을 이용해야 하기 때문이다. 스틸만은 북한이 차베스가 좌경화시킨 베네수엘라나 反美的(반미적)인 멕시코에도 접근할지 모른다고 했다.

2006년 북한의 핵실험 직후 북한을 방문, 김정일을 만난 중국의 국무위원 탕자쉬안(唐家璇)은 김정일에게 후진타오(胡錦濤) 국가주석의 메시지를 전했다. 이 자리에서 김정일은 "추가 핵실험은 없다. 금융제재를 풀면 6자회담에 돌아가겠다"고 말했다고 한다.

스틸만은 중국이 북한의 핵무기 개발을 사실상 지원해 왔으므로 '갑자기 진지해져서' 김정일에게 개발 중지를 주문하진 않았을 것이라고 분석했다. 다만 너무 도발적인 행동은 삼가라는 충고가 있었을 것이라고 평했다.

스틸만은 1982년에 덩샤오핑이 제3세계, 특히 이슬람과 공산권 국가들의 핵개발을 지원하기로 결정한 이후 중국이 일관된 행동을 해왔다고 본다. 중국은 이들 국가의 핵 관련 과학자들을 훈련시켜 주고, 기술을 넘겨주고, 핵운반 수단을 팔고, 그런 목적을 위한 기초공사를 해주었다. 이렇게 핵기술을 확산시켜 놓은 중국이 북한의 핵개발 저지에 나서다는 것은 불가능하다는 것이다. 즉 중국과 북한은 共犯(공범)이란 이야기다.

스틸만은 미국의 핵관련 전문가들 사이에서 북한은 '聖域(성역)'이나 '자유무역지대'로 불린다고 했다. 북한은 다른 핵개발 국가(주로 이슬람 국가)를 위한 창고, 수리창 역할을 하고 있다는 것이다. 이라크와 같은 이슬람 국가와는 달리 북한은 비밀이 보장되고 어느 나라로부터도 공격을 받지 않는다는 보장이 되어 있기 때문이라고 한다. 한때는 후세인이 미국의 침공 이전에 핵개발 시설을 북한으로 옮겼다는 소문(가능성이 거의 없지만)이 돌 정도였다는 것이다.

미국 의회조사국(CRS)의 한반도 전문가인 래리 닉시 박사는 북한의 제2차 핵실험에 대한 유엔의 對北(대북)제재 결의 1874호가 公海(공해) 상에서 의심 가는 북한의 선박을 세우고 수색하는 데 대해서는 비교적 상세히 명시한 반면, 항공 화물의 검색에 관해서는 모호하게 해놓는 바람에 실질적인 효과를 거두기 어렵다고 지적했다.

북한의 대량살상무기는 항공로 통해 반출

닉시 박사는 2009년 7월10일 자유아시아방송(RFA)과 한 전화통화에서 북한이 대량살상무기와 그 관련 기술을 수송하고 관련 과학자나 기술자를 교환하는 주요 경로는 해상교통이 아니라 항공교통이라고 분석했다. 특히 북한과 이란을 오가는 항공기에 실린 북한 화물을 검색하는 것이 열쇠라는 설명이었다. 문제는 이 항공 검색의 열쇠를 중국이 쥐고 있다는 점이다. 닉시는 북한이 여러 나라에 미사일이나 관련 기술을 수출해 매년 15억 달러가량을 벌고 있는데 이의 최대 수입국은 이란이며, 북한이 2009년 4월5일 대포동 2호 미사일을 발사할 때도 15명의 이란 대표단이 참관했던 사실을 들었다.

이 같은 북한과 이란 간 미사일 협력은 중국 당국의 묵인이 있었기에 가능했다. 이란과 북한의 항공기들은 중국 당국의 領空(영공) 통과 허가를 받아야 하기 때문이다. 닉시 박사는 "최근 필립 골드버그 국무부 조정관이 이끄는 미국의 對北 제재 전담반이 중국을 방문해 중국의 외교부, 인민은행, 세관 등 관계자로 구성된 정부 합동대표단을 만났을 때, 미사일 등 무기를 북한에서 이란으로 반출하는 항공기의 영공 통과를 허가하지 않도록 촉구하지 않았느냐"고 말했다.

하지만 중국이 유엔 안보리의 제재 결의보다 그 범위나 强度(강도)가 높은 항공수색을 적극적으로 받아들이기란 쉽지는 않을 것이라고 자유아시아방송은 보도했다.

스틸만과 리드의 책을 읽으면 중국이 핵확산 장려에서 핵확산 금지라는 전략적 대전환을 하지 않는 한, 북한에 대한 국제제재에 협조하기는 커녕 협조하는 척하면서 방해만 할 것이란 생각이 든다.

중국이 1983년에 알제리에 지어준 15MWe 重水爐(중수로)는 원폭용 플루토늄 생산을 위한 것이라는 의심을 사고 있다. 매년 3kg 정도의 플루토늄을 생산하는데, 이는 나가사키급 핵폭탄 하나를 만들 수 있는 양이다. 이 시설이 발각된 것은 착공 8년 뒤였다. 중국은 1980년대에 사우디아라비아에 CSS-2 중거리 미사일을 팔았다. 이 미사일은 목표물에서 1.6km나 빗나가는 일이 많아 재래식 무기나 화학무기 운반용으로는 적당하지 않다. 이 미사일은 중국이 개발한 CHIC-4형 원폭 운반용이라고 한다.

사우디아라비아는 파키스탄의 핵무기 개발에 자금을 대고, 개발한 핵탄두를 얻는다는 구상을 실천하고 있다는 의심을 사왔다. 사우디아라비아가 50개의 CSS-2 미사일에 장착할 핵탄두를 파키스탄으로부터 구입하는 데는 1주일분의 기름 수출액이면 족하다고 한다.

舊소련의 핵물질 유출 문제

중국이 이런 식으로 핵을 확산시키려는 목적은 무엇인가. 鄧小平은 19세기식 세력균형을 추구하려 했던가? '중국의 敵(적)의 적'은 중국의 친구가 될 것인가? 핵무장한 파키스탄이 인도를 견제하고, 핵무장한 북한은 미국을 흔들 것인가? 덩샤오핑이 이런 핵확산을 추구하는 것은 그렇게 하여 핵전쟁이 일어나도 오히려 중국에 도움이 된다고 생각한 것인가? 인구가 많은 중국은 그런 핵전쟁에서 마지막으로 살아남는 존재가 된다고 믿는 것인가? 그런데 중국이 도와준 파키스탄의 핵은 과연 관리 가능한 존재인가?

이 책의 共著者(공저자) 리드와 스틸만은 이런 질문을 던지면서 중국 지도부에서 새로운 세대가 등장해야 핵확산에 대한 중국의 태도가 달라질 것이라고 전망했다.

스틸만과 리드는 이 책에서 세계의 골칫거리인 舊(구) 소련의 핵물질 관리에 대해 무시무시한 계산을 했다. 소련이 갖고 있던 핵물질의 0.1%가 실종됐다면 이는 1200kg의 농축 우라늄과 140~170kg의 플루토늄이 북한이나 알 카에다 같은 조직에 넘어갔다는 뜻이 된다. 이 양은 16개의 우라늄 원폭이나 23~27개의 플루토늄 원폭을 만들 수 있는 양이다.

북한은 2000년부터 황해북도 평산군 평화리의 남천화학연합기업소를 확장했다. 우라늄 原鑛(원광)을 캐 와서 이를 精鍊(정련)하여 옐로케이크를 만들고 다시 이를 6불화 우라늄으로 변화시키는 공정을 가진 공장이다.

북한은 여기에다가 파키스탄에서 밀수한 가스 확산−원심분리 방식의 농축 우라늄(핵폭탄용) 시설을 추가해 일관체제를 갖추려고 했다. 한 脫北(탈북) 과학자는 김대중−김정일 회담 이후 이 우라늄 농축 시설이 확장된 것은 對北(대북)송금과 관계 있을지도 모른다면서 이렇게 말했다.

"남천기업소를 확장하는 데 적어도 2억 달러는 들었을 것입니다. 3억 달러가 없어 흥남비료공장 현대화도 하지 못하고 있을 때인데, 갑자기 남천기업소를 확장하게 된 데는 남한 등 외부로부터 들어온 돈과 연관이 있을 것입니다. 영변 핵연구 단지에서 플루토늄 핵폭탄 개발에 종사하는 인력은 약 3000명, 남천기업소에도 약 3000명의 기술자가 일하고 있습니다. 간접 인원까지 치면 약 1만 명의 기술인력이 핵개발에 투입되어 있다고 보면 됩니다. 미사일 제조에 참여하는 인원은 1만 5000명쯤 됩니다."

김정일 해외 비자금 15억 달러

그는 북한이 연간 15억 달러 정도를 미사일 수출로 벌어들인다는 미국 측의 추산에 대해 이렇게 말했다.

"좀 많이 잡은 것 같습니다. 미사일 輸出價(수출가)는 사정거리 1km당 100만 달러 정도입니다. 사정거리가 500km이면 500만 달러입니다. 原價(원가)

는 25% 정도인데, 이 가운데 상당부분은 수입 부품 및 자재 값입니다.

따라서 국제사회가 무기용 부품 및 자재의 수입을 차단하고 미사일 수출을 막는다면 현금 경색에 시달리게 되고 이는 핵개발도 어렵게 할 것입니다. 농축 우라늄식 핵개발에는 고압 알루미늄관 등 핵심 기자재의 수입이 필요합니다. 다만 중국이 어느 정도 협조하는가에 달려 있습니다.”

북한은 1980년대에 이라크와 싸우는 이란에 각종 무기를 팔아 적어도 30억 달러를 벌었다. 1990년대엔 공산권의 붕괴로 외화 조달에 큰 어려움을 겪었고, 이 시기에 대량 餓死(아사) 사태가 일어났다. 2000년부터는 좌파정권이 집권한 한국으로부터 현금이 들어오기 시작했다. 공식 집계만으로도 좌파정권 10년간 약 30억 달러의 현금과 약 40억 달러의 물건이 南(남)에서 北(북)으로 들어갔다. 2008년부터 李明博 정부가 對北 실용정책을 취하면서 이런 지원이 끊어졌다. 그럼에도 2009년 북한 정권은 18발의 미사일을 발사하고, 두 번째 핵실험을 했다. 여기에 들어간 돈을, 정부 측은 약 7억 달러로 추산했다.

2007년 국정원은 미국 CIA와 합동으로 김정일의 해외 비자금 규모를 추적한 적이 있었다. 兩國(양국)의 국가정보기관이 이런 작업을 한 것은 처음이었다. 당시 국정원 관계자들에 따르면 미국측이 정보 공유를 꺼려 이 작업이 마무리되진 못했으나 김정일의 해외 비자금 규모를 추정할 수는 있었다고 한다. 그 규모는 15억 달러 정도였다고 한다. 그 때까지는 40억 달러로 추정됐다.

핵무기를 만들었다가 폐기한 나라는 남아공뿐이다. 白人(백인) 지배층이 인종차별로 세계에서 고립된 상황에서 체제를 지키려고 이스라엘의 도움을 받아 핵폭탄 6개를 만들었으나 백인 지배가 흑인 지배로 넘어가는 단계에서 핵무기를 포기하는 것이 유리하다는 판단을 했다. 故

黃長燁 선생은 북한정권의 핵개발 전략은 분명하고 간단하다고 강조한 적이 있다. 핵무기의 힘으로 주한미군을 철수시킨 뒤 한국을 武力(무력)으로 공산화하려는 목적의 핵전략은 당분간 변함이 없을 것이라고 한다.

6

親中反日 노선의
함정

중국에 속아 '自衛的 핵무장' 카드를
버리면 안 된다.

親中反日 노선의 함정

아인슈타인의 편지

미국의 원자폭탄 개발에 유명한 평화주의자의 역할이 있었다는 사실은 핵무기의 본질적 의미를 이해하는 데 도움이 된다. 1939년 8월, 제2차 세계대전 발발 한 달 전 미국 프린스턴 대학 교수 알버트 아인슈타인을 찾아온 사람이 있었다. 헝가리 출신 물리학자 레오 스질라드였다. 아인슈타인처럼 나치를 피해 독일에서 미국으로 망명 온 유대인 과학자였다. 그는 나중에 이탈리아 출신 물리학자 엔리코 페르미(부인이 유대인으로서 무솔리니의 탄압을 받자 미국으로 피신)와 함께 흑연을 減速材(감속재)로 이용, 최초의 연쇄반응을 성공시켜 플루토늄을 생산할 수 있는 원자로를 만든 사람이다.

스질라드는 친구인 아인슈타인에게, 나치 독일의 과학자들이 핵분열에 성공하였으며 연쇄반응 실험에 몰두하는 것 같다면서 가공할 新武

器(신무기)를 만들 위험성이 높아졌다고 말했다. 아인슈타인은 자신이 발견한 질량-에너지 等式(등식)인 $E=mc^2$이 핵폭탄 개발의 원리가 된 사실을 모르고 있었다. 그는 친구의 설명을 듣고는 곧 깨달았다. 핵분열과 연쇄반응이 핵폭탄 제조로 연결된다는 것을. 스질라드는 미국도 대응책을 세워야 하니 프랭클린 루즈벨트 대통령에게 탄원서를 올리자고 했다. 초안은 스질라드가 쓰고, 아인슈탄인은 교정을 보고 서명하였다. 이 편지는 아인슈타인-스질라드 편지로 알려져 있다.

문제는 어떻게 편지를 전달하느냐 였다. 스질라드는 최초로 대서양 횡단 비행에 성공, 국민적 영웅이 된 찰스 린드버그의 도움을 받으려 하였으나, 그가 고립주의자이고, 親나치 인물임을 알고는 포기하였다. 이 편지는 결국 알렉산더 삭스라는 루즈벨트 대통령의 친구를 통하여 전달되었다.

맨해튼 계획

1939년 10월, 독일의 폴란드 침공 직후, 세계에서 가장 유명한 물리학자 명의의 편지를 받은 루즈벨트는 군사문제 고문인 와트슨에게 이를 건네면서 "행동이 필요해"라고 했다. 과학자들로 急造(급조)된 위원회는 대통령에게 대응책을 건의, 육군이 관할하는 핵폭탄 개발을 위한 '맨해튼 계획'이 시작되었다. 뉴멕시코주 로스 알라모스의 연구소를 중심으로 전개된 맨해튼 계획엔 한때 13만 명이 종사하였고, 20억 달러(요사이 가치로는 230억 달러)가 들어갔다. 90%가 原子爐(원자로) 등 시설을 짓는 데, 10%가 폭탄 제조, 설계 등에 쓰였다.

아인슈타인은 당초의 핵개발 계획이 느리게 진전되자 1940년 3월 다시 루즈벨트에게 편지를 썼다. '베를린에선 우라늄 프로젝트가 급진전하고 있다'고 경고하면서 신속한 대응을 촉구하였다. 대통령은 긴급 대책 회의를 소집하고, 아인슈타인도 참여시키도록 지시하였으나 그는 감기에 걸렸다면서 자리를 피했다.

1945년 3월이 되자 종말이 가까워진 독일이 핵폭탄을 개발하지 못하였다는 사실이 확실해졌다. 미국의 핵개발에 핵심적 역할을 한 스질라드는 원자폭탄의 파괴력을 알고 있었으므로 사용을 중단시키려고 했다. 그는 다시 아인슈타인을 찾아가 대통령에게 편지를 써 달라고 했다. 아인슈타인은 스질라드와 과학자들을 만나 줄 것을 건의하는 편지를 보냈으나 대통령은 전달된 편지를 읽지 않았다. 루즈벨트가 4월12일에 죽은 뒤 이 편지가 집무실에서 발견되어 트루먼 후임 대통령에게 전해졌다. 그는 편지를 번스 국무장관에게 주었고 번스는 스질라드를 만났으나 건의를 묵살했다.

原爆 사용 반대 건의

스질라드는 독일이 망한 후 핵폭탄이 일본에 투하될 것임이 확실해지자 맨해튼 계획에 참여한 70명의 과학자들로부터 서명을 받아 1945년 7월17일에 트루먼 대통령에게 탄원서를 냈다.

이 탄원서에서 스질라드는 '우리가 개발한 원자폭탄은 첫 단계에 불과하고 앞으로 이를 발전시킬 경우 거의 무한한 파괴력을 갖게 될 것'이라면서 사용하기 전에 먼저 일본에 최후통첩을 할 것을 건의하였다. 즉 미국이 일본에 요구하는 조건을 공개적으로 천명한 뒤 일본이 이를 거부하면 그 이후 신중하게 판단, 사용을 검토해달라고 하였다.

이 탄원서는 대통령에게 전달되지 않았다. 원자폭탄을 쓰지 않고 재래식 무기만 가지고 일본에 상륙전을 펼 경우 미군 피해는 100만 명을 넘을 것으로 추정되었다. 미국 정책 결정자들은, 전쟁이 끝난 뒤 원자폭탄을 갖고 있으면서도 이를 사용하지 않아 엄청난 人命 피해가 났다는 비난을 정치적으로 감당할 수 없다는 판단을 하고 있었다. 맨해튼 계획을 지휘하던 글로브 장군은 스질라드에 대한 조사를 지시하고, 서명자 거의 전원을 해고하였다.

아인슈타인은 죽기 전에 핵폭탄 제조 요청 편지를 쓴 걸 후회하면서도 독일의 핵개발 정보 때문에 그렇게 할 수밖에 없었다고 자신을 합리화하려 했다. 아인슈타인 자신은 맨해튼 계획에 참여하지 못하였다. FBI가, 그의 평화주의적 성향 때문에 보안에 위험을 주는 인물이란 판정을 하였던 것이다.

나가사키의 不運

헨리 루이스 스팀슨은 제2차 세계대전 때 미국 전쟁성 장관이었다. 그는 공화당원이었으나 민주당인 루즈벨트와 트루먼 정부 하에서 요직을 맡았다. 國益만 생각하는 불편부당한 자세 덕분이었다. 1945년에 그가 원자폭탄 투하를 결정할 때 나이는 78세였다. 미국 지도부 인사들 중 最年長者(최연장자)였고, 公職경력이 화려했다. 이런 권위로 해서 대통령도 그를 존중했다. 1893년에 그는 마벨 웰링턴 화이트와 결혼했다. 신혼여행을 일본 교토로 갔다. 1000년 古都의 아름다움에 취했다. 일본인들의 정직과 예절에 반했다.

1945년 미국 지도부는 개발에 성공한 원자폭탄을 투하할 후보지를 논의하고 있었다. 1차 후보지로 추천된 곳은 히로시마, 교토, 니가타,

고쿠라였다. 이들 도시는 그때까지 폭격을 당하지 않았으며 軍 시설이 있었다. 스팀슨은 교토를 제외시켰다. 신혼여행 때의 좋은 인상도 한 이유였다. 일본의 정신이 담긴 이 도시를 파괴하면 民心이 흉흉해져 戰後 관리가 어렵다는 것이 공식적인 이유였다. 원폭 투하지 선정위원회는 제외된 교토 대신에 나가사키를 집어넣었다.

1945년 8월6일 새벽 사이판 옆에 있는 티니안섬을 출발한 미군의 B-29 폭격기는 오전 8시15분 히로시마 상공에서 폭탄을 투하했다. 우라늄彈이었는데 '리틀 보이'라는 별명을 가졌다. 570m 상공에서 폭탄이 터졌다. 7만 명이 목숨을 잃었고 후유증으로 더 많이 죽었다.

8월9일 새벽, 소련이 對日 선전포고를 하고 만주를 침공하였다. 이날 오전 티니안을 이륙한 미군 B-29는 요코하마 상공에서 호위 전투기와 합류한 뒤 목표지인 北규슈 고쿠라 상공에 도착했다. 고쿠라의 하늘은 안개와 연기에 덮여 있었다. B-29는 몇 번 상공을 선회했으나 투하 목표물을 肉眼(육안)으로 볼 수가 없었다.

機長은 B-29를 대체 목표지인 나가사키로 돌렸다. 여기도 구름에 덮여 있었다. 기름이 줄어드는 B-29가 마지막으로 상공을 선회하는데 구름이 갈라지면서 아래로 미쓰비시 중공업이 보였다. 거기를 향해서 '팻맨'이란 별명을 가진 플루토늄탄을 투하했다. 약 500m 상공에서 터졌다. 오전 11시가 지난 시점이었다. 이 플루토늄탄은 폭발력이 TNT 기준으로 2만 톤이었다. 히로시마 原爆보다 40% 더 강한 것이었으나 나가사키에는 산이 많아 피해는 덜했다.

히로시마와 마찬가지로 나가사키엔 한국인들도 많았다. 미국인 포로수용소도 있었다. 이 수용소에 있던 미군포로 수백 명도 죽었다. 만약 미국이 원자폭탄을 쓰지 않았다면 어떻게 되었을까? 미군은 1945년 말에 일본에 상륙할 예정이었고, 소련군은 8월9일에 만주를 침공하기 시작하였으니, 한반도 전체가 소련군에 점령되어 한국은 공산화되었을 가능성이 높다. 原爆 투하는 일본의 早期 항복을 불러 38선 以南을 자유지역으로 확보하도록 하였다고 해석할 수 있다.

한국의 자위적 핵무장론에 압도적 지지 여론

지금 한국에서 핵무장을 주장하는 이들도 아인슈타인처럼 '최후의 自衛的(자위적) 수단'임을 강조한다. 아인슈타인이 나치 독일의 핵개발에 대응하기 위하여 핵폭탄 개발을 건의한 것처럼 이들도 북한의 핵무장에 대응하기 위한 자위적 목적을 강조하고, 北이 핵무장을 폐기하면 한국도 같이 폐기한다는 조건을 달자고 한다.

2013년 초, 북한 김정은 정권이 세 번째 핵실험과 장거리 미사일 발사를 强行(강행)하자 자위적 핵무장론이 公論化(공론화)되었다. 보수단체들이 핵무장을 요구하는 집회를 열고 언론도 처음으로 이 문제를 다뤘다. 'NPT(핵확산금지조약)를 탈퇴하고 핵무장 여부를 국민투표로 결정하자'는 주장도 나왔다. 집권 새누리당도 가세하였다.

黨 대표를 지낸 鄭夢準(정몽준) 당시 의원이 특히 왕성한 활동을 했는데, 외신 인터뷰와 워싱턴 출장 강연을 통하여 자위적 핵개발의 불가피성을 호소하였다. 그는 카네기 재단이 주최한 '2013 국제 핵정책 컨퍼런스'에 참석, "한국은 국가안보가 심각하게 위협받는 상황에서 NPT 10조에 의거, NPT에서 탈퇴할 권리를 행사할 수도 있다"고 했다. 중국에는 이렇게 경고하기도 했다.

"북한이 계속 핵 보유를 고집하면, 한국도 이 옵션을 사용하게 될 것이라는 사실을 북한은 알아야 합니다. 중국도 마찬가지입니다. 동북아시아의 핵 확산은 중국이 감싸고 있는 북한 때문에 초래 될 것입니다. 저는 중국에 묻고 싶습니다. 한국이 미국의 전술핵을 재도입하길 원합니까? 아니면 자체적으로 핵 보유 능력을 개발하기를 원합니까?"

김정은 정권이 한국에 대한 핵선제공격 가능성까지 위협하는 상황에서 한반도로 세계 언론의 관심이 집중되는 가운데 뉴욕타임스, 이코노미스트 등 주요 외국 언론도 핵무장론의 대두를 보도하였다.

한국의 여론도 압도적으로 자위적 핵무장 지지였다. 峨山(아산)정책연구원(원장 咸在鳳)은 3월23일 정기여론조사 결과를 발표했는데, 응답자의 68.6%가 남한이 핵무기를 개발하는 것에 찬성한다고 답했다.

뉴욕타임스紙는 2013년 6월의 美·中 정상회담 직후의 평론기사(데이비드 생거 기자 작성)에서 오바마 대통령이 시진핑(習近平) 주석에게 다음과 같이 말하였고, 主席(주석)도 동의하였다고 썼다.

"북한이 현재와 같은 길을 가면 한국과 일본도 핵개발 유혹에 빠지고, 미국은 더 많은 병력을 태평양 지역에 배치하지 않을 수 없게 될 것이다."

'북한의 非核化'

2013년 5월 초 워싱턴에서 회담한 朴槿惠(박근혜)-오바마 대통령이 공동으로 발표한 '韓美동맹 60주년 기념 공동선언'엔 이런 문장이 있었다.

"미국과 한국 두 나라는 북한의 평화적 비핵화를 달성할 결심이다…"
"Both the United States and the Republic of Korea are determined

to achieve the peaceful denuclearization of North Korea…"

'the peaceful denuclearization of North Korea'란 말은 의미 있는 용어이다. 北核관련 외교문서나 남북관계 합의문엔 '한반도의 非核化(비핵화)'로 나왔다. 북한정권은 '한반도의 非核化'란 용어 속에 미국 핵무기의 반입 금지, 한국의 핵무장 반대, 주한미군 기지 조사 등의 의미를 포함시켰다. 요컨대 미국의 핵문제와 북한의 핵문제를 동시에 해결하자는 뜻으로 만든 말이 '한반도의 非核化'이다. 이미 한국에선 미국의 전술핵이 철수되었다. 한국은 핵무장을 위한 재처리 시설과 농축 시설이 없다. 즉 한국엔 '非核化'할 대상이 없다. 그럼에도 6者회담은 합의문에서 '한반도 非核化'라는 말을 채택함으로써 北의 용어혼란 전술에 말려들었다.

최근 공개된 노무현-김정일 대화록엔 6자회담 북한 내표 심계관이 한국 대통령을 앞혀놓고 이런 말을 한다.

"핵물질 신고에서는 무기화된 정형은 신고 안 합니다. 왜? 미국하고 우리하고는 교전상황에 있기 때문에 적대상황에 있는 미국에다가 무기 상황을 신고하는 것이 어디 있갔는가. 우리 안 한다."

노무현은 이 엄청난 이야기를 듣고도 한 마디 반박을 하지 않았다. 미국과 전쟁 중이므로 핵무기는 숨기겠다는 北이 말하는 '한반도 비핵화'는 한국만의 非核化, 주한미군의 非核化, 더 나아가서 주한미군 철수를 함축한다. 그런 점에서 韓美 두 대통령이 '북한의 非核化'라고 정확한 용어를 쓴 것은 발전이었다.

한미공동선언엔 또 이런 대목이 있었다.

"미국은 확장된 억지력과 核 및 재래식 무기를 포함한 모든 종류의 美군사력을 동원하여 확고하게 대한민국을 지킨다는 약속을 견지한다."

"The United States remains firmly committed to the defense of the Republic of Korea, including through extended deterrence and the full range of U.S. military capabilities, both conventional and nuclear."

한국이 南侵(남침)당할 때 핵무기 사용도 不辭(불사)한다는 강한 표현이었다.

"연합사 戰力은 1조 3000억 달러짜리"

2015년으로 예정되었던 韓美연합사 해체도 한국 측의 요구에 의하여 사실상 無期(무기)연기되었다. 정부 安保부서의 한 고위 당무자는 이렇게 설명하였다.

"韓美연합사가 戰時에 동원할 수 있는 戰力을 계산해보니 1조 3000억 달러어치였습니다. 우리 두 나라가 이렇게 엄청난 투자를 해놓았기에 북괴가 남침하지 못한 것 아닙니까? 통합된 戰時작전권을 二元化시키고 연합사를 해체하면 이 자원을 제대로 이용할 수 없잖아요? 보충하려면 얼마나 많은 국민세금을 써야 합니까?"

노무현은 퇴임 후인 2008년 10월 강연에서, 韓美(한미)연합사 해체를 가져오는 戰時(전시)작전 통제권 전환 결정이 북한정권을 안심시키기 위한 것이었다는 놀라운 고백을 한 적이 있다.

〈북한은 한국보다 미국을 더 불신하고 두려워합니다. 유사시에 미국이 작통권을 행사하는 상황은 북한을 더욱 두렵게 하여 남북 간 대화와 협상이나 신뢰에 도움이 되지 않습니다.〉

戰時(전시) 작전통제권은 북한이 武力 도발을 할 때만 행사된다. 도발을 안 하면 미국을 두려워할 필요가 없다. 강도질을 안 하면 형사를 겁낼 필요가 없는 것이다.

〈동북아 평화구조를 위해서는 다자 안보 대화가 필요합니다. 그런데 미국이 한국군에 대한 작전 통제권을 행사하고 있는 상태라면, 이 대화 체제에서 미국이 너무 커보이게 되고 이것은 多者체제에 도움이 되지 않을 것입니다. 그 중에서도 나는 작통권의 환수를 남북 간의 신뢰구축에 중요한 요소로 생각하고 추진하였습니다.〉

노무현은 敵軍이 동맹군에 대하여 불안해하지 않도록 하기 위하여 韓美연합사 해체를 핵심으로 하는 戰時작전권 전환을 결정했다고 고백한 셈이다. 그래놓고 이게 남북 간 신뢰구축이라고 주장하였다. 강도가 마음대로 부잣집을 털 수 있도록 경비원을 내 보내는 게 강도와 부자 사이의 신뢰 구축이란 식이다.

'有關 핵무기 개발'의 의미

2013년 초부터 한국에서 본격화된 자위적 핵무장론을, 미국과 중국이 심각하게 받아들이고 있고, 한국정부도 이를 외교 카드로 삼고 있으며, 미국정부도 중국을 압박할 때 이를 활용하고 있는 것이 아닌가 하는 느낌을 갖게 하였으나, 중국의 북한에 대한 태도가 바뀌고 있다는 희망적 관측이 한국의 언론 보도를 통해 확산되면서 여름부터는 自衛的 핵무장론에 대한 관심이 약해졌다. 오랜 사대주의의 영향이 남아 親中(친중)성향이 강한 한국 언론과 정치권은 北核문제 해결을 중국에 부탁하여 풀려는 생각을 드러냈다. 이런 가운데 2013년 6월 말 박근혜 대통령이 중국을 방문, 頂上(정상)회담을 가졌다.

6월27일 朴槿惠(박근혜) 대통령과 習近平(시진핑) 주석 회담을 거쳐 발표된 '韓中미래비전 공동성명'엔 진전된 표현이 없었다. 성명의 핵심은 아래 대목이다.

〈한국 측은 북한의 계속되는 핵실험에 대해 우려를 표명하고, 어떤 상황에서도 북한의 핵보유를 용인할 수 없음을 분명히 하였다. 이와 관련, 양측은 有關(유관) 핵무기 개발이 한반도를 포함한 동북아 및 세계의 평화와 安定에 대한 심각한 위협이 된다는 점에 인식을 같이 하였다. 양측은 한반도 非核化 실현 및 한반도 평화와 안정 유지가 공동利益에 부합함을 확인하고 이를 위하여 함께 노력해 나가기로 하였다.〉

여기서 〈북한의 계속되는 핵실험에 대해 우려를 표명하고, 어떤 상황에서도 북한의 핵보유를 용인할 수 없음을 분명히〉 한 쪽은 중국이 아니라 한국이다. 중국이 이런 표현에 동의하지 않았으므로 한국만이 그런 주장을 하였다고 明記(명기)한 셈이다.

문제는 그 다음 문장이다. 〈有關(유관) 핵무기 개발이 한반도를 포함한 동북아 및 세계의 평화와 안정에 대한 심각한 위협이 된다는 점에 인식을 같이 하였다〉는데 '有關 핵무기 개발'은 무슨 뜻인가? 북한의 핵 개발과 有關한 핵개발, 즉 한국과 일본의 핵개발을 의미한다고 해석할 수도 있는 표현이다. 그런 핵개발은 〈한반도를 포함한 동북아 및 세계의 평화와 안정에 대한 심각한 위협이 된다는 점에 인식을 같이 하였다〉고 한다면 朴槿惠 대통령은 북한정권의 핵개발을 저지할 수 있고, 중국을 그 방향으로 움직이게 할 수 있는 가장 중요한 카드, 즉 '한국의 자위적 핵개발 카드'를 포기하였다는 이야기가 된다. 우리 외교부는 '有關 핵무기 개발'이 북한의 핵무기 개발을 가리킨다고 주장한다. 해석문제가 나올 정도의 애매모호한 표현은 중국의 北核 해결 의지가 우리가 바라는 수준이 아님을 드러낸 것이다.

親中反日 노선의 위험성

중국은 또 한국과 미국에 유리한 용어인 '북한의 非核化(비핵화)'는 거부하고 중국과 북한에 유리한 '한반도 非核化'를 넣도록 하는 데 성공하였다. 朴槿惠-오바마 대통령은 공동성명에서 '한반도의 비핵화'란 용어 대신에 '북한의 비핵화'라고 올바르게 썼는데, 朴 대통령은 중국에는 이를 관철시키지 못하였다.

중국은 손님을 극진하게 대접하는 척하면서 분위기를 띄운 뒤 實利(실리)를 챙긴 셈이다. 이런 중국을 상대할 때 한국은 반드시 匕首(비수)를 가져야 한다. 박근혜 대통령이 환영을 받은 가장 큰 이유는 韓美동맹 덕분이었다. 韓美동맹은 韓美日동맹 구조의 일부이므로 韓日관계가 나빠지면 제대로 작동할 수 없다. 한반도에서 전쟁이 일어나면 일본은 韓美동맹군의 후방기지 역할을 한다. 朴槿惠 정부의 親中反日(친중반일) 노선은 한계를 가질 수밖에 없다. 민주국가인 일본과 멀어지고 공산독재 국가인 중국과 친해지면 한국의 國益(국익)이 증진되나?

중국이 東北亞의 패권을 추구할 때

중국은 세계 패권을 놓고 미국에 도전할 수 있는 군사력과 과학기술력이 없다. 明, 宋, 漢 등 역대 漢族(한족) 왕조는 문화大國(대국)이었지만 군사弱國(약국)이었다. 다만 東北亞(동북아)에서 패권국가가 되려 할 것이다. 그렇게 하려면 韓美日 동맹을 깨야 한다. 중국은 한반도 통일 과정에서 韓美동맹을 약화시키거나 해체시키려 할 가능성이 높다. 그런 경우 한국의 從北 세력은 從中 세력화할 것이다. 일부 한국인의 기질 속엔 중국에 대한 사대주의 根性(근성)이 남아 있다. 이들이 韓美동맹을 해체하고, 한국을 중립화하자고 나올 것이다. 이는 중국 공산독재 체제의 引力圈(인력권)으로 한국을 밀어 넣게 될 것이다. 중국은 개인의 人權(인권)과 자유 등 인류보편적 가치를 한 번도 구현한 적이 없는 나라이다. GDP 규모(구매력 기준)가 EU(유럽연합)과 미국을 능가한 韓中日 사이의 경제협력 관계는 외교적 마찰에도 불구하고 질적으로, 양적으로 깊어지고 넓어지고 있다. 경제적 보복을 하면 쌍방이 다 손해를 보는 구조이다. 경제의 힘이 갈등의 한계를 설정할지 주목된다.

核미사일 實戰배치

朴槿惠-習近平 회담은, 한국의 자위적 핵개발 필요성을 재확인시켜 주었다. 기정사실화된 북한의 '核미사일 實戰배치'를 한국이 장기적으로 용인할 수 없는 이유는 이렇다.

1. 북한의 독재자가 核미사일 발사단추를 누르는 걸 말릴 사람이 없다. 발사단추를 누르면 7분 안에 서울 상공에서 터진다. 한국은 이를 요격할 수단이 없다. 완벽한 核미사일 방어망은 앞으로도 상당기간 개발될 것 같지 않다. 서울, 인천, 경기도 등 수도권에 한국 인구의 半, 경제력의 거의 70%가 집중되어 있다. 핵폭탄이 가장 효율적으로 쓰일 수 있는 곳이다. 核선제공격이 성공하면 대한민국은 회복이 불가능한 壞滅的(괴멸적) 타격을 받을 것이다. 그래서 북한 독재자는 핵단추를 누르고 싶은 유혹을 강하게 느낄 것이다.

2. 미국이 제공한다는 핵우산은 이런 상황에서도 믿을 수 있나? 7분이면 한국의 군사력과 경제력을 파괴할 수 있다고 생각하는 김정은에게 애매모호한 '핵우산' 약속이 억지력으로 먹힐까? 核미사일로 선제공격을 당한 한국은 사실상 국가기능을 상실한다. 미국이 이미 망해버린 나라를 구출하기 위하여, 평양을 核무기로 보복공격할 수 있을까? 북한정권은 核미사일로 수도권을 전멸시킨 다음 미국에 "만약 우리를 공격하면 미국 본토는 물론이고 일본, 오키나와, 괌에 있는 미군 기지를 공격하겠다"고 위협할 것이다. 미국은 회복불능의 한국을 위하여 그런 공격을 감수하고, 즉 미국의 한 도시를 희생시킬 각오를 하고 핵무기를 쓸 것인가? 미국의 대통령이, 의회가, 언론이 이를 결단하거나 허용할 것인가?

3. 서울의 위치와 집중도 때문에 북한정권의 核미사일 實戰배치는 한국이 절대로 받아들일 수 없다. 核미사일 實戰배치를 허용하면 한국은 북한정권의 인질이 되든지 미국에 종속되어 국가적 독립성을 잃게 된다. 북한이 체제의 命運을 核에 걸었으니 그걸 막겠다는 한국도 같은 수준의 결단을 해야 맞다.

從北 세력의 존재

북한정권은 한국이 갖지 못한 두 개의 전략 무기를 갖고 있다. 하나는 核무기와 다른 하나는 한국 내의 從北세력이다. 북한 지도부는, 이두 가지 神器(신기)를 전략적으로, 정치적으로 결합시키면 한국을 공산화할 수 있다고 믿고 있으므로 개방에 나서지 않고 군사적 모험주의 노선을 견지하면서 무너지지 않는 것이다.

예컨대 북한은 재래식 군사력으로 기습 南侵, 서울을 포위한 다음, '현위치 휴전'을 제의하고, 불응하면 核무기를 사용하겠다고 위협하면서, 남한 내 從北 세력에 지령, 평화至上(지상)주의를 내세우면서 현위치 휴전 제의를 받아들이자고 선동하도록 만들 수 있다. 포위된 한국정부가 決死항전을 결심하지 못하고 '현위치 휴전'을 받으면 대한민국은 소멸된다.

노무현 대통령은 2007년 10월 김정일을 만난 자리에서 "나는 지난 5년 동안 北核문제를 둘러싼 북측의 6자회담에서의 입장을 가지고 미국하고 싸워왔고, 국제무대에서 북측 입장을 변호해 왔습니다"라고 말하였다(國情院의 요약 보고서). 敵(적)의 핵개발을 저지해야 할 대한민국 대통령이 적극적으로 利敵(이적)행위를 했다는 일종의 고백이었다. 김대중 정부 시절 국정원장이었던 林東源(임동원)은 자신의 회고록에서, 〈부시 대통령은 핵의혹을 조작해 제네바 합의를 일방적으로 파기했다〉고 썼다. 북한정권도 인정한 비밀 핵개발을 '조작'이라고 조작, 일방적으로 敵 편을 들었다. 퇴임한 김대중도, "미국은, 북한이 농축우라늄을 갖고 있다, 그래서 핵까지 개발하고 있다고 한다면 그 증거를 내놔야 할 것입니다"(2004년 6월15일, MBC 특별대담에서)라고 하여 애써 北을 감쌌다. 김대중과 노무현은, 간첩 등 對共(대공)사범 3538명을 사면, 대한민국 파괴의 자유를 주었다.

중국과 북한의 핵무기를 무력화시킬 수 있는 방어망을 한미일 동맹국이 협력하여 만들면 소련을 붕괴시킨 스타워즈 전략과 비슷한 결과를 부를지 모른다. 미국의 레이건 대통령은 1970년대의 데탕트 정책, 즉 對蘇(대소)유화정책을 뒤엎는 對蘇강경책을 지속하려면 국내의 지지기반을 다져야 한다고 생각했다. 그는 減稅(감세)에 의한 경기회복에 성공하여 지지층을 단단히 했고, 기독교적인 가치관에 입각한 對蘇비판 연설을 통해서 보수층을 단결시켰다. 그런 다음 군비증강 정책을 밀어붙여 소련이 出血(출혈) 경쟁을 하도록 유도했다. 레이건은 1970년대의 소련이 高油價(고유가)의 득을 많이 보면서 경제 개혁을 제대로 하지 않고서 군비지출을 많이 했고, 越南赤化(월남적화)에 이은 아프가니스탄 침공 등 군사적 모험주의로 해서 경제가 내부로부터 무너지고 있는 점에 착안했다. 소련의 경제를 무너뜨리는 것이 소련 체제를 붕괴시키는 지름길이라고 본 것이다.

마가렛 대처 전 영국 수상은 자신의 회고록에서 공산권 붕괴의 功(공)을 레이건에게 전적으로 돌리고 있다. 대처는 레이건 대통령이 우직하게 밀어붙인, '스타워즈'로 불린 우주 전쟁 계획(SDI·Strategic Defense Initiative)이 소련제국 붕괴를 가져온 결정적 조치였다고 평가했다.

소련, 군비경쟁에 손 든 뒤 개혁 개방의 길로

미국이 사람을 달에 착륙시켰던 그 국가 기술력을 총동원하여 '별들의 전쟁' 계획, 즉 미사일 방어망 연구를 시작하려고 하자 소련 지도부는 겁을 집어먹었다. 미국과 맞서 그런 미사일 방어기술을 개발하고 배치하려면 소련의 경제력과 과학 기술력을 집중시켜야 하는데 그렇게 하다가는 국가財政(재정)이 망가지는 것은 물론이고 다른 부문의 武器(무기)개발에 들어갈 돈도 이 대응조치에 轉用(전용)하지 않으면 안 된다는 판단을 했다.

그 이후 소련의 對美정책은 SDI를 포기하도록 하는 데 집중되었다. 레이건은 소련의 이런 초조한 자세를 잘 알고 있었으므로 SDI를 정력적으로 추진하는 척했다. 미국 과학자들도 당시 기술로는 완벽한 核미사일 방어망을 만든다는 것이 불가능하다는 것을 알고 있었으나 레이건은 모른 척하고 이 계획을 밀었다.

레이건 대통령은 대처 수상에게 솔직하게 말했다고 한다.

"우리가 이 계획을 밀고 나간다면 소련의 경제에 큰 압박을 가하게 될 것이다. 소련은 이에 대응하기 위해서 인민들의 생활수준을 희생시키지 않으면 안 될 것이다. 결국 소련은 미국의 도전에 굴복하고 말 것이다. 즉 군비경쟁을 포기할 것이다. 그렇게 되면 개혁으로 나가지 않을 수 없게 된다. 왜냐하면 對美우위의 군사력만이 소련 지도부로 하여금 개혁을 거부하도록 한 마지막 보루였으니까. 그런 근거가 무너지면 비로소 경제개혁으로써 국민들을 먹여 살릴 궁리를 하게 될 것이다."

레이건은 SDI를 추진할 때부터 대처 수상에게 '나는 어떤 경우에도 이것만은 양보하지 않을 것이다'고 약속했다고 한다. 배우시절 좌익과 대결하면서 공산주의의 속성을 체험했던 레이건의 이 무서운 일관성이 소련 군사제국의 기반을 무너뜨리고 그들을 개혁으로 나가지 않을 수 없게 했으며 그 길은 공산권 해체로 연결되었던 것이다.

히틀러의 核, 김정은의 核

한국이 핵무장과 미사일 방어망 구축을 추진하면 북한정권은 자신들의 核이 無力化되는 사태에 직면할 것이다. 核으로 한국을 적화시킬 수도 없고 체제유지에도 별 도움이 되지 않는다는 사실을 직시하게 될 때 개혁 개방에 의한 체제유지 방안을 심각하게 생각하게 될 것이다. 북한처럼 취약한 체제는 일단 개혁 개방에 나서면 무너진다. 권력층의 노선 투쟁과 주민들의 불만 폭발이 동시에 이뤄지기 때문이다. 북한의 핵 문제는 북한정권이 무너지거나 교체되지 않으면 해결될 수 없다는 것이 거의 通說(통설)로 굳어지고 있다.

아인슈타인은 루즈벨트 대통령에게 쓴 편지를 후회하였다고 하지만 미국과 소련의 핵보유가 공포의 均형을 이뤄 제3자 세계대전을 막았다는 견해도 있다. 민주국가인 한국의 核보유도 東北亞에서 같은 역할을 할지 모른다. 한국의 핵무장이 일본의 핵무장을 誘發(유발)할 것이라고 걱정하는 견해도 있지만, 일본은 이미 결심만 하면 6개월 안에 핵무기를 대량 제조할 수 있는 기술적 토대를 갖추고 있다. 일본이 핵무장을 결심한다면 그것은 북한정권 때문이지 한국의 핵무장 때문은 아닐 것이다. 미국, 영국처럼 민주화된 나라가 가진 핵무기는 걱정할 필요가 없다. 지난 150년간 민주국가끼리는 전쟁을 한 적이 없다고 한다. 아인슈타인이 미국 정부에 핵개발을 건의하기로 결심한 것은 히틀러의 核이었기 때문이었다. 한국의 핵무장론은 히틀러보다 더한 북한의 독재자가 핵폭탄을 들고 있기 때문에 정당성이 있다.

自衛的 핵무장論의 전개

핵확산의 피해당사자국이
자위적, 평화적, 합법적 목적의
핵개발을 하는데 누가 막나?

自衛的 핵무장論의 전개

"핵개발 하다가 망한 나라는 없다"

필자는 '한국의 自衛的(자위적) 핵개발'을 주제로 강연을 자주 한다. 북한정권의 핵무기를 폐기시키는 유력한 방법은 우리가 핵무기를 개발하는 것이라고 주장하면 이런 反論(반론)을 제기하는 이들이 많다. 한 안보포럼에서 예비역 중장이 했던 주장이기도 하다.

"그렇게 하면 미국으로부터 경제제재를 당합니다. 무역으로 먹고 사는 한국은 핵을 개발하면 망합니다."

물론 이런 俗說(속설)에 대한 답변은 준비되어 있다.

"핵을 개발하다가 망한 나라는 없습니다. 핵무기를 독자적으로 개발한 이스라엘, 파키스탄, 인도는 지금 미국으로부터 제재는커녕 막대한 원조를 받고 있습니다. 북한정권도 核(핵)을 개발하면서 한국으로부터 100억 달러 이상의 금품, 미국으로부터는 10억 달러어치 이상의 重油

(중유)와 식량을 지원받았습니다. 이스라엘은 1979년 이집트와 평화협정을 맺은 이후 매년 30억 달러씩, 파키스탄은 2001년 9·11 테러 이후 매년 20억 달러 이상씩 미국의 무상원조를 받습니다. 인도와 미국은 밀월관계입니다. 인도에 가장 많은 투자를 한 나라가 미국이고, 원자력 발전소와 무기까지 팔겠다고 합니다. 朴正熙(박정희) 대통령도 핵을 개발하려다가 포기한 대가로 주한미군 잔류, 원자력 발전소 건설에 대한 지원 등 많은 것을 얻었습니다. 이스라엘은 중동에서 미국의 國益을 지켜주고, 파키스탄은 對테러 전쟁에 협조하고, 인도는 중국을 견제하는 데 미국과 협조하므로 미국이 핵무장을 묵인한 것입니다.

東北亞에서 한국은 이들 세 나라보다 미국에 더 소중한 존재입니다. 한국의 몸값을 과소평가하지 마세요. 한국처럼 경제적, 지정학적, 군사적 가치가 큰 나라는 핵개발을 해도 제재기 먹히지 않습니다. 朴 대통령이 핵개발을 포기한 이유는 압력에 굴복해서가 아니고, 얻을 것을 다 얻었기 때문입니다. 더구나 지금의 한국은 1970년대의 한국이 아닙니다. 미국에서 한국의 전략적 가치는 '東北亞의 이스라엘' 수준 이상일 것입니다. 세계 5대 공업국, 5대 원자력 기술국, 7대 수출국, 8대 군사력(재래식), 8대 무역국에 드는 한국이 중국 편으로 기울면 일본도 버틸 수 없을 것이고 중국은 유라시아 대륙의 覇權(패권)국가가 됩니다. 이런 한국이 중국과 북한을 견제하기 위하여 핵무기를 갖겠다는데 미국이 정말 제재를 할까요? 우리가 被원조국입니까? 한국에 경제재재를 하면 미국은 손해를 보지 않습니까? 韓美동맹이 중요하지만, 한국에 미국이 소중한 만큼 미국에도 한국이 소중한 존재입니다.

더구나 미국, 중국, 유엔 등 국제사회가 北의 핵무장을 막지 못했습니다. 미국이 제공하는 '핵우산'은 이미 찢어졌어요. 우리는 중국 미국의 무능에 의한 피해당사국이에요. NPT(핵확산금지조약) 10조도 이런 경우, 즉 敵의 핵개발로 국가 생존 차원의 중대한 문제가 발생하였을 때는 사전에 통보하고 탈퇴할 수 있도록 규정해놓았습니다. 우리는 '6자 회담이 6개월 안에 北核(북핵) 폐기에 실패한다면 NPT에서 탈퇴하겠다'는 폭탄선언을 해야 합니다. 그때부터 핵문제의 주도권은 대한민국이 쥐게 됩니다. 주도권을 北의 손에서 빼앗아오면 우리는 선택의 여지가 넓어집니다. 핵게임을 즐길 수도 있어요. 국가가 결심만 하면 2년 안에 100개 이상의 핵폭탄을 만들 수 있는 한국입니다. 그렇게 해놓고 북한더러 '야, 그런 장난감 같은 핵폭탄으로 불장난 하지 말고 우리 다 같이 폐기하자'고 할 수도 있는 것 아닙니까? 왜 안 됩니까? 핵확산의 피해당사국이 자위적, 평화적, 합법적 목적의 핵개발을 하는데 누가 막습니까?"

인도와 파키스탄 제재가 지원으로 돌변

미국은 1998년에 核실험을 한 인도와 파키스탄에 무기 기술 경제 금융 분야에서 제재를 가한 적이 있다. 핵심적인 제재는 원자력 관련 기술을 판매하지 않는다는 것이었다. 2001년 부시 행정부는 중국을 견제하는 인도와 전략적 동반자 관계를 맺기로 하고 제재를 풀어가기 시작하였다. 9·11 테러 이후엔 아프가니스탄 작전에 협조한 파키스탄에 대한 제재도 완화하기 시작하였다. 부시 대통령은, 2002년 1월22일 우선 인도와 파키스탄에 대한 경제재재를 해제하였다.

부시는 회고록에서 간단하게 언급하였다.

〈파키스탄의 對테러 작전 협조에 대한 보상으로 우리는 제재를 풀고, 파키스탄을 非나토 동맹국으로 지정하였다. 그들의 對테러 예산을 지원하였으며 의회가 30억 달러를 경제원조 하도록 했고, 우리의 시장을 열어 파키스탄의 상품과 용역을 수입하도록 했다.〉

2005년 7월 부시 대통령과 인도 싱 수상은 공동성명을 통하여 美-印 민간 원자력 협력 협정을 추진할 것을 선언하였다. 2008년 10월 美 의회는 이 협정을 승인하였다. 이 협정에 따라 인도는 군사적 핵시설을 제외하고, 민간 핵시설에 대한 국제원자력 기구의 사찰을 수용하기로 하였다. 미국은 인도에 원자력 기술을 제공할 수 있게 되었다. 미국 정부가 나서서 美 의회, 국제원자력 기구, 원자력공급국가회의를 설득, 對인도 제재를 풀어줄 것을 로비하였다. 농축 및 재처리 관련 자재도 인도에 공급할 수 있게 하였다. 핵확산 국가를 제재하도록 되어 있던 미국의 국내법은 國益 앞에서 흐물흐물해졌다.

부시는 회고록에서 〈미국-인도 원자력 협정은, 세계에서 가장 오랜 민주국가와 가장 큰 민주국가 사이의 관계를 향상시키려는 우리 노력의 결정이었다〉면서 〈인도는 인구가 10억 명이고, 잘 교육을 받은 중산층이 있는 나라여서 미국의 가장 가까운 파트너가 될 수 있을 것이다. 원자력 협정은 인도가 국제무대에서 맡을 새로운 역할을 알리는 역사적 巨步였다〉고 自讚(자찬)했다.

인도 원자력 건설시장의 규모는 앞으로 10년간 1500억 달러 규모에 달할 것이라고 한다. 미국은 美印 원자력 협정에 따라 원자력 발전소 건설에 참여할 수 있게 된 것이다. 2001년 9·11 테러 이후 파키스탄에 막대한 지원을 해온 미국은 작년에, 향후 5년간 군사지원 20억 달러, 민간지원 75억 달러를 또 약속하였다. 파키스탄은 親中국가인데도 이렇게 특혜를 주었다.

부시의 暗示?

1998년 3월 인도 총선에서 집권한 중도우파 정당(자나타)은 핵실험을 하겠다고 공약했었다. 바즈파이 총리는 취임 즉시 핵실험을 지시, 두 달 뒤 地下 핵실험이 이뤄졌다. 그 직후 클린턴 미국 대통령 등에게 바즈파이 총리가 보낸 편지는 한국이 핵실험을 한 뒤 어떤 논리를 세워야 하는가 참고가 될 만하다.

〈우리는 핵무장한 나라(중국)와 國境(국경)을 접하고 있다. 1962년 인도를 무장 침공한 나라이다. 지난 年代에 두 나라의 관계가 많이 개선되었으나 不信은 여전하다. 이 나라는 우리의 다른 이웃 나라(파키스탄)가 핵무장을 하도록 돕고 있다. 이 나라는 지난 50년간 우리를 세 번이나 침공한 적이 있고 테러공격을 부추긴 前歷이 있다.〉

인도와 한국은 경제력과 군사력 등 國力이 비슷하다. 敵國으로부터 수많은 침공과 위협을 받아온 점에서도 같다. 물론 한국의 경우가 더 심한 피해국이다. 중국을 견제하고 있는 점에서도 같다. 한국이 핵무장을 한다고 미국이 경제재재를 하고 韓美동맹을 해체할 것인가? 핵무장한 한국이, 철강생산량은 세계 전체의 50%(약 6억t)이고, 약 4조 달러의 외환보유고(2위인 일본의 세 배)를 가지고 연평균 9%(복리)의 고도성장을 계속하는 중국 편으로 기울면 어떻게 될 것인가?

미국은, 2008년에 아무런 양보도 얻지 못한 상태에서 북한정권을 '테러지원국' 명단에서 빼준 나라이다. 천안함 테러를 자행해도 再지정할 생각을 하지 않는다. 이런 미국이 한국을 상대로 제재를 가한다면 미국의 여론이 가만있지 않을 것이다.

최근 나온 도널드 럼스펠드 전 미국 국방장관의 회고록엔 묘한 대목이 있다. 그는 중국이 한반도의 非核化보다는 북한 핵문제를 해결하려는 미국의 노력을 저지하는 데 더 관심이 많은 것 같다면서 이렇게 덧붙였다.

〈만약 일본, 한국, 대만이 북한의 核에 대응하기 위하여 核무장을 추구하는 날이 온다면 그때 중국은 자신들의 현재 태도에 관하여 후회하게 될 것이다.〉

2002년 10월 당시 미국 대통령 부시는 정쩌민(江澤民) 중국 주석을 크로포드 목장에 초청, 회담하는 자리에서 이렇게 말하였다고 한다(부시 회고록).

"미국은 북한에 대하여 부정적 영향력을, 중국은 긍정적 영향력을 갖고 있다. 우리 두 나라가 이를 결합시킨다면 근사한 팀이 될 것이다."

江澤民은, 북한은 중국의 문제가 아니라 미국의 문제이고, 북한에 영향력을 행사하는 것은 매우 복잡한 일이라고 말했다. 몇 달을 기다렸으나 진전이 없자 부시는 새로운 論法을 동원하였다고 한다. 2003년 1월 그는 江澤民에게 '만약 북한이 核개발을 계속한다면 우리는 일본이 核무기를 개발하는 것을 막을 수 없을 것이다'라고 통보하면서, 외교적 방법으로 해결할 수 없다고 판단될 때는 군사적 공격도 고려하지 않을 수 없게 될 것이라고 압박하였다는 것이다. 부시는 회고록에서 6개월 뒤 6者회담이 열린 것은 이 압박 덕분이란 투로 이야기하였다. 미국은 속으론 일본과 한국이 核개발 카드를 써주기를 바라고 있을지 모른다는 느낌이 든다.

부시와 럼스펠드의 말은 '왜 한국은 核개발을 추진하지 않는가. 그렇게 해야 중국과 북한의 억지에 대응할 수 있는 게 아닌가. 한국이 NPT를 탈퇴하고 自衛的 차원의 핵무기를 개발하겠다고 나와도 우리는 반대하는 척만 하겠다'는 암시로 해석된다.

사대주의적 戰略문화

敵이 핵무기를 개발하였는데도 상대방 정부나 국민들이 '우리도 核개발을 해야 한다'는 이야기를 하지 못하는 나라는 세계에서 한국이 유일하다. 敵이 自國의 대통령을 암살하기 위하여 네 번(1·21 사건, 아웅산 테러 등)이나 공격을 했는데도 敵의 책임자를 암살해야 한다는 이야기를 공개적으로 하지 못하는 나라도 한국이 유일할 것이다. 한 예비역 장성은 "한국이 핵무장을 한다고 해야 미군의 존경을 받을 것이고 전략적 가치가 올라 갈 것이다. 미군 상층부엔 천안함과 연평도 사태에 대응하는 한국군의 희미한 태도를 보고 '이런 한국군을 과연 믿을 수 있나'라는 의문이 생기고 있다"고 했다.

韓民族은 신라의 통일전쟁 이후 1300년간 단 한 번도 他國을 겨냥, 전쟁을 결심한 적이 없다. 이 또한 세계기록일 것이다. 조선조는 사대주의를 외교와 국방의 기본으로 삼았다. 自主(자주)국방을 포기하고 안보를 大國에 의탁한 것이다. 공동체의 생존문제를 외국에 맡기는 지배층과 백성들은 반드시 정신적으로 타락한다. 말장난에 능한 文民이 武班(무반)을 억누르면서 정권을 좌지우지하니 나라는 실용·尚武(상무)정신을 잃고 文弱으로 흘렀다. 전쟁과 군사는 무조건 惡이란 생각이 깊어갔다. 여기에 日帝(일제) 36년의 식민지 체질이 더해졌다.

광복 후, 나라를 세우고 나라를 지키기 위하여 피를 흘렸음에도 사대주의적 근성은 여전하다. 문화의 놀라운 지속력이다. 韓美동맹은 한국의 생명줄이나, 조선조의 對中사대주의 노선처럼 한국인을 무책임하게 만든 측면이 있다. 정치인과 국민들이, 안보를 미국에 맡겨놓고 政爭과 웰빙에 탐닉하도록 했다. 從北좌익 세력의 끈질긴 '위선적 평화론'이 안보의 기반인 彼我식별 기능을 마비시키고 尙武정신을 좀 먹었다.

6·25 남침 전쟁을 거치면서 70만 大軍이 만들어졌으나 이런 戰略 문화의 磁場(자장) 속에서 점차 강건함을 잃어갔다. 천안함과 연평도 사건에서 국가 및 국군 지휘부가 보여준 비굴한 모습은 韓民族의 골수에 사무친 사대주의적, 노예근성의 필연적 발로라고 봐야 할 것이다.

國軍의 아버지인 李承晩, 富國强兵의 건설자인 朴正熙가 한때 사대주의적 전략문화를 혁파할 수 있는 청신한 분위기를 불어넣었으나 민족성을 바꾸는 데는 더 긴 세월이 필요할 것이다. 민주화 운동 지도자들은 거의가 反軍的 성향을 가졌다. 이들이 정권을 잡고 북한의 무장집단과 대결하니 여러 가지 부작용이 빚어졌다. 이런 풍토에선 '우리도 核개발을 해야 한다' '북의 核시설을 폭격해야 한다'는 당연한 말들이 과격한 것으로 치부되고 만다.

요사이 사회 일각에서 일어나고 있는 '自衛的 核무장론'은 이런 변태적인 戰略문화를 혁파하고, 백성 같은 국민들을 각성시켜 一流국민으로 다시 태어나도록 만드는 話頭(화두)가 될 것이다. 一流국민의 제1조건은 '공동체의 안전을 지키기 위하여 단결하고 희생을 감수한다'는 정신이다. 한국의 核무장은 민족성의 일부가 된 사대주의, 노예근성, 文弱性을 극복할 수 있는 하나의 계기이다. 핵무장이 조국 선진화의 길이다.

〈현재 진행되는 핵무장론은 한국의 핵무장을 통하지 않고는 북한의 핵무기를 철폐할 도리가 없다는 단순한, 그러나 준엄한 현실에서 나오는 것이다. 核을 가지지 않는 나라가 기왕 보유한 상대방의 核을 빼앗을 수 있는 방법은 없다. 한국과 국제사회는 그동안 이처럼 말이 되지 않는 허상을 쫓기 위하여 북한과 수십 년 동안 말이 되지 않는 협상을 벌여온 것이다. 한국의 核무장론은 북한의 核을 제거하기 위한 궁극적 방법이 무엇인가에 관한 현실적인 인식 결과이다.〉 (李春根)

핵우산의 신뢰성

2011년 3월3일 애국단체총협의회 주최 自衛的 핵무장 관련 심포지엄에서 朴定洙 전 해병대 준장(워 게임 전문가, 前 연합사 대항군 사령관)은 '북한의 核무장이 이런 질문을 던진다'고 지적하였다.

1. 한국이 武力위협을 받지 않고 영토와 영해를 지킬 수 있는가?
2. 核을 보유한 북한을 상대로 한국 주도의 자유통일이 가능한가?
3. 한국이 방해를 받지 않고 자유를 누리고 번영을 지속하며 선진국가로 도약할 수 있는가?

朴 장군은 세 질문에 대한 답은 "아니다"라고 했다. 북한정권이 핵탄두를 탑재한 미사일을 實戰(실전)배치, 미국과 일본까지 위협할 수 있게 된다면 한국은 北의 '핵인질'이 될 것이다. 北은 다양한 核戰略(핵전략)

을 구사할 수 있다. 核戰力과 재래식 무기와 從北(종북)세력을 결합시킨 여러 가지 공세가 가능하다. 局地(국지)도발, 全面(전면)남침, 핵공갈 등 여러 방법으로 남한 赤化나 주한미군 철수를 유도하려 할 것이다. 朴 장군은 미국이 약속한 '核우산'은 北核에 대한 억지력이 되지 못한다고 했다.

〈核우산은 韓美상호방위조약에 근거하고 있으나, 조약의 실행은 미국의 헌법절차, 즉 국회의 동의가 필요한 불완전한 약속이다. 유사시 미국의 개입을 자동적으로 유발하던 韓美연합사는 2015년에 해체될 것이다. 북한의 끈질긴 주한미군 철수 공작이 성공할 가능성은 높아지고 있다. 북한이, 핵우산을 억지력이라고 생각하지 않으면 억지력이 되지 못한다. 북한이 미국 본토에 도달하는 장거리 미사일을 개발하면 미국이 한반도에 개입하는 것을 억지하는 역할을 할 것이다. 그렇게 되면 미국 국민과 의회는 핵 戰場에 아들딸들을 보내지 않으려 할 것이고, 남북한 문제에 개입하지 않을 것이라고 북한 측이 판단할 것이다. 核과 같은 국가안보의 치명적인 위협에 대한 억지는 스스로 확보해야 한다.〉

게이츠 장관의 충고

〈各軍 내부와 各軍 사이에서 긴축된 국방비를 확보하려는 경쟁이 치열한 점을 감안하여 앞을 내다본다면, 육군은 가장 그럴싸하고 最善인 작전 시나리오가, 아시아나 페르샤만, 또는 기타 지역에서, 해공군력이 동원되는 전투란 현실을 직시하여야 할 것입니다. 그러나, 대통령에게 또 다시 대규모 지상군 병력을 아시아나 中東이나 아프리카로 파견하라고 건의하는 미래의 국방

장관이 있다면, 맥아더 장군이 그토록 조심스럽게 말하였던 대로, '그의 두뇌를 검사해봐야'할 것입니다.〉

이 경고는 로버트 M. 게이츠 美 국방장관이 2011년 2월25일 미국 육군사관학교에서 한 연설의 일부이다. 아시아에서 벌어지는 전쟁에 美 육군병력을 대규모로 보내는 일은 없을 것이란 대목이 걸린다. 북한군이 남침하면 最多 63만 명의 美軍이 전개되도록 한 韓美연합 작전계획이 그대로 실천될지 의문이란 이야기이다.

북한군의 남침엔 한국군이 主軸(주축)이 되어 대응해야 한다. 그런데 그 북한군은 핵무기를 갖고 있다. 美軍의 대규모 증원이 불가능하다고 판단되는데, 핵무기를 갖지 않은 한국군이, 양적으로는 國軍의 두 배나 되는 북한군이 核무기와 從北 세력을 믿고서 全面 남침을 개시할 때 어떻게 대응해야 하는가? 우리도 核무기를 가져야 한다는 이야기는 이런 절박성에서 나오는 것이다.

미국은 서울을 위하여 뉴욕을 희생시킬 것인가?

북대서양조약기구(NATO)는 '核共有 정책'이란 걸 갖고 있다. 核무기를 개발하지 못한 국가가 核보유국가의 核무기를 自國영토에 가져다 두고 戰時엔 공동으로 사용에 참여하는 제도이다. 3大 核보유국인 프랑스, 영국, 미국 가운데 미국만이 이 정책을 실천하고 있다.

2009년 11월 현재 벨기에, 독일, 이탈리아, 네덜란드, 터키가 미국의 核무기를 自國 영토에 보관하고 있다. 거의가 전술핵무기이다. 평시엔 이 核무기의 관리권을 미국이 갖는다. 하지만 전쟁이 일어나면 미국과 해당 국가가 공동으로 협의하여 사용한다.

미국은 核共有 정책이 없으면 독일이 소련의 核위협에 대응, 독자적으로 核개발을 할 것으로 보고 이런 제도를 만든 것이다. 만약 한국이 北核에 대응, 자위적 核개발을 할 것이 확실하다고 판단하면 미국은 이를 막기 위하여 한국에 전술核무기를 배치하고 공동사용권까지 보장해줄지 모른다.

'핵우산'은 미국이 한국을 지키기 위하여 핵폭탄을 사용할 의지가 있을 때만 유효하다. 만약 북한이나 중국이 서울에 핵폭탄을 투하하면 미국은 북경과 평양을 향하여 핵폭탄을 실은 미사일을 쏠 것인가? 그렇게 하면 로스앤젤레스나 뉴욕이 核공격을 받을 것이다. 즉, 미국은 서울을 위하여 뉴욕을 포기할 것인가? 무엇보다도 미국 여론과 議會가 이를 허용할 것인가?

미국이 전술核무기를 한국에 재배치하면 된다는 주장을 하는 이들도 있다. 미국이 배치한 전술核무기의 관리 및 사용에 한국이 공동으로 참여한다면 고려해볼 만하다. 그러지 않고 미국이 전술核무기를 갖다 놓기만 한다면 큰 의미가 없다.

프랑스가 NATO를 믿지 않고 독자적인 核무장을 한 것은 미국이 소련의 核공격으로부터 유럽을 방어하기가 쉽지 않을 것이라고 판단하였기 때문이다. 프랑스 국가 지도부는 비록 프랑스가 약하더라도 더 강한 소련에 核억지력을 행사할 수 있다는 전략론을 발전시켰다. 드골 대통령은 이렇게 말하였다고 한다.

"10년 안으로 우리는 러시아 사람 8000만 명을 죽일 수 있는 수단을 확보할 것이다. 나는, 8000만 명의 러시아인을 죽일 수 있는 나라를 그들이 간단히 공격하지 못할 것이라고 생각한다. 그들이 8억 명의 프랑스인을 죽일 수 있다고 해도. 물론 프랑스인이 8억 명이라면 말이다."

10大 핵폭탄 제조 잠재국

한 국가가 核개발을 결심한 이후 核폭탄을 갖게 되기까지의 기간을 보면 이렇다.

1. 미국, 1941년 12월에 결심, 1945년 7월에 핵실험. 3년 7개월 걸림.
2. 소련, 1945년 8월에 결심, 1949년 8월에 핵실험. 4년 걸림.
3. 영국, 1947년 1월에 결심, 1952년 10월에 핵실험. 5년 10개월 걸림.
4. 프랑스, 1954년 12월에 결심, 1960년 2월에 핵실험. 5년 3개월 걸림.

武器級(무기급) 플루토늄을 생산하는 원자로가 가동하고 나서 核실험을 하기까지의 기간은 이렇다.

1. 미국: 10개월
2. 소련: 14개월
3. 영국: 27개월
4. 프랑스: 49개월
5. 이스라엘: 40개월 미만
6. 중국: 26개월

한국의 현재 원자력 관련 기술은 1940년대의 미국, 1960년대의 중국보다 뛰어나다고 봐야 한다. 플루토늄을 多量 함유한 사용 후 核연료도 많다. 여기서 플루토늄을 재처리해내기만 하면 核폭탄의 재료를 확보한다.

〈한국은 核무기는 없으나 레이저 재처리 우라늄 농축기술력과 플루토늄 추출 기술, 遠心(원심)분리 기술을 개발하고 있다. 특히 레이저 농축기술은 세계가 괄목할 만한 경지에 이르고 있으며 有事時 단기간에 核무장도 할 수 있는 재정적, 기술적 역량을 지닌 것으로 판단된다. 우리는 TNT 高爆(고폭) 실험을 통하여 核폭발에 관한 工學 자료를 수집하고 이를 바탕으로 핵실험 없이 슈퍼컴퓨터만으로도 核탄두 설계가 가능한 시대에 살고 있다. 그간 우리 原電에 쌓인 사용 후 핵연료는 1만t에 육박하고, 이중 플루토늄이 수십t으로서 핵폭탄 한 발 제작에 8kg이 필요하니 플루토늄 폭탄을 대량 생산할 수도 있을 것이다.〉

서울대학교 원자핵공학과 서균렬 교수는 2011년 3월3일 애국단체총협의회가 주최한 심포지엄에서 '한국의 핵개발 능력과 과제'라는 발표를 통해 이렇게 주장하였다. 그는 한국의 원자력 기술을 종합하여 세계 5위, 운전기술을 세계 1위, 그리고 핵폭탄 제조 잠재력을 세계 10위권으로 평가하였다. 核개발을 위한 기술력과 경제력을 종합한 것인데, 한국을 미국, 러시아, 영국, 프랑스, 중국, 일본, 독일에 이어 이탈리아, 스페인, 브라질과 비슷한 수준으로 평가하였다.

국가가 결심하면

한국의 핵무기 개발 능력은 거대한 원자력 산업을 인큐베이터로 삼고 있는 셈이다. 다른 원자력 전문가는 "국가가 결심하면 2년 내에 핵폭탄을 만들 수 있다"고 했다. 몇 개를 만들 수 있을까? 서 교수의 계산에 근거한다면 많게는 100개도 가능하다는 이야기이다.

핵폭탄 제조 과정의 핵심인 재처리 시설도 과거처럼 수입할 필요 없이 자체 제작이 가능하다. 서 교수는 한국의 핵개발 능력은 기술과 경제의 문제가 아니라 정치의 문제임을 분명히 하였다. 국가가 결심하고 정치인들이 방패만 되어준다면 核개발은 '연탄찍기'처럼 간단하다는 것이다.

외국의 핵 전문가들은, 한국이 처한 안보상황, 특히 北의 핵무장, 한국의 國力(국력)을 감안하면 핵개발에 나서지 않는 것이 이상하다는 반응을 보인다고 한다. 10대 핵폭탄 잠재국가 가운데 핵개발을 하지 않은 독일, 일본, 이탈리아는 제2차 세계대전의 戰犯(전범)국가이고, 스페인과 브라질은 敵이 없는 나라이다. 모든 객관적 조건은 한국의 핵개발을 당연시하는데, 국내에선 최근까지만 해도 '핵개발하자'는 말이 범죄시되었다.

서 교수는 이렇게 비판하였다.

〈남북한은 1991년 비핵화공동선언을 통하여 '핵무기 및 농축 재처리 포기'를 합의하였지만, 이후 북한은 플루토늄을 만들어 핵실험을 强行(강행)하면서 이 문건을 폐기하였다. 그럼에도 한국은 서명 상대방이 폐기한 공동선언을 준수하기 위해 농축과 재처리를 시도하지 않는 어처구니없는 처지를 감수하고 있다.〉

그는 이렇게 충고하였다.

〈北核문제의 全역사를 회고해볼 때 으뜸가는 교훈은 '전체를 보는 눈'이 필요하다는 사실일 것이다. 一喜一悲나 기술적 상세사항 분석을 넘어 北核 문제 전반의 진전 또는 악화를 파악하는 것은 물론, 중장기적인 관점에서 향후 核해결 전망을 가늠하고, 총합적 國益을 최대화하는, 종합적인 核정책을 펼치기 위해 반드시 필요하다. 6자회담, 美北간 핵협상, 北核의 안보적 위협, 對北정책, 원자력 산업 등은 모두가 끈끈하게 엮여 있어 하나의 多面體(다면체)처럼 보인다. 그 多面體로부터 國益 최대화를 기하는 일은 전체를 보는 능력과 전략적 조정능력을 가진 조직만이 담당할 수 있다. 누가 언제 그런 조직을 추구할 것인가 하는 것이 한국이 풀어가야 할 核과제이다.〉

구경꾼으로 전락

미국의 에텔 솔리젠 교수는 프린스턴 대학교가 2007년에 펴낸《核논리학(Nuclear Logics)》이란 책에서 이런 요지의 논평을 하였다.

〈세계의 경제대국 중 하나이며, 선진 기술력을 가진 한국은 韓美동맹이 약화되어가는 가운데서 核무장한 북한의 위협이 높아가고 있으니 당연히 核무기를 개발할 것으로 예상되었으나 그런 예측은 어긋났다.〉

接境(접경)한 敵이 核무기를 개발하면 상대국은 두 가지 중 하나를 선택한다. 첫째는 敵이 核무기를 개발하기 전에 시설을 공격, 물리적으로 제거하는 것이다. 이스라엘이 시리아와 이라크를 상대로 취한 방법이다. 두 번째 방법은 對應(대응) 핵개발을 하는 것이다. 미국에 대하여 소련이, 소련에 대하여 영국, 프랑스, 중국이, 중국에 대하여 인도가, 인도에 대하여 파키스탄이 했던 방식이다. 이란의 核개발은 이스라엘 核에 대응한 것이다.

한국은 두 가지 조치 중 어느 쪽도 취하지 않았다. 인류역사상 거의 처음 있는 無對應(무대응)이었다. 역대정권은, 국가생존 차원에서 반드시 취해야 할 자위적 核개발을 추진하지 않음으로써 핵문제 해결을 위한 주도권을 북한에 넘기고 말았다.

盧泰愚 정부는, 北이 核개발을 하고 있다는 사실이 공개된 시점에서 재처리 시설을 갖지 않겠다는 선언을 먼저 하였다. 이로써 對應(대응) 수단을 자진 포기하였다. 核시설을 폭격해야 한다고 주장한 李鍾九 국방장관은 비판을 받았다.

金泳三 정부는, 北이 NPT(핵확산금지조약)에서 탈퇴한다고 선언하였을 때, "우리도 탈퇴하겠다"고 했어야 했는데 오히려 미국의 군사적 對應(대응)을 막고 가장 유효한 對北억지 수단인 팀 스피리트 훈련을 중단시키는가 하면 核문제 해결 회담을 미국에 맡기고 구경꾼으로 전락하였다.

김대중 정부는, 核개발을 하고 있다는 사실을 알고도 北에 4억 5000만 달러의 불법자금을 제공하고, 금강산 관광을 통하여 거액의 현금이 들어가도록 하였다. 김정일을 만났을 때도 핵문제를 꺼내지 못하였다. 김대중은 北이 핵실험을 한 직후 노무현 정부가 햇볕정책을 수정, 對北제재조치를 취하려 하자 이를 막았다.

노무현 정부는, 北이 핵실험을 하였는데도, 韓美연합사를 해체키로 하고, NLL의 無力化(무력화)를 꾀하는 등 對北억지력을 약화시키는 利敵행위를 하였다.

핵을 포기한 카다피의 교훈

1988년 12월, 팬암機 폭파(270명 사망)를 지령한 죄로 국제봉쇄망에

간혔던 카다피는 한때 김정일처럼 핵폭탄을 개발하고 있었다. 파키스탄의 칸 박사로부터 우라늄농축기술과 원자폭탄 설계 및 제조기술을 도입하기로 하고 수억 달러를 썼다.

2003년 미국 CIA는 카다피의 아들 사이프와 비밀리에 접촉, '빅딜'을 성공시킨다. 카다피는 核개발 계획을 포기하고 팬암기 사망자들에게 약 30억 달러를 보상, 미국은 리비아에 대한 제재를 해제, 國交를 재개하였다. 이 약속에 따라 리비아는 核개발에 사용된 4000개의 원심분리용 파이프, 수천 개의 독가스탄, 농축 우라늄, 핵폭탄 설계도 등을 미국에 넘겼다.

2011년 봄, 리비아가 내전 상태로 들어가자 〈뉴욕타임스〉는 부시 정부 하에서 이뤄진 리비아 核개발계획 해제 조치가 惡夢을 제거한 것이라고 높게 평가하는 기사를 썼다. 만약 카다피가 핵무기를 개발하여 보유한 상태에서 무장반란 사태를 맞았다면 核폭탄을 사용하겠다고 위협하면서 국내외의 압박에 대응하였을 것이다. 最惡의 경우에는 실제로 핵무기를 사용할 가능성도 있었다. 카다피가 그해 가을 비참하게 맞아죽는 것을 지켜보았을 김정일과 김정은은 카다피의 핵포기가 자멸을 초래한 원인이라고 판단하였을 것이다. 김정일은 후세인의 실수는 核개발을 포기함으로써 미국의 침공을 불러들인 점이라고 고이즈미 일본 총리한테 실토한 적이 있다. 그는 '중국과 러시아도 우리에게 미국의 압박에 굴복, 核개발을 포기하지 말라고 충고한다'는 요지의 이야기를 하였다.

〈뉴욕타임스〉는 기사에서 한국 관리들의 말을 인용하였다. 이들은 북한정권이 만약 리비아와 같은 사태를 맞으면 核무기를 사용하겠다는 위협으로 외국이 反정부 시위를 선동하는 걸 막으려 할 것이라고 했다.

禁忌를 깨어야 산다

全斗煥(전두환) 정부가 출범할 때 핵심 요직에 있었던 한 인사는 "레이건 행정부가 두 가지를 부탁하였다. 하나는 핵 포기, 또 하나는 통일교 지원 중단이었다"고 했다. 그는 "30년이 지난 지금은 상황이 바뀌었다. 우리는 핵무장을 해야 하고 할 수 있다고 믿는다"고 했다.

朴 대통령이 1976년 무렵 핵개발을 포기한 것은 미국이 한국의 원자력 발전소 건설에 협조하지 않겠다고 압박했기 때문이다. 정부는, 원자력 발전이란 평화적 핵 이용을 위하여 原爆(원폭) 개발을 포기하였다. 그 덕분에 우리의 원자력 기술은 세계 최고 수준으로 성장하였을 뿐 아니라 자연스럽게 핵폭탄을 만들 수 있는 기술과 물질까지 확보하게 되었다. 원자로까지 국산화함으로써 우리가 핵개발을 하더라도 미국은 압력을 넣을 수단이 제한적이다.

2015년의 한국은 1976년의 한국이 아니다. 미국 등 외국의 압력을 견딜 수 있는 몸집을 키웠고, 무엇보다도 북한이 핵무장을 하였다.

몇 년 전 심포지엄에서 李春根 박사(당시 한국경제연구원 외교안보실장)는 이렇게 주장하였다.

〈대한민국의 核무장은 거의 자동적으로 일본의 核무장을 초래할 것이며, 일본이 核무장을 결단할 경우 거의 즉각적으로 수백 발의 핵무기를 보유한 영국, 프랑스 수준의 核강국이 될 것이며, 이는 세계 패권국을 지향하는 中國에 치명적인 일이 될 것이다. 일본이 核무장을 할 경우 중국은 세계는커녕 아시아의 覇權國(패권국)이 되는 것도 용이하지 않을 것이다. 중국이 한국의 核무장을 반대하겠지만 그러기 위해서 취할 일은 너무나 간단하다. 중국이

보유한 지렛대로 북한의 核을 폐기시키면 되는 것이다.〉

〈核무장론이 제기되는 배경에는 중국의 놀라운 행태가 있음도 부인할 수 없다. 북한의 공격을 받아 군함을 잃고 수십 명의 병사를 잃은 대한민국을 위로하지도 않았고 대한민국의 입장을 이해하거나 지지한 적이 없다. 중국은 대한민국의 국가 대전략인 통일전략을 정면에서 훼방하고 있다. 한국이 대처할 수 있는 수단은 무엇인가. 과거 조선처럼 중국에 굴종하며 살지 않기 위해서는 核무장이 필수가 될지 모른다.

미국은 우호국이 核무장하는 것을 무조건 저지하지는 않는다. 이스라엘의 核보유를 인정하였고, 최근에는 인도의 核무장을 인정했다. 중국의 急浮上 (급부상)을, 核무장한 한국이 막아줄 수 있다고 생각하는 미국 사람들도 적지 않다. 한국의 核무장은 일본이 내심 원하는 것일 수도 있다. 반면 일본은 남북한이 모두 核을 가지고 있다는 현실을 불안해 할 수밖에 없을 것이다. 일본은 이 같은 상황을 종합할 것이며, 한국의 核무장을 필사적으로 방지할 필요를 느끼지 않을 것이다.〉

李 박사는 〈이제까지는 말하고 싶어도 말하지 않았던, 그러나 더 이상 말하지 않을 수 없게 된, 한국의 核무장에 대하여 심각하게 논의하자고 주장하는 것이다〉라고 끝을 맺었다.

NPT 탈퇴 및 핵무장 선택권의 위임을 위한 국민투표

대한민국 헌법 제72조는 〈대통령은 필요하다고 인정할 때는 외교·국방·통일, 기타 국가안위에 관한 중요정책을 국민투표에 부칠 수 있다〉이다. 북한이 핵미사일을 실전배치하고, 잠수함에다가 핵미사일을 싣는 시험까지 하고 있는데, 한국은 대응 핵무장은커녕 독자적인 核미사일방어체제도 갖추지 못하여 국가와 국민의 안전에 중대한 문제가 발생하였다. 대통령은 이 문제의 실상을 주권자인 국민들에게 보고한 다음, 핵폭탄을 맞지 않기 위하여 취해야 할 중요 정책을 국민에게 물어 主權的(주권국) 결단으로 굳히고, 이런 여론을 바탕으로 대내외적인 정책을 추진, 北核 無力化에 나서야 할 것이다.

交戰상대이자 戰犯집단인 북한정권이, 핵폭탄 대량 생산 체제 구축 및 核미사일 實戰배치에 착수하였으므로 6·25 不法남침의 피해자인 한국은 국가생존 차원의 정당방위를 결단, 핵개발을 포함한 모든 自衛的 조치를 취할 헌법적 의무와 국제법적, 자연법적인 권한을 가졌다.

핵비확산조약(NPT) 제10조의 규정에 의하여 한국은 북한의 핵무장을 막지 못한 NPT 체제에서 탈퇴할 권한이 있다.

〈10조: 각 조약 당사국은 自國(자국)의 主權(주권)을 행사하는 데 있어서 본 조약의 주제와 관련된 비상사건이 自國의 最高(최고) 이익을 위태롭게 만들었다고 판단한다면, 본 조약으로부터 탈퇴할 수 있다. 그 당사국은 탈퇴 3개월 전에 모든 조약 당사국과 유엔 안보리에 그 탈퇴를 통고해야 한다. 그 통고문에는 自國의 最高 이익을 위태롭게 했다고 간주하는 비상사건에 대한 설명을 포함해야 한다.〉

대통령이 제안할 '국민투표안'엔 다음과 같은 내용이 반영될 수 있을 것이다.

1. **자위적 핵무장의 권리를 확인**: 유엔과 국제사회가 북한정권의 핵무장을 막지 못하였으므로 대한민국은 국가생존 차원에서 핵무장을 포함한

모든 자위적 수단을 강구할 권리를 가지고 있음을 선언한다. 국민들은 필요하면 NPT도 탈퇴할 수 있는 권한을 정부에 부여한다.

2. **防核 예산:** 北核으로부터 국민들을 보호하기 위한 목적으로 핵미사일 방어망 건설 등에 매년 GDP의 1%(약16조)를 국방 예산에 추가한다.

3. **利敵행위자 조사:** 북한의 核 및 미사일 개발을 지원하고 비호한 과정을 밝히고, 책임자들을 가려내기 위한 특별조사기구를 구성한다.

4. **훈련과 대비:** 비상계획위원회를 복원, 核방어시설 건설과 민방위훈련을 전담하도록 한다.

여러 여론조사에 따르면 국민의 약 70%가 자위적 핵무장을 지지한다. 대통령은 잠재적 피해자인 한국의 자위적 핵무장은 反인도범죄집단의 핵무기로부터 국민을 보호하기 위한 불가피한 선택이므로 북한정권이 스스로 핵부장을 포기하면 '우리도 포기한다'고 밝힐 필요가 있다. 국민투표안이 가결되면, 이는 주권자인 국민이 NPT 탈퇴나 자위적 핵무장의 권한을 정부에 위임하는 것이므로 정부는 이 권한을 근거로 하여 유연하게 北核 문제 해결을 위한 주도권을 행사할 수 있다. 대한민국 대통령은 자위적 핵무장 4大 원칙을 발표할 수도 있을 것이다.

가. 우리의 핵무장은 국가생존을 위한 최후 수단이고, 자위적 목적이다.

나. 우리의 핵무장은 합법적 조치이다.

다. 우리의 핵무장은 공격용이 아니다. 北核을 없앰으로써 세계 평화에 기여하기 위함이다.

라. 따라서 북한이 핵무장을 폐기하면 우리도 핵개발을 중단한다.

자위적 핵무장 선택권을 정부에 위임하는 안이 국민투표에서 통과되고 정부가 NPT 탈퇴를 검토하는 순간부터 한국이 핵문제 해결의 주도 권을 잡게 될 것이다. 국내정치는 安保를 중심으로 움직일 것이고, 국가 생존 문제를 구경꺼리로 삼아온 사대주의적 노예근성을 청산, 국민정신 과 국가기강을 정립하는 계기가 될 것이다.

국민투표에서 압도적으로 가결된 '자위적 핵무장 선택권' 정책은, 중 국과 북한 지도부에 심각한 고민거리를 제공할 것이다. 레이건 대통령 의 '스타워즈' 계획이 소련을 몰아붙여 개혁의 길, 즉 자체 붕괴의 길로 유도한 것과 비슷한 결과를 낼 가능성이 높다. 자위적 핵무장 선택권은 자유통일을 앞당길 것이다.

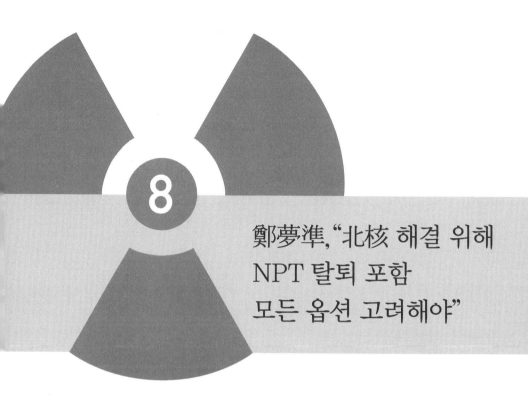

8

鄭夢準, "北核 해결 위해 NPT 탈퇴 포함 모든 옵션 고려해야"

鄭夢準 전 한나라당 대표,
美 카네기재단 기조연설
(全文. 2013년 4월9일)

鄭夢準,
"北核 해결 위해 NPT 탈퇴 포함
모든 옵션 고려해야"

정몽준 전 새누리당 대표는 9일 오전 9시(현지시간) 워싱턴에서 카네기재단이 주최한 '2013 국제 핵정책 컨퍼런스'에 참석, "한국은 국가안보가 심각하게 위협받는 상황에서 NPT 10조에 의거, NPT에서 탈퇴할 권리를 행사할 수도 있다"고 말했다.

정 전 대표는 이날 기조연설을 통해 이같이 밝히고 "우리는 생각할 수 없는 상황이 발생하는 것을 예방하기 위해 생각할 수 없을 것으로 보이는 대안들도 생각해야 한다"고 말했다. 정 전 대표는 "국제 사회는 북한 정책을 리셋할 필요가 있다"면서 "북한의 비핵화를 정책의 최우선 순위에 두어야 하고 모든 옵션을 고려해야 한다"고 강조했다.

정 전 대표는 이를 위해 NPT탈퇴를 포함해 ▲미국 戰術 핵무기의 재배치 ▲2015년 전작권 전환 계획의 폐기 ▲美 2사단의 한강이남 배치 계획 중단 ▲비핵화 최우선 논의를 전제로 하는 美北 직접대화를 방안으로 제시했다.

정 전 대표는 "핵무기에 대한 북한의 생각이 바뀌지 않는다면 이를 해결할 수 있는 유일한 방법은 북한 정권 자체의 변화를 유도하는 것"이라고 말했다.

정 전 대표는 "이것은 많은 사람들이 생각하는 것처럼 과격한 것이 아니다"라면서 "중국의 경우 등소평이 모택동 사후 그의 통치를 '공7 과 3'이라고 표현함으로써 중국의 변화를 유도했는데 국제사회는 북한에 대해 비슷한 변화를 유도하도록 노력해야 한다"고 밝혔다.

정 전 대표는 "미국은 우리의 유일한 동맹국이며 미국이 과거와 현재 한국의 안보를 보장해준 것에 대해, 그리고 앞으로도 보장해 줄 것에 대해 감사하게 생각한다"고 전제한 뒤 "그렇지만 한반도 분단, 6·25 전쟁의 발발, 북핵 사태는 모두 미국의 한반도에 대한 몰이해, 오판, 전략 부재, 판난 바비에서 기인했다는 공통점을 갖고 있고 따라서 한미 동맹은 성공했지만 북핵을 저지하는 데는 실패했다"고 지적했다.

정 전 대표는 "한반도의 비핵화는 평화적 통일로 가는 마지막 관문"이라면서 "독일 통일이 유럽의 통합과 평화에 중요한 기여를 했듯이 한국의 통일은 동아시아의 영구 평화에 결정적인 기여를 하게 될 것"이라고 말했다.

기조연설 全文

한반도에 대해 생각할 수 없는 것을 생각하기
Thinking the Unthinkable on the Korean Peninsula

더글라스 팔 박사님, 소개해 주셔서 감사합니다. 오늘 이렇게 중요한 회의에 초청해 주신 카네기국제평화재단 측에도 감사의 말씀을 드립니다. 오늘 우리가 여기서 다룰 주제는 심각한 주제인데요, 분위기가 너무 무거워지지 않도록 농담으로 시작해 보겠습니다.

유럽의 한 미술관에 영국 사람, 프랑스 사람, 북한 사람이 그림을 보고 있었습니다. 에덴 동산에서 아담과 이브가 사과를 들고 있는 그림이었습니다. 영국 사람이 말했습니다. "남자가 맛있는 음식을 여자와 나눠 먹으려 하는 것을 보니, 저 사람들은 영국 사람들인 것 같습니다." 프랑스 사람이 말했습니다. "제 생각은 좀 다른데요, 벌거벗은 채 돌아다니고 있는 걸로 볼 때 저 사람들은 프랑스 사람들입니다." 북한 사람이 말했습니다. "저 사람들은 분명 북한 사람들입니다. 입을 옷도 없고, 먹을 것도 거의 없는데, 자기들이 여전히 천국에 있다고 생각하지 않습니까?"

북한 경제는 붕괴되었습니다. 북한은 국제 사회로부터 고립되었습니다. 강도 높은 제재도 받고 있습니다. 그런데도 우리는 북한의 핵무기 보유를 막지 못하고 있습니다. 어떻게 국제 사회는 고립된 국가, 무너져 가고 있는 국가가 핵개발 하는 것을 막지 못했을까요? 이것은 외교사에서 가장 처참하고 치명적인 실패 사례 중 하나로 남을 것입니다.

미국, 중국, 러시아, 일본 4강 모두가 이 단계, 저 단계에서 직접 개입했는데도 불구하고 실패했기에 더 참담하게 느껴집니다. 무관심, 몰이해, 오판과 전략부재, 판단마비가 최악의 결과를 초래했습니다. 역사적으로 보면, 불행하게도 이것이 한국 문제를 다루는 일반적인 방식이었습니다. 한반도 분할에서부터 한국전쟁에 이르기까지 그리고 지금 북한의 핵폭탄 보유에 이르기까지, 한국 문제는 항상 이 같은 방식으로 처리되었습니다.

그럼 지금부터 제가 왜 이렇게 생각하는지 말씀 드리겠습니다.

한국이 분단된 것은 미국이 스탈린을 일본과의 전쟁에 끌어 들이고는 너무 방심했기 때문입니다. 2차 세계대전이 거의 끝나갈 무렵, 2~3백만 명 정도의 추가 인명 피해가 발생할 것이 겁난 미국은 소련에게 참전해달라고 애원했습니다. 스탈린은 기꺼이 소-일 중립조약을 파기하고 1945년 8월8일 일본에 선전포고를 했습니다. 일본이 항복하기 불과 일주일 전에 말입니다.

8월10일 소련 군대가 이미 한반도에 진주한 것에 충격을 받은 미국은 부랴부랴 소련의 진격을 막을 계획을 세웁니다. 딘 러스크 중령은 다른 중령 한 명과 함께 미군과 소련군의 점령 경계선으로 38선을 그었습니다. 방에 걸려있던 내셔널 지오그래픽 지도를 이용해서 선을 그었다고 합니다. 그 당시 한국에 관심이 있는 사람은 아무도 없었습니다. 미군은 9월8일 소련군이 들어 온 지 한 달이 되어서야 한국에 도착했습니다. 한국은 '한반도 분할'이라는 값비싼 대가를 치르고서야, 일본으로부터 해방이 되었습니다.

한국전쟁 역시 미국의 정책 입안자들의 무관심과 오판이 초래한 것입니다. 1949년 중국 본토가 공산화 되었지만, 미국은 그 해에 한국에 있던 3만 명의 미군을 철수시킵니다. 1950년 1월 딘 애치슨 미 국무장관은 한국을 미국의 태평양 방위선에서 제외시켰습니다. 5개월 뒤, 북한은 한국전쟁을 일으켰습니다. 한국전쟁으로 인해 5백만 명 이상의 사상자가 발생했습니다.

저는 전쟁 중인 1951년 한국 남부 지방에 있는 항구 도시, 부산에서 태어났습니다. 미국의 개입이 없었다면 아마 저는 오늘 이 자리에 있지 못했을 것입니다. 저는 미국이 우리를 도와주러 와 준 데 대해 감사하게 생각합니다. 하지만 한국 문제는 항상 미국의 정책 입안자들에게 우선순위에서 밀렸습니다.

북한 핵 이슈를 다루는 국제 사회의 모습도 이와 놀랍도록 유사합니다.

미국은 처음부터 북한체제의 본질을 잘못 이해하고, 북한의 의도를 잘못 판단했습니다. 1차 북핵 위기 당시 대부분의 사람들은 북한이 미국과 관계를 정상화하면 핵 개발 프로그램을 포기할 것이라 생각했습니다. 어떤 사람들은 북한이 곧 붕괴할 것이기 때문에 문제 자체가 사라질 것이라 생각하기도 했습니다.

9·11사태가 있은 지 4달 뒤, 부시 대통령은 2002년 연두교서에서 북한을 "악의 축" 국가 중 하나로 선언했습니다. 미국은 그 다음 해에 이라크를 공격했습니다. 북한을 포함한 많은 사람들이 북한이 다음 공격목표가 될 것이라고 생각했습니다. 북한은 핵무기와 미사일 개발에 박차를 가하기 시작했습니다. 그러나 미국은 그 후로 3년 동안 이라크와 아프가니스탄에 발목이 잡혀 꼼짝할 수가 없었습니다. 북한은 이로 인해 핵개발의 구실도 얻고, 핵개발에 필요한 시간도 벌었습니다.

미국이 아프가니스탄과 이라크에서 전쟁을 하는 중이거나, 이란 핵 프로그램이 부각되었을 때, 대부분의 정책 입안자들은 북한 문제가 방해가 된다고 생각했습니다. 미국 대통령 선거 기간 동안 북한 이슈는 등한시 되었습니다. 너무 골치 아프거나 다루기 힘든 이슈였기 때문이었습니다. 북한 이슈는 항상 "위기"라기 보다는 그저 "문제"의 차원에서 다루어졌습니다.

북한 핵이슈는 미국과 중국이 핵확산을 막는데 어떻게 실패했는지를 보여주기도 합니다. 두 초강대국은 지난 20년 동안 바로 눈앞에서 슬로우 모션으로 펼쳐지고 있는 핵확산을 막지 못했습니다. 중국은 6자 회담의 의장국을 맡았고, 미국은 지원하는 역할을 맡았습니다. 그러나 미국과 중국이 한 목소리를 내지 못하는 경우가 빈번했습니다. 북한은 그 덕을 톡톡히 보았습니다. 미국은 북한문제에 집중하지 못했고, 중국은 북한 사람들이 핵폭탄을 만들어내지 못할 것이라고 매우 단순하게 생각했습니다.

급부상한 중국은 미국과 전략적 경쟁에 신경 쓰느라 국경이 맞닿아 있는 불량국가의 위협을 제대로 보지 못했습니다.

덩샤오핑이 개혁개방 정책을 펼친 이후부터 중국은 신중한 외교 노선을 취해왔습니다. 중국의 국력이 급속하게 커졌고, 이웃국가들은 중국 경제 발전의 덕을 보면서 중국에 대해 안심했습니다. 그러나 북한이 천안함 침몰 사건, 연평도 포격 사건을 일으켰음에도 불구하고 북한을 두둔하는 중국을 보면서 이웃국가들은 경악하지 않을 수 없었습니다.

북한이 핵을 가지게 하면서까지 북한을 "완충지대"로 삼는 것이 중국에게 과연 무슨 의미가 있을까요?

하지만 북한 문제에 있어 그 누구보다 탓해야 할 사람들은 바로 우리 자신입니다. 우리는 국내정치논리에 따라 국가의 안보정책을 이용했습니다. 좌파이든 우파이든 상관없이 대통령이 되면 북한 지도자와 정상회담을 하겠다는 생각에 사로잡혔습니다. 남북한 정상회담은 대단한 통치력의 상징인 양 여겨졌습니다. 남한의 대통령들은 북한에 돈을 퍼부으면서까지 정상회담을 맹목적으로 추진했습니다. 국내외 여론을 조작하고 호도하면서 말입니다.

한국의 선임 대통령 중 한 분은 북은 핵을 개발할 의지도 능력도 없고, 만약 북한이 핵을 개발한다면 자신이 책임지겠다고 보도된 적이 있습니다. 또다른 대통령은 북한이 핵을 개발하는 것이 "일리가 있다"고 말했습니다.

한국의 정책 입안자들은 현실을 직시하기를 거부하였을 뿐만 아니라 때로는 현실을 왜곡하기까지 했습니다. 2002년 미국은 북한이 고농축 우라늄을 개발하고 있다는 증거를 확보하고 북한과 대립각을 세웠습니다. 북한 역시 사실이라고 시인했지만, 당시 한국 대통령의 최고 참모들은 미국이 근거 없이 북한에게 혐의를 씌워 위기 상황을 조장하고 있다며 미국을 비난했습니다. 북한 대변인들이 돼 버린 것입니다.

지난 10년간 햇볕 정책을 펼치면서 남한은 거의 100억 달러 정도의 현금과 현물, 원조를 북한에 쏟아 부었습니다.

이제 북한은 핵무기와 장거리 미사일을 보유하고 있습니다. 10년 전, 북한이 1차 핵실험을 하기도 전에 그레이엄 앨리슨 교수는 그의 저서 『핵 테러리

즘』에서 "현재 상태가 지속된다면, 북한은 핵 무기를 개발하고 핵무기 생산라인을 갖추게 될 것이며, 이것은 230년 미국 외교정책사에서 가장 큰 실패로 남게 될 것이다"라고 경고했습니다. 하지만 불행하게도 아무도 그의 경고에 귀 기울이지 않았습니다. 조금의 과장도 없이 말씀 드리자면, 우리 지도자들은 절망적일 정도로 순진했습니다.

앨리슨 교수는 쿠바 미사일 위기를 다룬 명저, 《결정의 엣센스(The essence of Decision)》의 저자이기도 합니다. 쿠바 미사일 사태는 미국인들에게 아주 심각한 위기였겠지만, 북핵 위기는 한국인들에게 그보다 더 직접적이고 극심한 위협을 주고 있습니다.

이 외교적 실패가 우리에게 주는 교훈은 무엇일까요?

첫째는 북한이 절대로 자발적으로 핵무기 개발을 포기하지 않을 것이라는 사실입니다. 처음부터 북한은 핵무기를 보유하기 위해서 개발했던 것입니다. 김정일과 마찬가지로 김정은은 북한 체제를 개혁할 수 없습니다. 그 역시 체제의 감옥에 갇혀있기(prisoner of the system) 때문입니다. 이것이 바로 김정은이 핵을 포기할 수 없는 이유이자 외부 세계와 관계를 정상화 할 수 없는 이유입니다.

둘째는 북한이 여전히 한미군사동맹이 해체될 것이라는 환상을 갖고 있다는 점입니다. 그렇기 때문에 북한은 계속해서 미국과 평화협정을 체결하려 하고 있습니다.

북한의 핵위협은 장기적으로 한국인들의 심리에 치명적인 영향을 끼칠 수 있습니다. 한국인들은 불굴의 정신력으로 산업화와 민주화를 성공적으로 이끌어 냈습니다. 기업가 정신과 자유를 향한 열망이 있었기에 우리는 성공할 수 있었습니다. 북한의 핵 위협은 우리의 이런 정신에 먹구름을 드리울 수 있습니다.

북한이 3차 핵실험을 한 이후에 실시된 여론조사에서 한국 국민 대부분이 북한의 핵무기로 인해 심한 불안함을 느끼는 것으로 나타났습니다. 북한 핵무기 때문에 우리의 불안감은 커졌습니다. 삶의 패턴 역시 무너져버렸습니다. 한국의 국익은 이미 심각하게 침해당했습니다.

그렇다면 우리의 대안은 무엇일까요?

대북 외교는 실패했습니다. 북한을 설득하려는 노력도 소용이 없었습니다. 당근도 줘 보고 온갖 회유 수단을 동원했지만 모두 실패했습니다. 북한체제의 진짜 본질이 무엇인지 잘못 이해했기 때문에 실패 할 수밖에 없었습니다.

'햇볕정책'으로 알려진 대북포용정책의 논리는 이솝 우화에 근거합니다. 북한을 조건 없이 지원해주고 안전을 보장해주면, 북한은 외부 세계의 따뜻한 진심을 받아들여, 자발적으로 핵무기를 포기하고 개혁개방의 길로 들어서게 될 것이라는 가정에 근거한 것이었습니다.

하지만 북한체제의 본질을 설명하는데 더 적절한 이솝 우화는 '개구리와 전갈' 이야기입니다.

이야기는 이렇게 시작합니다. 시내를 건너가려고 애쓰는 전갈 한 마리가 있었습니다. 헤엄을 칠 수 없는 전갈은 개구리에게 자기를 업어서 시내를 건너가 달라고 부탁을 했습니다. 하지만 개구리는 전갈에게 "너를 등에 업고 가면 날 찔러 죽일 거잖아"라며 거절했습니다. 전갈은 "내가 왜 그렇게 하겠어? 네가 죽으면 나도 빠져 죽는데" 라고 대답하였습니다. 그 말을 믿은 개구리는 전갈을 등에 태운 채 헤엄치기 시작했습니다. 그런데 시내 중간에 이르렀을 때 전갈은 개구리를 찔러 죽였습니다. 물에 빠져 죽어가면서 개구리가 외쳤습니다. "왜 그랬어? 우리 둘 다 죽게 됐잖아!" 전갈이 대답했습니다. "나도 어쩔 수 없어. 그게 내 본능이야."

여러분은 어떤 우화가 더 적절하다고 보십니까?

한국인들은 수세기간의 번영을 누리면서 안일해진 것이 사실입니다. 이제 대립과 분쟁은 피하려고 합니다. 민주주의 체제 안에서 우리는 통합을 이루어 내기보다는 분열된 모습을 보일 때가 많습니다. 초당적인 국가안보정책을 수립하고 유지해 나가기가 쉽지 않습니다.

박근혜 대통령의 새 정부는 이제 막 '신뢰 프로세스'를 펼치려 하고 있습니다. 그런데 외교는 좋은 의도와 달콤한 회유만으로 할 수 있는 것이 아닙니다. 신뢰 프로세스가 성공하기 위해서는 강력한 억지력이 뒷받침되어야 합니다.

국제 사회는 대북정책을 다시 정비해야 합니다. 북한의 비핵화를 가장 최우선 과제로 삼아야 합니다.

모든 옵션을 테이블 위에 올려놓아야 합니다.

우선, 미 하원 군사위원회가 '2013 국방수권법 수정안'에서 권고했던 대로, 1991년 한반도에서 철수했던 미국의 전술핵을 한반도에 다시 반입해야 합니다. 전술핵 재배치는 명백한 경고의 메시지를 주게 될 것입니다. 북한이 계속 핵무기를 고집하면 핵이라는 '지니'가 동북아를 휘젓고 다니게 될 것이라는 메시지를 알리게 될 것입니다. 전술핵 재도입은 북한 비핵화를 위한 협상 카드로도 필수불가결 합니다.

둘째, 한국과 미국은 전시작전권을 2015년까지 한국 측에 전환한다는 합의를 무효화해야 합니다. 전작권 전환은 한미연합사령부의 해체를 초래할 것입니다. 지금은 북한의 꿈이 이루어지게 해 줄 때가 아닙니다.

셋째, 위기 상황인 만큼 주한 미군 2사단을 한강 이남으로 이전하는 계획 역시 중단해야 합니다. 재정 부담 때문에 중단된 주한미군의 '복무정상화(tour normalization)' 계획은 다시 추진되어야 합니다. 북한이 더 위협적으로, 더 막무가내로 나올수록 우리는 북한에 더욱 단호하고 강력하게 대응할 것이라는 명백한 메시지를 보내야 합니다.

넷째, 일부 사람들은 북한 핵문제를 해결하기 위해서는 한국이 인도-파키스탄 모델을 따르거나 이스라엘 모델을 따르는 수밖에 없다고 주장합니다.

국가안보에 중대한 위협을 받게 되면, 한국은 핵확산금지조약 10조에 명시된 NPT 탈퇴에 관한 권리를 행사할 수도 있을 것입니다. 그렇게 되면 한국은 북한의 핵 개발 단계에 맞춰 움직일 것이고, 북한이 멈추어야만 멈출 것입니다. 한국은 국제법과 규범을 준수하는 국제사회의 일원입니다. 핵으로 무장한 불량국가로부터 심각한 위협을 당하고 있는 한국에게 이러한 재량권이 주어져야 합니다.

이것은 총기규제 지지단체에서 우량 회원으로 활동하고 있는 사람이 생존을 위해 잠시 단체에서 탈퇴하려는 것과 같습니다. 이웃 사람이 공격용 소총을 구입해 본인에게 또는 이웃들에게 총기를 사용하겠다고 위협한다면, 총기를 구입해 스스로를 보호하는 수밖에 없을 테니까요.

냉전구도를 냉정하게 유지할 수 있었던 것은 핵무기를 통한 상호 억지가 있었기 때문입니다. 냉전기간 동안 유럽의 평화를 유지하는 데에는 핵무기가 중요한 역할을 했습니다. 핵무기는 핵무기로 대응해야 평화를 유지할 수 있다는 것이 냉전이 주는 교훈입니다.

북한이 계속 핵 보유를 고집하면, 한국도 이 옵션을 사용하게 될 것이라는 사실을 북한은 알아야 합니다. 중국도 마찬가지입니다. 동북아시아의 핵 확산은 중국이 감싸고 있는 북한 때문에 초래 될 것입니다. 저는 중국에 묻고 싶습니다. "한국이 미국의 전술핵을 재도입하길 원합니까? 아니면 자체적으로 핵 보유 능력을 개발하기를 원합니까?"

다섯 째, 대화 역시 옵션이 될 수 있고, 되어야 합니다. 우리는 미국과 북한이 직접 대화하는 것을 반대하지 않습니다. 하지만 모든 대화의 최우선 아젠다는 '비핵화'이어야 합니다.

마지막으로, 만약 그 어떤 방법으로도 북한의 핵 야욕을 꺾을 수 없다면, 북한 정권의 근본적인 변화만이 유일한 해답이 될 수 있습니다. 중국에서는 등소평이 모택동의 통치를 '공7, 과3'으로 표현함으로써 개혁의 물꼬를 텄습니다. 국제사회는 북한에도 유사한 변화를 가져올 수 있도록 노력을 기울어야 할 것입니다.

우리는 미국이 과거와 현재 한국의 안보를 보장해 준 것에 대해, 그리고 앞으로도 보장해 줄 것에 대해 감사하게 생각합니다. 미국은 유일한 우리의 동맹입니다. 하지만 두 나라가 아무리 가깝다고 해도, 양국의 국익이 100% 일치할 수는 없습니다. 이점은 모두가 받아들이는 상식입니다. 한미동맹은 지난 시간 동안 놀라운 성공을 이루어 왔습니다. 그러나 북한이 핵무기를 개발하는 것을 막지는 못했습니다. 우리에게 어떤 핵 옵션도 고려하지 말라고 하는 것은 우리에게 그냥 항복하라고 얘기하는 것과 마찬가지입니다.

우리의 목표는 한반도의 비핵화이고, 앞으로도 계속 그럴 것입니다. 우리는 모든 옵션을 테이블 위에 올려놓아야 합니다. 우리는 생각할 수 없는 대안을 생각해서, 생각할 수 없는 상황을 막아야 합니다. 한국이 운신할 수 있는 공간을 주기 바랍니다.

한반도의 비핵화는 한반도 평화통일을 위해 넘어야 할 마지막 장애물입니다. 독일 통일이 유럽의 통합과 평화에 중요한 기여를 했듯이, 한국의 통일은 동아시아의 영구평화에 결정적인 기여를 하게 될 것입니다.

광활한 유라시아 대륙의 엄청난 지정학적 무게를 우리가 생각해본다면 대륙의 끄트머리에 위치한 한국이라는 작은 나라가 자유민주주의 국가로 남아 있다는 사실은 기적입니다. 그리고 그 기적은 지금도 진행되고 있습니다. 우리가 이 기적을 계속 유지해 갈 수 있도록 도와주시기 바랍니다.

9

秘史 |
朴正熙는 왜 핵개발을
중단하였나?

秘史 |
朴正熙는 왜 핵개발을 중단하였나?

李承晚 대통령은 1960년 4·19 학생혁명으로 4월26일에 下野(하야) 성명을 발표하고 물러났다. 그해 2월2일 국무회의 기록엔 흥미로운 대목이 있다.

〈5. 군사와 경제의 근본정책에 관하여

김정렬 국방: "미국은 그 원조에 있어서 무기(비행기)나 別食(별식) 중 어느 것을 택하겠느냐고 물어오고 있는 형편으로서 이 문제를 해결하려면 명년도 예산에 우리 세입에서 300억의 국방비를 더 부담하여 가야 할 것인 바 금반 제출된 산업개발 3개년 계획에는 이것이 고려되고 있지 않으니 차제에 국방력 강화냐, 경제부흥이냐의 근본문제를 결정하여야 할 것인 바 만일 前者를 택한다면 後者를 희생하여야 하며 따라서 현 심의 중의 3개년 계획은 휴지로 화할 것이라"고 보고.

이승만 대통령: "日人들은 外援(외원)을 거절하고 자립하여 나가고 있으며 잠수함 기지 무기를 自家(자가) 생산하는 현재 미국은 공산주의를 막아내기

위하여 시작한 對韓(대한)원조이지만 이것을 언제까지 계속하지는 않을 것이니 우리가 自立(자립)하지 못하면 노예밖에 될 도리가 없을 것이라고 생각되니, 원자력을 개발하고 군비에 관한 위원회라도 만들어서 이순신 장군의 代를 이을 만한 기술자를 기르고 그를 위하여 필요하면 돈을 좀 쓰도록 할 것이며 현재 잘 안 되고 있는 조선공사 시설을 잘 조작하여 무엇을 만들 수 있도록 하여야 할 것이라"는 분부.

김정렬 국방: "일본은 자가생산 무기를 자유로 사용하여 평화선을 침략한다 할지라도 우리는 미국인의 눈치만 보고 있어야 할 형편이니 중대한 문제이며 이런 중요한 정책은 국방위원이 논의하기에 앞서서 全국무위원이 논의하여 보아야 할 것이라"는 의견을 구신.

이승만 대통령: "말로만 할 것이 아니고 실지에 하도록 하라"고 분부.

신현확 부흥: "원사기술자 양성에는 目下 주력하고 있으며 국방과 경제의 어느 쪽에 치중할 것인가에 대하여는 경제개발 3개년 계획에서 신중히 검토하겠다"고 보고.〉

미국의 對韓원조가 끊어지는 날에 대비하여 원자력을 개발해야 한다고 한 말은 원자탄을 개발해야 한다는 뜻으로 들린다. 李 박사는 1950년대에 시험용 원자로를 도입하고 원자력원을 설립했으며 서울工大에 원자력공학과를 설치하도록 했다. 그 한 목적이 원자폭탄을 개발하기 위한 기술축적이었다는 느낌을 강하게 주는 대목이다.

吳源哲 보고서

朴正熙 대통령이 추진한 핵폭탄 개발은 증언자에 따라 상당히 과장

되어 있다. 마치 朴 대통령이 핵폭탄을 만들기 직전에 피살된 것처럼 소설을 쓰기도 한다. 이 비밀 핵개발에 대한 최초이자 유일한 문서는 〈月刊朝鮮〉이 발굴했던, 吳源哲(오원철) 당시 대통령 경제 제2수석비서관이 작성한 '原子核연료개발계획'이란 9페이지짜리이다. 이 문서는 核彈(핵탄) 개발의 방향과 전략을 쓴 것인데, 그 뒤의 추진과정과 맞추어보면 朴 대통령이 이 문서대로 했다는 느낌이 든다. 이 문서는 2급 비밀로 분류되었다가 해제된 것으로서 정부기록보존소에 있었다.

吳 전 수석은 자신이 이 문서를 작성했다는 사실만 인정하고 일체의 설명을 거부했다. 그는 중화학공업 및 방위산업 건설, 그리고 무기개발을 책임졌던 사람으로서 核개발에 있어서도 실무 책임자였다.

이 보고서에서 吳 수석은 플루토늄 核彈을 만들어야 한다고 건의했다. 우라늄 核彈을 만들 경우에는 막대한 자금과 고도의 기술이 필요하다는 것이었다. 우라늄 농축시설에 대한 투자액은 약 9억 달러, 건설기간은 8년이 들고 이를 가동하는 데는 200만kW가 소요된다고 했다.

플루토늄彈의 경우에는 재처리 시설에 3900만 달러, 건설기간 6년이 소요되고 대규모 電力(전력)이 필요하지 않으며 '약간의 기술도입으로 국내개발이 가능하다'고 했다. 吳 수석은 재처리 시설에 공급할 사용後 핵연료를 어떻게 얻을 것인가도 검토했다. 그는 캐나다에서 만드는 重水爐(중수로) 원자로를 이용하면 연간 200kg의 플루토늄을 얻을 수 있다고 했다. 플루토늄 생산을 전문하는 硏究爐(연구로)를 도입할 경우에는 플루토늄 생산량이 적다는 단점이 있다. 吳 수석은 원자력 발전소를 추가로 지을 때 캐나다 CANDU型 중수로를 도입할 것을 건의했다. 그는 1980년대 초에 가면 플루토늄을 뽑아낼 수 있을 것이라고 예측했다. 吳 수석은 결론에서 이렇게 요약했다.

〈•우리나라의 기술 수준과 재정 능력으로 보아 플루토늄彈을 개발한다.

•1973년도부터 과학기술처(원자력 연구소)로 하여금 상공부(한국전력)와 합동으로 核연료 기본기술 개발에 착수한다.

•1980년대 초에 고순도 플루토늄을 생산한다.

•해외 한국인 원자력 기술자를 채용하여 인원을 보강한다.〉

프랑스 재처리 회사와 교섭

原爆의 원료 물질 생산을 뜻하기도 하는 '핵연료 재처리'라는 이 민 감한 낱말이 우리 정부 문서에 처음 의미 있게 등장한 것은 1969년 5월 제172차 원자력위원회가 확정한 '원자력 연구개발 장기이용 계획서'에서 였다. 원사력 연구소가 작성한 이 계획서는 '제3차 경제개발 5개년 계획 기간(1972~1976년)에 재처리 체제에 관한 기술적, 경제적 검토를 한 뒤 제4차 경제개발 5개년 계획기간(1977~1981년)에 재처리 시설의 설치를 추진한다'고 했다.

1971년 1월 당시 원자력청 산하에 있던 원자력 연구소는 재처리 사업 계획서를 원자력청에 제출하였다. 1974~1980년을 건설기간으로 잡고 경남 온산공업단지 인접지역에 하루에 1t을 처리할 수 있는 대단위 공 장을 만든다는 요지였다.

1972년 7월에는 영남화학(주)이 핵연료 재처리 합작 사업계획서를 만 들어 정부에 제출하였다. 미국의 스켈리 석유나 NFS社(Nuclear Fuel Services), 일본의 미쓰비시 석유가 국제합작하여 1978년 가동목표로 고리 원자력 발전소 인접지역에 年 처리능력 900t 규모의 재처리 공장 을 건설한다는 내용이었다. 이 계획에는 핵확산금지와 관련한 국제적 규제 강화의 움직임이 본격화되기 전에 기득권을 확보한다는 전략적 고려가 있었던 것 같다.

원자력 연구소는 1972년 원자력 연구개발의 최우선 과제를 핵연료 週期(주기) 기술의 확립으로 설정, 그 핵심 거점 기술인 재처리 기술과 핵연료 가공 기술의 연구를 위한 시설 도입 교섭에 들어갔다. 미국측은 냉담했다. 원자력 연구소와 자매 관계에 있던 알곤 국립연구소도 재처리 분야의 기술훈련 협조요청을 거절하였다.

정부는 눈을 유럽으로 돌렸다. 1972년 5월 崔亨燮(최형섭) 과학기술처 장관은 프랑스·영국을 공식 방문했다. 원자력 협력, 특히 재처리 기술도입에 관한 협의가 있었다. 이에 따라 이해 10월에는 프랑스 원자력청(CEA)의 장피에르 씨 등이 한국에 왔다. 핵연료 가공 및 재처리 사업에 관한 양국간의 기술협력 문제를 의논하였다. 1973년 3월 프랑스의 원자력청과 그 산하의 재처리 시설 용역회사인 SGN社(Saint Gobin Techniques Nouvelles) 대표단이 와서 원자력 연구소와 구체적인 협의를 진행하였다.

SGN社는 재처리 기술이 세계에서도 가장 발달된 프랑스에서도 이 분야의 대표회사였다. 프랑스 원자력청 산하의 國營(국영)회사로서 1952년부터 가동되었다.

원자력 연구소는 일단 SGN社에 시험용 재처리 시설의 개념 설계를 요청, 용역계약을 맺었다. 1973년 9월 尹容九(윤용구) 원자력 연구소장은 CEA와 SGN社를 방문하였다. 재처리 사업과 발전소용 핵연료 가공 사업의 협력 방안을 의논한 끝에 정부간 차관교섭이 매듭지어지는 대로 공장 건설계약을 체결하자고 합의하였다. 1975년 4월에는 원자력 연구소와 SGN社 사이에 재처리 시설 건설을 위한 기술용역 및 공급계약이 체결되었다. 정부는 이때 핵연료 사이클을 외국에 의존하지 않고 국내에서 독립시키겠다는 自立전략을 설정, 재처리 이외에 핵연료 제조기술의 도입도 시도하였다.

제1핵연료 가공 시설인 핵연료 成型(성형)가공 시험시설의 도입선은 프랑스의 CERCA社로 정했다. 1975년 1월 원자력 연구소와 공급계약이 체결되었다. 정부는 사용후핵연료의 재처리에 의해 분리된 우라늄과 플루토늄을 原電 핵연료로 재순환시키는 데 필요한 혼합핵연료 가공시험시설(제2핵연료 가공시설)의 도입에 대해서는 벨기에의 핵연료 주기기술 용역 전문업체인 BN社(Belgonucleaire)와 교섭을 진행하고 있었다.

1974년 1월 과학기술처 원자력국장 李炳暉(이병휘) 씨는 벨기에를 방문, 플루토늄 가공기술 및 연구시설의 도입을 위한 벨기에 정부차관의 가능성을 타진하였다. 그해 9월에는 崔 과기저 장관이 벨기에를 방문, 기술용역 및 기술훈련 협의를 거쳐 11월에 혼합 핵연료 가공 시험시설의 개념설계를 BN社에 맡기는 계약을 했다.

인도의 개발 모델에 관심

이것은 미국을 따돌리고 프랑스와 벨기에로부터 원자폭탄의 폭약에 해당하는 플루토늄 분리 및 그 취급 기술을 종합적으로 손에 넣으려는 의도를 보인 것이었다. 핵 폭탄용 플루토늄을 생산하기 위한 재처리 사업은 崔亨燮(최형섭) 과학기술처 장관, 朱載陽(주재양) 원자력 연구소 부소장, 金哲(김철) 원자력 연구소 大德(대덕) 분소 공정개발실장을 축으로 하여 추진되었다. 뒤에 원자력 연구소의 재처리 사업과 연구로 개발사업, 그리고 국방부 산하 국방과학 연구소의 핵폭탄 설계와 유도탄 개발사업을 통합 조정하여 朴 대통령을 보좌한 것은 중화학 공업 및 방위산업담당 수석비서관이었던 吳源哲 씨였다.

핵폭탄 개발은 플루토늄을 생성시키는 연구로와, 연구로에서 타고 나온 핵연료에서 그 플루토늄을 분리하는 재처리 공장, 그리고 플루토늄을 폭약으로 하여 核폭탄을 설계·제조·시험하는 시설 및 운반수단인 미사일 연구의 종합 시스템이다.

재처리 사업 실무책임자 朱載陽 씨는 미국 MIT 대학에서 화학공업 분야를 전공한 뒤 핵연료 관계의 연구를 했던 在美학자로, 1973년 3월 1일에 원자력 연구소 특수사업담당 부소장에 취임하였다. 그의 우선 과제는 人力확보였다. 그때는 국내외 어디를 찾아보아도 재처리 공장에 근무했거나 재처리를 전공한 학자가 없었다. 그는 그해 5월23일부터 7월12일까지 캐나다와 미국을 방문, 젊은 한국학자들을 찾아내 이 특수사업에 끌어들이기 위한 설득작업을 벌였다. 金哲 씨의 경우는 서울대 화학공학과 출신으로서 뉴욕 주립대학(스토니 브룩 소재)에서 박사학위를 받은 뒤 2년간 매사추세츠州의 나티크 육군연구소에서 근무 중 朱載陽 씨에게 설득당하여 귀국하였다. 金 박사는 美 육군 연구소에서 폐기 문서를 완전히 없애버리려는 보안상의 목적으로서, 종이를 분해, 셀루로즈 성분을 포도당으로 변화시키는 연구에 종사하고 있었다.

재처리 사업을 위하여 해외로부터 유치된 과학자들은 약 20명이었다. 거의가 화공·화학전공자였다. 재처리 과정이 기본적으로 용매 추출에 의한 플루토늄 분리라는 화학 공정이기 때문이었다.

플로리다 대학교에서 박사학위를 받자마자 金哲 씨 밑에서 이 사업에 참여하게 된 李哲洙 씨를 비롯한 유치 과학자들의 과반수는 서울工大 化工科(화공과) 출신이었다. 서울대 화공과의 입학점수가 전국에서 가장 높던 1950년대 말부터 1960년대 상반기에 입학했던 이들이었다. 유치 과학자들은 주택 제공, 많은 월급 등 특별대우를 받았다.

캐나다에서 NRX 연구로 도입추진

朱載陽 씨는 재처리 기술도입뿐 아니라 研究爐(연구로) 확보의 실무 책임자이기도 했다. 朱 부소장은 1973년 11월9일에 재처리 사업문제를 협의하기 위해 프랑스의 SGN社 등을 한 달간 방문했다가 돌아오는 길에 대만과 인도를 보름 동안 방문하였다. 朱 부소장 외 2명의 대만, 인도 방문 사유를 《원자력 연구소 20년사》는 'NRX 원자로 도입에 따른 기술문제 협의차'라고 적고 있다. 이 짧은 기록은 朴 대통령의 핵폭탄 개발전략에 대한 중요한 암시를 던지고 있다. 1974년 3월23일 朱 부소장은 드디어 NRX 원자로 도입 사업 추진차 프랑스와 캐나다를 24일간 방문한다. 프랑스의 재처리 공장과 캐나다의 NRX 연구로 도입이란 두 개의 기본축이 구체화되기 시작하는 것이다. 그때 인도는 캐나다의 NRX 연구로를 도입하여 독자적으로 핵폭탄 제조작업을 벌이고 있었다.

우리 정부는 朱 부소장 등 실무 책임자들을 인도에 보내 인도의 개발전략을 우리의 모델로 배워 오도록 했던 것 같다. 핵폭탄용 플루토늄은 상업용 原電이 아니라 군사용 원자로와 연구용 원자로에서만 생산되고 있었다.

우리나라 부산 기장군 장안읍 고리에 있는 경수로 原電에서 나온 사용후핵연료를 재처리하면 플루토늄이 생기는데 여기에는 핵폭발에 방해가 되는 플루토늄 240이 23.8%나 들어있다. 핵폭발용이 되려면 플루토늄 동위원소들 중 플루토늄 240이 7% 이하, 플루토늄 239가 90% 이상이어야 한다. 경북 월성에 있는 캐나다 중수로의 경우에는 플루토늄 240이 26.6%로서 이 역시 폭탄용으로는 적합하지 못하다. 商業用 原電의 사용후핵연료에서 핵폭발용 플루토늄 239가 순도 미달이 되는 것은 핵연료가 3년간이나 타기 때문이다.

군사용 원자로나 연구용 원자로는 핵연료의 연소시간을 짧게 함으로써 핵분열성 플루토늄을 90% 이상의 순도로 생산할 수 있다. 북한을 포함하며 지금까지 핵폭탄을 개발했거나 개발을 시도했던 나라는 모두 연구로에서 폭발용 플루토늄을 얻었다. 따라서 어떤 형의 연구로를 확보하느냐가 핵폭탄 개발전력의 제1관문이 된다. 웨스팅 하우스 자료에는 1977년 현재 핵무기 개발용으로 돌릴 수 있는 研究爐는 인도, 이스라엘, 캐나다(3개), 대만, 노르웨이, 서독, 이탈리아, 스위스 등 8개국에 11개가 있는 것으로 나타나 있었다.

인도는 캐나다로부터 NRX 연구로를 도입, 인도에서 채굴된 천연 우라늄을 핵연료로 집어넣어 태운 사용후핵연료에서 폭탄용 플루토늄을 생산하였다. NRX 연구로는 중성자 감속재로 重水(중수)를 사용하는데 이 重水제조는 고도의 기술을 필요로 하여 수입에 의존할 수밖에 없었다.

인도 핵실험의 충격

朴 대통령은 연구로 가동에 필요한 중수와 천연 우라늄 공급선도 미국이 아닌 다른 나라에서 확보해야 했다. 朴 대통령의 핵개발 의지와 한국이 처한 이런 상황을 정확히 파악하고 나선 것이 이스라엘 巨商(거상) 사울 아이젠버그였다. 1950년대부터 한국에 거점을 마련하여 턴

키베이스(Turn-key base·일괄수주계약. 시공사가 조사, 설계에서부터 기기조달, 건설, 시운전 등 全과정을 맡는다)의 기간산업 건설과 이에 따른 외자 알선으로 떼돈을 벌었던 아이젠버그는 1969년에 처음으로 한국 정부 고위층에 캐나다의 重水爐(중수로) 원자로를 소개하였다. 핵개발을 위해서 편리하다는 설명을 잊지 않았다고 한다. 그때 朴 대통령은 1968년의 1·21 청와대 습격사건과 푸에블로호 납치 사건에 대하여 미국이 화끈한 대응을 하지 않고 1969년에는 닉슨 독트린이 발표되는 것을 보고 한국의 안보를 위해서는 핵폭탄 개발이 필요하다는 생각을 굳히고 있을 때였다.

상담이 본격적으로 진행된 것은, 1972년 11월에 아이젠버그가 캐나다 원자력 공사(AECL)와 독점 대리인 계약을 맺으면서부터였다. 1973년 4월 캐나다 원자력 공사의 존 그레이 사상은 한국에 와서 청와대, 상공부, 과학기술처, 韓電 등을 차례로 방문, 월성에 세워질 60만kW짜리 원자력 3호기 건설 계획에 참여할 뜻을 비쳤다. 1973년 11월에 호주 대사에서 韓電 사장으로 임명된 閔忠植(민충식) 씨는 상공부와 韓電의 일부 실무자의 반대를 꺾고 직접 朴 대통령의 意中(의중)을 받들어 원자력 3호기 主계약자로 AECL을 선정하는 쪽으로 밀고 나갔다. 이때 우리 정부는 캐나다로부터 중수로 원자로 이외에 3만kW짜리 NRX 연구로를 같이 수입하기로 하고 교섭을 벌이고 있었다.

NRX 연구로에 쓸 중수와 천연 우라늄 연료는 한국에 지어질 캐나다製 중수로(CANDU)에도 공급되므로 미국의 간섭을 피해 안정적으로 얻을 수 있다는 계산이 깔려 있었던 것이다. 캐나다형 중수로는 연료의 일부를 매일 교체하도록 설계돼 있었다. 미국제 경수로는 1년에 한 번 정도 원자력 발전소의 가동을 중단시킨 뒤 연료를 바꾸는 데 비해 중수로는 수시로 사용후핵연료를 끄집어 낼 수 있다. 국제원자력기구에서는 핵개발 야심을 가진 나라가 중수로를 가지면 사용후핵연료를 몰래 빼내 플루토늄을 재처리해 내기가 쉽다고 판단하여 경수로보다도 훨씬 엄중한 감시를 하고 있다.

1974년 5월에 인도가 핵폭발 실험을 했다. 라자스탄 사막의 L자 모양 참호속에서 이루어진 핵실험 장치는 나가사키 투하 원폭보다 약간 작은 15kt짜리였다. 인도가 핵폭발 실험을 할 수 있었던 것은 영국 캠브리지 대학 출신인 핵물리학자 호미 바바 박사의 집념 덕분이었다. 그는 1945년에 벌써 원자력 연구소를 설립, 평화 목적의 이용이란 명분을 내걸고 연구를 진행하였다.

연구 자금은 초기에 인도의 재벌들이 부담했고 네루 수상이 적극 뒷받침했다. 바바 박사는 미국, 프랑스, 캐나다 등 核 선진국의 기술 협조를 받는 데도 폭넓은 외교력을 발휘하였다. 핵폭발용 플루토늄이 생산되었던 캐나다製 NRX형 연구로 사이러스(4만kW)는 캐나다가 경제원조의 일환으로 인도에 공급한 것이었다. 사이러스 원자로에서 태워진 사용후연료에서 플루토늄을 뽑아낸 재처리 공장은 미국 회사의 기술적 도움에 의하여 건설되었다. 미국이 비밀분류를 해제한 휴렉스 방식의 재처리 공장이었다.

原爆제조 막을 길 없다

이들 국가가 인도에 核관련 기술을 마음 놓고 넘겨준 것은 세계 평화를 부르짖으며 비동맹 외교를 선도해 온 인도를 믿었기 때문이었다. 인도도 핵폭발 실험의 목적을 건설 등에 사용하기 위한 것이라고 선전하였다. 인도는 핵확산금지 조약이 평화목적의 핵폭발까지 금지하고 있는데 반발하여 이 조약에 가입하지 않고 있었다.

인도의 핵폭발 실험 이후 뒤늦게 낭패한 캐나다는 NRX 연구로에서 생성된 플루토늄을 앞으로는 핵폭발물 제조에 사용하지 않는다는 약속을 해줄 것을 인도에 요구했다. 거절당하자 인도에 대한 원자력 기술 협력을 두절시킴으로써 캐나다 회사가 짓고 있던 중수로 1기는 완공되지 못했다. 인도 핵실험은 가난한 나라도 정치 지도자의 강력한 뒷받침이 있으면 핵폭탄을 만들 수 있다는 것을 실증함으로써 核보유국을 놀라게 했다.

核보유국들은 정치적, 경제적, 기술적 기득권을 보호하기 위해 서로 단결하여 핵폭탄 개발과 관련 있는 研究爐, 농축–재처리 기술 및 이와 관련된 주요 기자재의 對外(대외) 판매나 이전에 따른 규제를 한층 더 강화하게 되었다. 이런 새로운 움직임의 가장 큰 피해자는 인도 방식 핵개발을 추진하고 있던 한국이었다.

인도 핵실험 이후 개발도상국에 의한 핵개발이 국제 문제가 되었을 때 미국 의회 자료실(Congressional Research Service)은 뉴욕의 폴리테크닉 연구소 원자력공학 부장인 존 R. 라마쉬 박사에게 의뢰하여 개발도상국 및 小國의 비밀 핵폭탄 개발 가능성에 대하여 조사 보고하도록 하였다. 라마쉬 박사는 이들 나라가 플루토늄 생산용 원자로를 원자력 선진국의 도움 없이 만들 수 있느냐에 대해 "어렵지 않은 일이다"는 결론을 내렸다. 그는 '小國 및 개발도상국에 의한 플루토늄 생산용 원자로의 건설에 관하여'란 對의회용 보고서에서 "1년에 10㎏의 플루토늄(20㎏급 원폭 한 개를 만들 수 있는 양)을 생산할 수 있는 원자로는 1300만~2600만 달러를 들이면 만들 수 있다"고 주장하였다.

재처리 시설도 쉽다

라마쉬 박사는 또 "설계에 필요한 정보는 이미 공개된 문헌에 다 있으며 건설에 필요한 부품과 자재는 공개된 시장에서 구할 수 있다. 우라늄은 세계 도처에 부존돼 있어 큰 부담 없이 구할 수 있다"고 지적했다. 그는 결론적으로 "핵확산의 금지를 위한 국제적 규제에도 불구하고 이들 나라가 핵폭탄 개발을 추진하는 것을 막지는 못할 것"이라면서 오히려 "핵개발을 할 필요가 없다는 사실을 논리적으로 설득하는 것이 바람직하다"고 했다. 라마쉬 박사에 따르면 핵폭탄 하나를 만들기 위한 최소량의 플라토늄은 4kg이다. 농축 우라늄 핵폭탄의 최소량은 우라늄 11kg이라고 했다.

라마쉬 박사는 (북한처럼) 원자력 발전소가 없는 나라의 입장에서 선택할 수 있는 가장 적합한 研究爐(연구로)는, 천연 우라늄을 그대로 연료로 쓸 수 있고, 흑연을 감속재로, 가스를 냉각재로 쓸 수 있는 원자로라고 분석했다. 이런 원시적 원자로는 1942년에 原爆 제조의 선구자 페르미가 미국 시카고 대학에서 만든 세계 최초의 원자로와 같은 型이다.

이런 초기 형식의 원자로는 그 상세한 설계도가 이미 공개돼 있어 이를 모방하여 만들기는 간단한 일이다. 라마쉬 박사는 건설 기술자 1명, 전기 기술자 1명, 기계 기술자 2명, 금속 기술자 1명, 核공학자 3명만 있으면 그 설계와 건설을 지휘·감독할 수 있다고 계산했다. 건설 시작 후 4년 뒤에는 원자로가 가동될 것이고, 1년 뒤에는 그 핵연료 중에 작은 핵폭탄 하나를 만드는 데 충분할 정도의 플루토늄이 생성될 것이라고 주장하였다.

북한은 라마쉬 박사의 이 보고서를 베낀 것이 아닌가 할 정도로 비숫한 연구로를 만들었던 것이다. 한국 원자력 연구소가 자체 기술로 완성한 다목적 연구로(K-MRR·Korea Multi-Purpose Research Reactor)의 사업단장인 金東勳(김동훈) 박사는 1990년 기자에게, "북한의 연구로는 지독하게 간단하다. 그런 것을 짓고 싶었으면 벌써 전에 만들었을 것이다. 특히 우리 K-MRR에 비교하면 공학적으로 형편없는 低(저)수준이다. 문제는 우리 研究爐가 고도의 기술로 만들었지만 평화적 이용을 목적으로 하고 있는 데 비해, 조악하기 짝이 없는 북한 것은 플루토늄 생산에는 적합하다는 사실이다"고 말했다.

라마쉬 박사는 개발도상국의 재처리 능력에 대해서도 검토 보고서를 냈다. 그 결론도 플루토늄 생산용 원자로의 경우와 같았다. 개발도상국들이 이미 공개된 문헌과 공개시장에서 구할 수 있는 부품으로 어렵지 않게 재처리 공장을 만들어 운영할 수 있다는 것이었다. 원폭용 플루토늄을 재처리 방법으로 뽑아내려면 연구용 원자로에서 1년쯤 태운 연료를 꺼내 재처리 공장에 걸어야 한다.

2만 5000kW짜리 연구로의 천연 우라늄 연료는 약 60t이고, 여기에서 생성되는 플루토늄이 9kg이다. 원자로에서 꺼낸 사용후핵연료는 물 속에 129일간 저장하여 방사능을 감소시킨다. 플루토늄 생산용 연구로에서 나온 사용후핵연료의 경우 120일이 지나면 방사능은 t당 5만 5000 큐리 정도이다. 이것은 상업용 원자력 발전소에서 나온 사용후핵연료의 방사능 1t당 200만~300만 큐리의 50분의 1쯤이다.

재처리의 가장 큰 기술적 문제는 방사능이 강한 사용후핵연료를 차폐시설 속에 집어 넣어놓고 원격 조종으로 운반, 해체, 절단, 분석, 용해, 분리시키는 일이다. 여기에 필요한 방사능 차폐 시설과 원격 조종장치의 제작 및 설치와 운영이 재처리 과정의 핵심적 사항이다. 핵무기용 플루토늄 추출을 위한 재처리 시험시설은, 상업용 原電 재처리 시설보다 훨씬 약한 방사능을 취급하므로 제작이나 운전면에서 훨씬 쉽다는 얘기이다.

플루토늄 재처리 공장 설계도 공개된 것이 많다. 라마쉬 박사에 따르면 미국 사우스캐롤라이나 반웰의 재처리 공장 설계도는 도서관에서 구할 수도 있고 살 수도 있다는 것이다. 라마쉬 박사는 재처리 시설을 설계, 건설, 감리하는 데는 고급인력도 필요 없고 다음과 같은 7명의 엔지니어만 있으면 된다고 주장했다. 化工 기술자 2명과 건축 기술자, 전기 기술자, 기계 기술자, 금속 기술자, 핵공학 기술자 1명씩. 그는 작은 플루토늄 추출용 재처리 시설을 미국에서 만든다면 2500만 달러쯤 들 것이라고 계산했다.

미국, 核개발 저지 결심

인도가 핵실험에 성공하자 미국 등 기존 핵보유국들은 核彈(핵탄) 제조에 쓰일 기술과 장비의 수출을 통제하기 시작했다. 미국이 세계에 뻗어 있는 정보망을 동원하여 핵개발을 추진하고 있는 나라들을 조사하는 과정에서 한국의 움직임이 포착되었다. 미국은 한국의 국방과학 연구소가 '항공공업계획'이란 위장명칭하에서 地對地(지대지) 미사일 개발에 착수한 사실과 함께 프랑스로부터 재처리 시설을 도입하려는 움직임과 캐나다와의 수상한 거래를 주시하게 되었다.

1974년 10월28일, 駐韓(주한) 미국대사관은 국무부로 보낸 電文에서 '대사관은 현재 한국의 핵무기 개발 가능성을 분석중이며, 이것을 바탕으로 地對地 미사일 개발에 대해서도 주시하고 있다'고 보고했다. 미국

측은 한국이 개발에 착수한 地對地 미사일이 核彈 운반용이라고 판단 했다는 이야기이다.

1975년 2월4일 美 국무부는 백악관의 대통령 안보보좌관 브렌트 스코우그로프트 중장에게 보낸 보고서에서 이렇게 단정한다.

〈한국의 국방과학 연구소는 미사일뿐 아니라 핵무기의 생산을 목표로 하고 있다는 것이 우리의 판단이다. 이는 한반도 정세에 대단히 심각한 전략적 문제를 야기시킬 것이다.〉

그해 3월4일 헨리 키신저 국무장관은 서울, 오타와, 파리, 도쿄, 빈 주재 미국대사관으로 긴급발송한 電文에서 이렇게 말했다.

〈워싱턴의 정보기관들은 한국이 향후 10년 안에 제한된 범위의 핵무기 개발에 성공할 것이라는 판단을 내렸다. 한국의 핵무기 보유는 일본, 소련, 중국, 그리고 미국까지 직접 관련되는 이 지역의 가장 큰 불안정 요인이 될 것이다. 이는 분쟁이 생길 경우 소련과 중국이 북한에 대해 핵무기를 지원토록 만들 것이다. 韓美동맹에도 큰 영향을 끼칠 것이다. 이 개발계획은 미국의 對韓 안보공약에 대해서 한국측의 신뢰가 약화되었다는 것을 의미하며 朴 대통령은 對美군사의존도를 줄이려 하고 있다. 이 문제에서 우리의 근본적 목표는 한국 정부로 하여금 그 계획을 포기하도록 하거나, 핵무기 또는 그 운반능력을 갖지 못하도록 하는 것이다. 이런 노력은 多者間(다자간) 협력을 통해서 이 뤄져야 한다. 우리는 최근 프랑스에 대해 한국에 재처리 시설을 제공할 것인가의 여부를 묻고 있는 상태이다. 가까운 시일내에 한국에 대해서 우리는 분명한 정책을 수립할 계획이다.〉

1975년 3월4일 헨리 키신저 美 국무장관은 망해가는 월남 대책에 바쁜 가운데서도 서울, 캐나다, 프랑스, 일본, 오스트리아 주재 미국 대사 앞으로 電文을 보내 한국 정부의 비밀 핵무기 개발계획을 반드시 막아야 한다고 지시한다. 이 훈령은 구체적으로 이런 정책들을 제시했다.

〈1. 미국은 핵기술 공급 국가들과의 共助(공조) 속에서, 한국이 민감한 기술과 장비에 접근하는 것을 막아야 한다. 한국에 대한 원자로 판매에서 완전한 IAEA(국제원자력기구)의 안전규칙을 적용하는 것은 물론, 한국이 자체 핵무기 개발에 이용할 가능성이 있다고 판단되는 민감한 기술과 장비들의 판매를 제한한다. 현재 마련된 법령들 외에도, 향후 무기로 轉用(전용)될 가능성이 있는 물질들의 이전을 금지하는 방안을 연구중이다. 우리는 한국이 캔두(CANDU)형 원자로를 획득하는 것이 재처리 기술의 확대로 이어지지 않을까 하는 점에 특히 관심을 갖고 있다.

2. 한국으로 하여금 핵확산금지조약(NPT)에 가입토록 압력을 가해야 한다. 캐나다는 이미 그렇게 하고 있다. 한국은 우리의 이런 초기 요구들에 반응을 보이고 있지만, 캐나다 정부와의 협력 아래 추가적인 행동이 필요하다.

3. 한국의 핵시설에 대한 우리의 첩보 및 감시능력을 높이고, 관련 분야에서 한국의 기술적 상태에 대한 정보를 확대해야 한다. 우리는 核에너지 관련 기관들에 대한 정기적 방문조사를 더 자주 할 계획이며 훈련된 기술자들로 하여금 사찰회수를 늘리도록 할 생각이다.〉

駐韓 미국 대사관도 1975년 3월12일 국무부에 보내는 다음의 電文에서, 한국이 핵무기 개발을 하는 데는 10년이 채 걸리지 않을 것이며, 한

국의 지도자들도 핵무기 개발에 높은 우선순위를 두고 있다는 보고를 하고 있다.

〈우리는 한국이 핵무기를 개발하는 데 필요한 시간은 10년이 훨씬 안 될 것으로 판단하며, 설령 10년 가까이 걸린다 할지라도 우리는 이 판단에 기초하여 신중히 움직여야 한다고 생각한다. 우리가 확보한 여러 정보들에 따르면, 한국의 지도부는 핵무기 개발에 높은 우선 순위를 두고 있으며 1980년대 초에 그 결과가 나타나기를 기대하고 있다. 한국인의 저돌적 추진력과 그들이 이미 확보하고 있는 높은 기술 수준, 그리고 외국의 전문人力을 불러들일 수도 있다는 사실과 상부로부터의 강한 독려 등을 감안할 때, 그것은 결코 불가능한 일이 아니다.

우리는 또한 제3국으로부터 핵무기 관련 장비와 기술을 노입할 한국의 구매력에 대해서도 과소평가해서는 안된다. 핵무기 개발에 따른 정치적 경제적 비용 문제가 한국의 움직임을 저지할 것이라는 견해에 대해서 우리는 의구심을 품고 있다. 한국이 제3국으로부터 (관련 물질과 기계) 구입을 선택할 경우, 한국에 대한 우리의 통제력은 크게 약화될 것이다.

마지막으로 우리는 한국과 접촉할 때 하나하나의 구체적 행동에서 모호한 태도를 취할 필요가 전혀 없다고 본다. 이 분야에 관한 한 한국은 아주 위험한 목적을 가진, 끈질기고 거친 고객이다. 한국은 최근 NPT의 비준 문제를 놓고 대단히 신속하게 움직였으며 캐나다와 프랑스와의 안전규칙 수용에 대해서도 아주 신속한 태도를 취했는데, 이것은 아마도 우리가 그들에게 한 이야기 때문일 것이다.

그렇다고 한국이 핵개발 계획을 포기하려 한다는 조짐은 전혀 없다. 오히려 그들은 필요하다면 이중적 자세도 不辭(불사)하려는 듯하다. 이 계획의 중요성, 그들의 거친 추진력, 우리의 깊은 우려를 감안할 때, 우리가 조기에 확고하게 행동하는 것만이 최상의 성공 기회를 가져다 줄 것이라고 믿는다〉

"原電 건설 어려워질 것"

朴 대통령이 핵무기 개발 용의가 있음을 〈워싱턴 포스트〉 기자에게 밝힌 직후 작성된 美 국무부의 정책 건의서도 수년 전 공개되었다. 이 문서에는 한국의 핵개발 의지에 대한 美 정부의 불안감과 대책이 들어 있다. 이 문서는 미국 정부가, 한국 정부는 물론 프랑스(재처리 시설 도입 대상국)와 캐나다(NRX 연구로 도입관련)에 대해서도 압력을 가했음을 확인해 주고 있다.

1975년 7월2일, 브렌트 스코우크로프트 대통령 안보보좌관에게 보내는 로버트 잉거솔 국무장관 代行(대행)의 정책 건의서 요지.

〈배경: 한국 정부는 핵무기 제조에 사용될 수 있는 플루토늄을 확보하기 위해 소규모 실험용 재처리 시설을 프랑스로부터 도입하기 위한 협상을 벌이고 있다. (중간 삭제됨) 한국의 핵무기 획득은 극도로 위험하며 미국의 주요한 이해관계에 대해 직접적 타격을 줄 것이다. 만약 한국이 플루토늄에 직접적으로 접근할 수 있게 된다면 이는 궁극적으로 한국이 핵무기를 보유하거나 아니면 조만간 갖게 될 것이라고 가정해야 한다. 이같은 위기를 막기 위해서는 한국이 재처리 시설 및 플루토늄을 보유하는 것을 저지해야 한다. 앞으로 상당 기간 한국은 원자력 발전 분야에서 재처리 작업이 필요하지 않다. 더 중요한 것은 현재 한국이 미국 및 캐나다 등과 협상 중인 원자로들이다.

한국은 미국으로부터 두 번째 원자로인 고리 2호기를 도입하기 위해 미국 수출입은행에 1억 3200만 달러의 차관을 요청했고, 추가적으로 1억 1700만 달러의 신용을 요구했다. 우리는 이 차관들과 미국의 원자로 수출이 한국 경제에 도움을 주는 동시에 우리의 비확산 정책 목표(필자 注: 한국의 핵무기 개발 저지)를 달성키 위한 방법이 될 수 있다고 믿는다. 수출입은행의 케이시 총재는, 한국내 사용후핵연료의 문제에 우리가 만족하고 있다고 통보할 때까지 이 차관에 대한 청문회를 연기하기로 의회와 합의했다. 우리가 의회에, 한국이 재처리 시설 계획을 포기했다고 확인해주지 않는 한 이 차관을 집행할 수 없게 되었다.

캐나다와 프랑스의 태도: 지난 3월의 정책 지침에 따라 우리는 캐나다 정부와 접촉했다. 캐나다는 향후 한국에 대한 원자력 지원 문제에서 우리와 긴밀히 협의키로 했다. 우리는 또 최근 런던에서 열린 (핵관련 기술 및 장비) 공급자 회의에 앞서 프랑스와 접촉했다. 우리는 프랑스측에, 한국이 프랑스로부터 재처리 시설을 도입하려는 계획을 포기하도록 하는 방안을 검토 중이라고 알려주었다.

프랑스는 우리의 관심에 이해를 표시했고, 재처리 시설 판매는 큰 상업적 이해가 걸린 것은 아니며, 만약 프랑스 회사가 계약 종결에 따른 비용을 보상 받을 수만 있다면 우리의 계약 포기 요구에 반대하지 않을 수도 있다고 암시했다.

한국에 대한 접근: 우리는 현재 진행 중인 한국측 원자력 분야 인사들과의 협의에서 미국이 제공한 원자로에서 나오는 사용후핵연료의 재처리 계획에 대해서는 미국이 거부권을 갖고 있다는 사실을 상기시켰다. 우리는 이에 대한 그들의 확인을 다시 요청했으며, 그들의 확인을 들은 후에라야 고리 1호 원자로에 대한 美 핵통제위원회의 수출허가를 요청할 것이다.

지금까지 한국은 우리의 우려에 대해 아주 유연하게 반응해 왔다. (일부 삭제) 우리는 따라서 한국이 자체적인 재처리 시설 확보 계획을 포기할 가능성이 꽤 있다고 믿는다. 한국은 지역적인 재처리 시설에 참여할 수도 있을 것이다. 그런 재처리 시설은 한국의 바깥에 위치할 것이며, 그들의 향후 재처리 수요를 경제적이면서도 안전하게 충족시킬 것이다.

향후 행동 지침: ① 우리는 한국의 자체적 재처리 시설 확보계획에 대한 우리의 관심을 밝히고, 이같은 상황은 고리 2호기 原電 도입에 필요한 차관 제공 등 미국의 원자력 기술 지원을 매우 어렵게 할 것이며 ② 한국 측에 현재 계획중인 실험용 재처리 시설 계획을 포기할 것을 요구하며 ③ 동북아를 대상으로 한 多者的(다자적)−지역 차원의 재처리 시설에 한국이 참여할 것을 제안한다는 방침을 취한다. 현 단계에서 우리가 취할 외교적 수단에 대해 더 이상 구체적일 필요는 없으며 또 多者的 재처리 시설은 한국 바깥에만 위치하면 만족스러울 것이다〉

朴·슐레진저 회담록

위의 문서는 미국이 국가적인 의지를 실어 한국에 대해서 핵포기 압력을 넣기 시작했다는 증거이다. 우선 고리 2호 원자로 건설계획과 관련하여 한국측이 신청한 약 2억 5000만 달러의 미국 차관 및 신용대출을 약점으로 잡아 묶어 두기로 한 것이다. 미국은 이와 함께 프랑스와 캐나다에 압력을 넣어 핵무기 개발에 이용될 것이 뻔한 再처리 시설과 연구용 원자로 판매를 중지하도록 설득하기 시작했다.

미국측은 또 韓美 원자로 협정에 의거하여, 한국에서 미국 회사가 지은 원자로에서 나오는 사용後핵연료를 再처리할 경우의 모든 계획에 대해서는 미국이 최종결정권을 갖고 있음을 상기시키기도 했다. 이런 법적 권한에 대해서 한국측의 확인을 받고 나서야 당시 건설 중이던 고리 원자력 1호기에 대한 미국측의 사용승인이 떨어질 것이라고 협박했다. 미국은 2중, 3중으로 한국을 압박하기 시작한 것이다.

스나이더 駐韓 미국대사는 朴 대통령에게 직접 압력을 넣으면 오기가 센 대통령의 반발을 부를 것이라고 판단하여 아래로부터 계통을 밟아 올라가기 시작했다. 그는 먼저 원자력 기술 관련 업무를 관장하는 과학기술처 장관·외무 장관을 만나고, 金正濂(김정렴) 실장에게 미국의 입장을 전달했다. 청와대의 관례에 따라 스나이더 대사를 주로 상대한 사람은 金正濂 실장이었다. 金 실장은 정기적으로 스나이더 대사의 관저에 가서 점심을 들면서 韓美 간의 공통 관심사에 대해서 의견을 나누던 사이였다.

스나이더 대사는 核개발 포기를 위한 설득의 창구로 金正濂 실장을 활용했다. 金 실장은 "스나이더 대사로부터 핵폭탄이란 말이 나온 적이 한 번도 없다"고 했다. 스나이더 대사는 다만 프랑스로부터 사용後핵연료 再처리 시설을 도입하는 것을 취소해 달라는 요구만 했다고 한다. 再처리 시설이 없으면 아무리 원자력 발전소가 많아도 핵폭탄의 원료가 되는 플루토늄을 뽑아낼 수 없다. 그래서 스나이더 대사는 '핵개발'이란 직설적 단어를 사용하지 않고 再처리 시설 포기만 요구했던 것이다.

스나이더 대사의 핵개발 포기 설득 작전을 지원하러 나선 것은 포드 대통령의 신임이 두터운 제임스 슐레진저 국방장관이었다. 그는 1975년 8월26일, 27일 양일간 서울에서 열린 韓美 연례 안보협의회에 참석했다. 美 국방장관이 이 회의에 참석한 것은 1971년 이후 처음이었다. 슐레진저 장관은 8월27일 徐鐘喆(서종철) 국방장관과 함께 가진 공동 기자회견에서 중요한 언급을 했다.

"駐韓미군의 地上軍이 막강하므로 핵무기를 쓸 기회가 없겠지만 핵무기를 최후 수단으로 보유하고 있는 것은 사실이다."

이는 朴 대통령이 걱정하는 미국의 핵우산이 건재함을 밝히고 핵무기 개발을 포기하도록 설득하기 위한 언명이었다.

8월27일 오전 11시부터 오후 2시42분까지 거의 네 시간 동안 슐레진저 장관은 청와대에서 朴 대통령을 만났다. 朴 대통령은 처음 1시간 20분 동안은 소접견실에서 슐레진저 장관, 스나이더 대사, 브라운 美 합참의장, 스틸웰 駐韓 유엔군사령관, 위컴 군사보좌관, 徐鐘喆 국방부 장관, 盧載鉉(노재현) 합참의장, 金正濂 비서실장, 崔侊洙(최광수) 의전수석과 환담했다. 이들은 점심을 함께 했다. 그 직후 슐레진저 장관과 스나이더 대사는 朴 대통령과 40분간 만나 심각한 이야기를 나눴다.

최근 미국 정부가 공개한 대화록엔 다음과 같은 대목이 있다.

〈슐레진저 국방장관은 한국이 NPT(핵확산금지 조약)를 존중하기로 한 것은 건전한 정책이라면서 미국은 한국에 核억지력을 제공하기에 적합한 나라라고 강조했다. 미국은 작은 핵보유국이 제공할 수 없는 방법으로 중심국가들의 핵위협에 대처할 수 있다는 것이었다. 한국은 소련의 핵위협에 대처할 수 없지만 미국은 할 수 있고, 한국이 핵무기를 개발하려는 노력을 하면 소련으로 하여금 한국에 대하여 핵위협을 가하는 행위를 합리화시키는 결과를 빚을 것이다. 국방장관은 核억지정책에 대하여 다음 번 양국 국방장관 회담 때 설명을 드릴 것이라고 했다.

이에 대하여 박정희 대통령은 NPT를 지킬 의지가 있다는 사실을 강조했다. 그는 봅 노박이 보도한 자신의 논평에 대하여 해명했다. 노박은 자신에게 '미국이 핵우산을 제거하면 어떻게 하겠느냐'고 물었고, 자신은 '미국이 핵우산을 철거하지 않을 것으로 생각한다'고 답했다. 그러나 노박은 계속하여 '그런 경우 한국은 핵무기 개발을 고려할 것이냐'고 물었다. 박 대통령은 '한국이 연구를 시작할 능력은 있으나 현재의 조건하에선 그럴 생각이 없다'고 답했다. 박 대통령은 그가 노박 기자에게 한 논평이 잘못 해석되었고, 특히 원자로 관련 협상에 나온 캐나다 정부가 오해를 하였다고 했다. 그는 '내가 아무 대답을 하지 않았더라면 한국인의 士氣(사기)에 큰 타격이 되었을 것으로 생각한다'고 했다. 그는 재차 장관에게 한국은 NPT 조약의 의무조항들을 이행할 것이라고 보증했다.

슐레진저는 핵무기에 한국이 얽혀들지 않는 게 최선이라고 논평했다. 핵무기를 평양에 쓴다면 2만 내지 3만 명이 죽을 것이다. 한편 소련이 서울에 핵공격을 가한다면 서울은 평양보다 더 취약하므로 300만 명이 죽을 것이다. 박 대통령은 국방장관의 생각에 동의한다면서 장관이 전술핵무기에 대하여 한 말이 한국인의 사기를 높여주었다고 했다. 그는 핵무기 사용 없이도 북한의 공직을 삼냥할 수 있어야 한다고 했다. 슐레진저는 한국이 核 재처리 시설을 도입하는 것은 원자력 정책 전반에도 나쁜 영향을 줄 것이라고 경고했다〉

이해 가을과 겨울에 걸쳐서 워싱턴에서는 필립 하비브 東아시아·태평양 담당 국무차관보가 咸秉春(함병춘) 駐美 한국대사를 통해서 압력을 넣었다. 하비브는 스나이더의 전임 駐韓 미국 대사였다. 하비브는 프랑스로부터 再처리 시설을 도입하려는 계획을 취소해 줄 것을 요구했다. 咸 대사로부터 보고를 받은 朴 대통령은 '국가적 신의에 관한 문제'라면서 미국측의 요구를 거절했다.

全方位 압박

다음은 1975년 10월31일, 미국 국무부에 보낸 駐韓 미국 대사관의 電文.

〈한국 정부는 프랑스로부터 실험용 再처리 시설의 구입을 취소하라는 우리의 요구를 두 번째로 거절했고, 현재 우리는 이 문제를 놓고 곤경에 처해 있다. 한국의 이 같은 거절은 朴 대통령의 주관下에서 심사숙고 끝에 결정된 것이 분명하다.

프랑스로 하여금 계약이 최종적으로 체결되기 전에 판매 계획을 중단토록 하는 경우를 제외하면, 우리가 선택할 수 있는 방안은 다음의 네 가지이다.

① 더 이상 추가적인 대응을 하지 않음으로써 한국 정부로 하여금 원자력(原電 등) 분야에서 미국의 지원 없이는 일 추진이 어렵다는 것을 스스로 깨닫도록 하는 방안.

② 재처리 시설의 판매 문제는 묵인하고, 국제적 사찰뿐만 아니라 미국과의 쌍무적 사찰을 받아들이겠다는 한국의 방안을 허용하는 방안.

③ 再처리 시설 구입 계약의 일시 중단이라는 중재안을 가지고 다시 한번 朴 대통령을 직접 접촉하는 방안.

④ 非타협적 태도로 계속 朴 대통령에게 압력을 행사하는 방안.

①案과 ②案의 경우, 계산된 부담을 감수하면서 상황을 방치하면, 그 결과 미국에서는 한국에 적대적인 여론이 형성되고 美 의회는 군사원조의 삭감은 물론 고리 2호기 건설을 위한 차관도 부결시키려 할 것이다. 이런 압력을 받게 되면 한국은 결국 굴복하게 될지도 모른다. 그러나 우리 역시 그런 여론에 시달릴 것이며, 그것은 한국에서 우리의 이해관계에 적대적 영향을 미칠 것이다. 뿐만 아니라 한국의 再처리 시설 확보가 기정사실화됨으로써 그것을 다시 뒤집는다는 것은 아주 어려워질 것이다.

②案은 한국 정부의 제안을 받아들이되 용도 변경을 막기 위해 査察을 굳혀 나가는 방안이다. 그러나 ②案의 약점은 한국이 NPT 또는 IAEA의 사찰이나 제3국의 사찰을 거부하려 들 경우 확실한 대응책이 없다는 것이다. 그

보다도 더욱 큰 문제는 韓美 양국 사이에 심리적으로 되돌이킬 수 없는 상황이 벌어지면 장차 이곳에서 우리의 이해관계는 치명적인 손실을 입을 수밖에 없다는 점이다.

앞서 지적한 대로 ③案과 ④案, 즉 朴 대통령을 직접 접촉하는 방안만이 성공의 전망이 있다고 믿는다. 우리에게는 다양한 카드가 있으며, 朴 대통령도 결국은 현실주의자다. 따라서 우선은 朴 대통령을 접촉하는 경우가 가장 바람직하다. 문제는 그에게 도전장을 던질 것이냐, 아니면 중재안을 갖고 그를 만날 것이냐이다〉

고리 2호기 차관 중단, 군사원조 지원 중단 등의 압력에도 굴복하지 않던 한국 정부는 1975년 12월부터 프랑스로부터의 再처리 시설 도입을 포기하는 쪽으로 방향을 선회하기 시작했다. 다음에 소개되는 駐韓 미국 대사관의 電文들은 한국 정부가 물러서는 명분으로 미국으로부터 원자력 관련 협력을 받는다는 代價(대가)를 선택, 미국의 요구에 응하는 과정을 보여 주고 있다.

1975년 12월10일, 국무부로 보내는 스나이더 駐韓 미국대사의 電文.

〈워싱턴에 있는 咸秉春(함승춘) 駐美 한국대사를 가급적 빨리 우리측의 고위급 인사가 만나 우리의 관심 사항을 전달해 주기 바란다. 그 만남의 내용이 朴 대통령에게 충분히 전달된 후 나는 다음 주에 朴 대통령을 만날 것이다. 나는 金鍾泌 국무총리를 만난 자리에서, 한국이 만약 프랑스로부터 再처리 시설 도입을 강행할 경우 韓美 관계에 미칠 엄청난 악영향에 대해 언급했다.

따라서 咸 대사와의 면담에서도 우리는 그것이 단지 원자력 분야에서의 협력만이 아니라, 美 의회의 한국에 대한 안보지원에 대해서도 부정적 행동을 미칠 가능성이 있다는 점을 분명히 밝혀야 한다. 우리는 부정적 측면뿐만 아니라 궁극적인 방향과 목표도 함께 제시함으로써 韓美 양국의 관계를 유지, 강화시키기 위해 협력하도록 요구해야 할 것이다〉

같은 날, 국무부로 보내는 駐韓 미국대사의 또 하나의 電文.

〈12월10일 南悳祐(남덕우) 부총리는, 12월9일 이 문제와 관련하여 총리 주재의 고위 대책회의가 있었으나, 자신은 국회 출석 관계로 이 회의에 참석하지 못했다고 말했다. 그는 우리의 제안에 대한 반응이 그리 좋지 않은 것으로 생각하는 것 같았다. 나는 다시 한번 한국이 우리의 요청을 거부할 경우 초래될 부정적 영향들에 대해 언급했고, 그는 사안의 심각성을 고려하여 총리와 상의해 보겠다고 말했다〉

金鍾泌 씨는 기자에게 "朴 대통령은 이때 핵개발을 강행하면 韓美관계가 결딴날 수 있다는 위험성을 충분히 인식하고 있었다. 그래서 일본처럼 핵무기를 당장 만들지 않되 만들 수 있는 기술을 연구, 비축해두는 쪽으로 방향 선회를 하기로 했던 것이다"고 말했다.

1975년 12월16일, 국무부로 보내는 駐韓 미국 대사관의 電文.

〈국무총리의 지시로 과학기술처 장관 대신 과학기술처 차관 등이 스나이더 대사를 면담했다. 이들은 만약 한국이 프랑스로부터 再처리 시설 도입을 포기할 경우 미국이 원자력 분야에서 구체적으로 어떠한 협력을 제공할 용의가 있는가를 문의했다. 그들의 질문은 다음과 같다. (생략)

스나이더 대사가 "한국의 이런 질문에 대한 미국의 구체적 답변이 있을 때까지 한국은 프랑스로부터의 再처리 시설 도입 문제에 대해 결정을 미룰 것이냐"고 묻자, 과학기술처 차관은 "한국은 공식적으로 再처리 시설을 포기하겠다고 약속한 적이 없다"고 답변했다. 대화 과정에서 한국의 과학기술처 차관은 "미국의 기술적 지원이 아주 바람직한 것은 사실이지만 한국은 더 이상 과거와 같이 기술적 지원을 미국에만 의존할 수 없다"며, "한국 정부가 앞으로는 그 기술 제공자를 多元化(다원화)할 필요가 있다"고 언급했다. 그는 우리가 제시할 수 있는 구체적인 지원 내용을 파악하라는 지시를 받고 있는 것 같았다.

좀더 명확한 답을 얻기 위해 나는 金正濂 대통령 비서실장을 접촉했는데, 현안 문제에 대한 최종 결정은 우리 측 답변이 도착할 때까지 연기되리라는 것이 그의 말이었다. 그는 또한 우리를 접촉한 사람들의 보고를 받았다며 朴 대통령도 이 사안의 정치적 중요성을 충분히 인지하고 있다고 말했다. 그는 우리의 답변이 도착하면 朴 대통령의 주관下에 문제를 다시 한번 심사숙고하게 될 것이라며, 그때까지는 내가 朴 대통령을 직접 만나는 것을 연기해 달라고 요청했다.

어쩌면 이것은 우리를 함정에 빠뜨리기 위한 책략일지도 모른다. 그러나 우리에게도 작은 희망의 빛이 생긴 것도 사실이다. 나는 물론 이 문제를 놓고 金東祚(김동조) 외무 장관과도 접촉해 왔다. 그는 이 문제의 정치적 중요성을 아주 잘 인지하고 있다〉

프랑스로부터의 再처리 시설 도입 계획이 취소되는 쪽으로 大勢(대세)가 굳혀짐에 따라 駐韓 미국 대사관은 비교적 여유 있는 태도를 보이게 되었다.

포기는 했지만…

1976년 1월 한국 정부는, 프랑스의 SGN社와 맺었던 재처리 시험 공장 건설계약의 파기를 프랑스 정부에 요청하였다. 프랑스 정부도 미국의 압력을 받고 있었으므로 이를 받아들였다. 프랑스의 한 잡지는 "한국이 핵기술 도입선을 다변화하려고 아무리 노력해도 결국은 미국의 私有地 (사유지)에 지나지 않는 존재인 한 그것은 꿈에 불과하다는 것을 보여준 사건"이라고 평했다. 캐나다 정부도 미국의 압력에 굴복하여 중수로 1기와 함께 한국에 끼워 팔기로 돼 있었던 NRX 연구로 판매 협상을 중단하였다. 캐나다의 중수로를 사줌으로써 플루토늄 生成用(생성용) 연구로 등 여러 가지 민감 기술을 얻으려던 한국의 계획은 수포로 돌아가고 말았다.

월성에는 캐나다製 중수로 두 基를 지을 예정이었으나 미국의 계속된 압력으로 1호기 도입으로 끝나고 말았다. 1977년 11월에는 원자력 연구소가 벨기에 BN社와 추진하던, 플루토늄을 재사용한 제2핵연료 가공 사업도 취소되었다. 핵폭탄 개발에 필수적인 연구로, 재처리 사업이 문서 작업 단계에서 움도 터보지 못한 채 죽어 버린 것이었다.

1976년 1월5일, 국무부로 보낸 駐韓 미국대사의 電文.

〈요지: 한국의 프랑스 再처리 시설 도입을 취소시킴으로써 核확산을 막고자 하는 미국 정부의 목표는 朴 대통령과의 정면 대립을 불사하거나 또는 그의 체면과 위신을 손상시키지 않고서도 달성될 수 있다. (중간 부분이 대거 삭제됨) 따라서 나는 본부의 훈령을 다음과 같이 수정해 줄 것을 제안한다.

(A) 미국 정부는 한국이 프랑스와 맺은 계약에서 再처리 시설 도입을 再검

토키로 한 결정을 높이 평가하며 환영한다.

(B) 우리는 한국이 미국의 깊은 우려감을 인식하고, 이 문제가 향후 韓美 관계 전반에 갖고 있는 중대한 의미를 인식하고 있음을 높이 평가한다.

(C) 미국의 희망은 바로 이 시점에서 再처리 시설 계약의 완전한 취소이다.

(D) 이 계약이 완전히 취소되지 않을 경우 美 의회와 미국인들의 의혹은 더욱 더 증폭될 것이다. 따라서 미국 정부는 고리 2호기의 차관 문제에 대해 의회의 승인을 받으려 노력하지 않을 것이다.

(E) 그럼에도 불구하고 한국 정부가 우리의 합의 도출 능력을 신뢰한다면 미국은 상호 협력의 범위에 대해 조속히 합의한다는 목표 아래 원자력의 평화적 이용 분야에서의 협력에 관한 협의를 진행시킬 태세가 되어 있다.

(F) 따라서 우리는 한국과 원자력의 평화적 이용 분야에서 韓美 양국의 상호협력 문제를 협의하기 위해 가급적 빠른 시일 안에 미국의 대표단을 파견할 태세가 되어 있다. 또한 원자력의 평화적 이용 분야에서 한국·프랑스·캐나다 사이의 협력을 방해하지 않을 것이다〉

〈워싱턴 포스트〉 기자 출신인 돈 오버도퍼는 《두 개의 한국》이란 책에서 "이 에피소드는 미국이 마음만 먹으면 남한 정부가 아무리 완강한 의지력으로 추진하는 일이라도 능히 저지할 수 있음을 보여주었다"고 평했다.

사태가 일단락된 후 스나이더 대사는 브렌트 스코우크로프트 안보보좌관에게 보낸 電文에서 "가장 걱정스러운 것은 한국이 핵무기와 미사일을 개발하여 독자적인 생존을 추구하고 자주성을 회복하고자 하는 朴 대통령의 열망과 의지"라고 지적했다. 그는 朴 대통령이 이런 모험을 하게 된 데는 미국 측의 태도에도 문제가 있다고 했다.

스나이더 대사는 1975년 6월 미국 정부에 대해서 韓美관계를 전면적으로 再검토하여 새로운 관계 정립을 할 필요가 있다는 12페이지 보고서를 제출한 바 있었다. 이 보고서에서 그는 "미국의 불확실한 태도 때문에 朴 대통령은 언젠가 닥쳐올 주한미군 철수에 대비하고 있고, 그 대책으로서 남한內에서 반대자 탄압과 핵무기 개발을 추진하고 있다"고 분석했었다.

柳炳賢(유병현) 당시 합참본부장은 "朴 대통령은 핵무기 개발을 중지하라는 지시를 내릴 때 깔끔하게 했다. 관련 서류나 시설을 숨겨놓고 비밀개발을 계속하라는 식의 지저분한 지시가 아닌 깨끗한 단념이란 느낌을 받았다"고 했다. 물론 그 뒤 朴 대통령은 원자력 발전의 기술 사이클을 완성한다는 목표를 세우고 핵무기 개발에도 쓰일 수 있는 관련기술을 개발하고 미사일 발사에도 성공하지만, 핵폭탄을 직접 제조한다든지 플루토늄을 밀수입하는 식의 시도는 해본 적이 없다. 미국측도 플루토늄 再처리 시설이 없다면 핵무기는 만들 수 없다는 것을 잘 알고 있었으므로 핵개발 문제는 이로써 종결된 것으로 이해하게 되었다.

10

金泳三의 失機,
1994년 北爆 반대

유리한 高地에 섰을 때 공격을 하지
않으면 불리한 처지에서 수비를 해야 한다.
지금 한국은 핵무기가 없고,
북한은 핵미사일을 갖고 있다.
1994년의 기회를 놓친 代價(대가)이다.

金泳三의 失機,
1994년 北爆 반대

　아래는 1994년 6월 北核 위기 때 金泳三 당시 대통령이 무엇을 했는
가를 본인이 스스로 회고록에서 밝힌 내용이다. 그는 미국이 북한의 핵
개발 시설을 폭격하려고 하는 것을 막았다고 주장한다. 이는 좀 과장된
표현이다. 미국의 클린턴 정부는 對北제재의 여러 방법 중 하나로 영변
폭격을 검토하고 있었지 확정된 계획은 아니었다.

　김영삼은 퇴임 후 그때 폭격을 하였더라면 북한의 반격으로 全面戰
(전면전)이 일어났을 것이라고 썼다. 이 또한 검증되지 않는 추론이다.
당시 북한은 핵무기가 없었다. 중국도 지금처럼 강력하지 않았다. 러시
아의 옐친은 지금의 푸틴보다 親서방적이었다. 북한은 폭격을 당하고
가만있었을 가능성이 더 높다. 반격을 했다고 하더라도 局地的(국지적)
이었을 것이고 全面戰은 무리였다. 핵무기도 없고, 고립된 상태에서 멸
망으로 갈 것이 뻔한 전면전을 일으켰을까?

　오히려 김영삼 대통령은 北爆(북폭)을 망설이는 클린턴 행정부를 압

박하여 핵개발의 禍根(화근)을 도려냈어야 옳지 않았을까? 이렇게 말할 수 없었나?

'핵무장한 북한과는 공존할 수 없습니다. 더구나 한국에 배치되었던 미군 전술 핵무기까지 나가지 않았습니까? 우리가 핵폭탄을 가진 깡패 앞에서 벌거벗은 채 있을 수는 없습니다. 북한의 핵시설을 폭격하면 그들이 도발할지 모르지만 韓美동맹으로 대응하면 됩니다. 다소간 피해가 있다고 해도 미친 집단이 핵무기를 손에 넣는 것보다는 낫습니다. 우리 같이 합시다.'

유리한 高地에 섰을 때 공격을 하지 않으면 불리한 처지에서 수비를 해야 한다. 지금 한국은 핵무기가 없고, 북한은 핵미사일을 갖고 있다. 1994년의 기회를 놓친 代價(대가)이다.

〈내가 러시아에 머물고 있는 순간에도 북한 핵문제는 긴박한 대치 상태로 치닫고 있었다. 6월3일 오후 7시15분 크렘린宮 내 영빈관에 머물고 있던 나에게 로마를 방문 중이던 클린턴 대통령이 전화를 걸어 왔다. IAEA(국제원자력기구)가 막 북한과의 핵 협상 실패를 선언한 직후였다. 한스 블릭스 IAEA 사무총장은 3일 유엔안보리에 출석해 "연료봉 교체에 대한 사찰 실패로 북한의 과거 핵 물질 전용 여부에 대한 검증이 불가능해졌다"면서 국제사회의 강력한 조치를 요구했다. 金日成은 이에 대해 "완전히 벌거벗느니 전쟁을 택하겠다"고 말하고 있었다.

나와 클린턴 대통령은 35분간의 전화 통화를 통해 북한 핵문제에 대한 대응 방안을 협의했고, 현시점에서는 북한에 대한 유엔 제재 결의안을 추진할 수밖에 없다는 데 의견을 같이했다. 클린턴 대통령은 나에게 6일쯤 안보리에 對北 제재 결의안을 상정하겠다는 의사를 밝혔다.

바야흐로 對北 제재 일정에 가속이 붙고 있었다. 나는 클린턴에게 북한 핵문제가 대화로 풀리지 않은 데 대해 유감을 표시한 뒤 "한국정부는 이 결의안이 통과될 수 있도록 관계국들과 긴밀히 협조해 나가겠다"고 밝혔다. 클린턴 대통령은 이날 옐친 러시아 대통령에게도 전화를 걸어 북한 핵문제를 유엔 안보리에서 다룰 수밖에 없게 됐다는 입장을 전달하고 협력을 요청했다.

북한은 IAEA와 협상을 결렬시킨 직후 "현재의 핵개발 계획을 한 차원 높은 단계로 진척시킬 것"이라고 위협하며 미국과의 협상을 요구하는 등 시간을 끌어보려 했다. 하지만 클린턴 행정부는 미·북 3단계 고위급 회담을 취소하는 등 對北제재가 불가피하다는 방향으로 급선회하고 있었다.

한반도가 일촉즉발의 위기 상황으로 치닫고 있을 때의 일이다. 6월16일 오전 안보수석으로부터 내게 이런 보고가 올라왔다. '레이니 駐韓(주한)대사가 내일 기자회견을 합니다.'

그 내용인즉 '회견 직후 주한 미군 가족과 민간인 및 대사관 가족을 서울에서 철수시킨다'는 것이었다. 나는 깜짝 놀랐다. 미군 가족이나 대사관 직원들을 철수하는 것은 미국이 전쟁 일보 직전에 취하는 조치였다. 미국은 유엔 제재와 별도로 北爆(북폭)을 감행하려고 하고 있었던 것이다. 더욱이 레이니 대사도 딸과 손자·손녀에게 한국을 떠나라고 지시해 두었다는 것이었다.

나는 미국이 북한의 핵무기 개발을 막기 위해 유사시 寧邊(영변)을 폭격할 계획을 세워놓았다는 것은 사전에 알고 있었다. 항공모함과 순양함이 北爆에 대비해 동해안으로 접근해 있었다.

寧邊과 平壤(평양)은 대대적인 미군 폭격기의 空襲(공습)과 함포사격의 사정권 안에 놓여 있었다. 하지만 미군의 폭격이 이뤄질 경우 그 즉시 북한은 휴전선 가까이 전진배치되어 있는 엄청난 규모의 화력을 남한을 향해 쏟아부을 것이 불을 보듯 뻔했다.

미국은 북한의 핵개발 가능성을 폭격으로 저지할 수 있겠지만 可恐(가공)할 인명 살상의 참화가 한반도를 초토화시킬 것이었다. 유엔을 통한 국제사회의 제재가 진행되고 있는 상태에서 민족의 共滅(공멸)을 가져올 '선제 北爆(북폭)'을 감행한다는 것은 상상할 수 없는 일이었다.

北核 제재의 이유는 핵 위협을 제거함으로써 한반도의 평화와 민족의 생존을 확보하기 위한 것이었으며, 한·미 양국軍이 비상경계에 들어간 것도 어디까지나 好戰的(호전적)인 북한 정권에 대한 억지력을 확보하려는 것이었을 뿐 한반도에서의 戰爭(전쟁)을 목표로 삼은 것은 아니었다.

16일 오후 나는 비밀리에 집무실로 레이니 주한미국 대사를 불러 단독으로 1시간 동안 요담했다. 레이니 대사는 나와 오랜 친구였으며, 클린턴 대통령이 외교관이 아닌 레이니를 주한대사로 임명한 이유도 나와 문민정부에 대한 미국의 友好(우호)를 표시하기 위한 뜻이있다.

하지만 민족의 존망이 걸린 문제를 앞에 두고 나는 레이니 대사에게 강력하게 경고하지 않을 수 없었다.

"클린턴 대통령이 이럴 수가 있습니까! 레이니 대사, 당신은 나와 오랜 친구가 아니오. 미국이 북한을 폭격하면 그 즉시 우리 남한도 북한의 포격에 의해 초토화됩니다. 내가 분명히 말하지만 내가 있는 한 전쟁은 절대 안 되고 가족 등 미국인들의 소개도 안 됩니다. 지금 바로 클린턴 대통령에게 연락해 내 이야기를 분명히 전하세요. 나는 한국군의 통수권자로서 우리 군인 60만 중에 절대 한 사람도 동원하지 않을 겁니다. 미국이 우리 땅을 빌려서 전쟁을 할 수는 없어요. 전쟁은 절대 안 됩니다."

내가 레이니 대사를 비밀리에 청와대로 부른 것은 너무나 위급한 상황이었기 때문이다. 내가 재임 중 외국 대사와 단 둘이 따로 만난 것은 이날 레이니 대사를 만난 것과 황장엽 망명 당시 강택민 주석에게 내 뜻을 전달토록 하기 위해 張庭延(장정연) 중국대사를 만났을 때, 단 두 번뿐이었다.

레이니 대사는 새파랗게 질린 얼굴로 대사관으로 돌아갔다. 그날 밤 외교안보수석이 "미국 대사가 회견을 일단 연기했습니다"하고 보고해 왔다. 레이니 대사가 나와 만난 직후 직접 백악관의 클린턴 대통령과 전화통화를 했다는 보고였다. 나는 일단 숨을 돌렸다. 그날 새벽 미국의 클린턴 대통령으로부터 전화가 걸려왔다. 나는 클린턴 대통령에게 거세게 몰아붙였다.

"클린턴 대통령, 이게 말이 됩니까. 내가 대통령으로 있는 이상 우리 60만 군대는 한 명도 못 움직입니다. 한반도를 전쟁터로 만드는 것은 절대 안 됩니다. 전쟁이 나면 남북에서 군인과 민간인이 수없이 죽고 경제는 완전히 파탄 나며 외국자본도 다 빠져나가게 돼요. 당신들이야 비행기로 공습하면 되지만, 그 즉시 북한은 휴전선에서 남한의 주요 도시를 일제히 포격할 겁니다. 우리가 6·25 때 수없이 죽었는데 지금은 무기도 훨씬 강력해졌어요. 전쟁은 절대 안 됩니다. 나는 우리 역사와 국민에게 죄를 지을 수는 없소."

한·미 정상간 핫라인을 설치하면서 "24시간 어느 때라도 서로 원하면 통화할 것"을 약속했지만 전화를 걸어온 클린턴 대통령은 내가 잠들어 있을 새벽에 전화하는 것이 미안했는지"내 평생의 즐거움이 김영삼 대통령 각하의 목소리를 듣는 겁니다"라며 인사했다. 하지만 나는 그날도 뜬눈으로 밤을 지새우고 있었다. 그 즈음은 내 재임 중 가장 고뇌했던 한 시기였다. 미국이 아니더라도 유엔 제재가 본격화되면 북한이 언제 남한을 선제 공격할지도 모르는 일이었다. 북한의 핵개발을 봉쇄하면서 동시에 전쟁이 일어나는 것도 절대 막아야 했다. 나의 강력한 추궁에 클린턴 대통령은 억지로 밝은 목소리로 인사를 하고 전화를 끝냈다.

6월17일 카터 前 대통령은 金日成과 평양의 대동강 요트선상에서 2차 회담을 갖고 CNN과 회견했다. 카터 대통령은 김일성에게 미국이 對北 제재 중단, 3단계 북·미회담 재개, 경수로 제공 등의 의사가 있음을 밝혔고, 김일성은 NPT복귀를 비롯해 미국과의 관계개선을 위해 모든 것을 다할 생각이라고 말했다는 보도였다.

백악관은 일단 對北 제재의 중단이 미국의 공식 입장이 아니라고 밝혔고 아직은 북한의 眞意(진의)를 속단하기는 어려웠다. 하지만 이로부터 전쟁위기로까지 치달아 가던 위급한 상황은 간신히 한 고비를 넘어가는 듯했다.

나는 6월18일 판문점을 거쳐 서울에 온 카터 대통령 내외와 청와대에서 부부동반으로 오찬 겸 회담을 했다. 카터 대통령은 뜻밖에도 金日成의 제안을 가지고 왔다.

"김일성 주석이 김영삼 대통령께 언제 어디서든 조건 없이 만나고 싶다고 전해달라고 했습니다."

김일성이 남북 정상회남이 빠르면 빠를수록 좋겠다고 말했다는 것이었다. 카터 대통령은 대동강에서 자신과 로잘린 여사, 그리고 김일성과 부인 김성애가 뱃놀이를 하는 도중, 자신이 김일성에게 "위기를 극복하려면 남한의 김영삼 대통령과 반드시 만나셔야 합니다. 두 분이 만나시는 게 가장 중요합니다"라고 말했더니 김일성이 그 자리에서 "좋습니다. 기꺼이 만나겠습니다"하고 흔쾌히 승낙을 하더라고 말했다.

그래서 "그러면 김영삼 대통령하고 내가 내일 청와대에서 오찬을 하기로 돼 있는데 그때 전달해도 되겠습니까"하고 했더니 역시 좋다고 하더라는 것이었다.

나는 카터 대통령의 설명을 들은 즉시 남북 정상회담 제의를 수락했다. 나는 카터 대통령이 가지고 온 김일성 주석의 제안을 받아들이는 것이 옳다고 생각했다. 갑작스런 제의였지만 남북 정상이 직접 만나게 된다면 그것은 북한 핵문제 해결과 남북관계 진전, 그리고 한반도에 평화를 가져올 수 있는 유익

한 계기가 될 수 있을 터였다.

혹시라도 김일성의 제의가 단순한 선전용 발언이었다고 한다면 그러한 거짓말은 곧 백일하에 드러날 것이고 그렇게 되면 북한은 중국이나 러시아의 암묵적 지원을 얻는 것조차 불가능해지는 등 국제사회에서 회복불능의 상태로까지 빠져들 것이었다.〉

미국의 전쟁 준비 祕話 (정리: 김필재 기자)

1994년 6월 클린턴 대통령은 민감하고 중대한 위기를 초래할지 모르는 외교 문제에 직면해 있었다. 미국은 1993년 3월12일 일방적으로 NPT(핵확산금지조약) 탈퇴를 통고한 북한이 핵무기를 보유하고 있는지를 알아내기 위해, 또 국제사회에서 고립된 이 독단적인 공산정권의 핵무기 개발 의도를 저지하기 위해 1년 가까이 협상을 벌여오고 있었다.

1994년 5월, 중단을 거듭하며 이어져 왔던 북한과의 협상이 갑자기 결렬될 기미를 보였고, 그해 6월13일 북한은 결국 IAEA(국제원자력기구)를 탈퇴함으로써 북핵 사태는 최악의 상황을 연출하게 됐다. 미국의 협상단과 국제적인 확산금지 운동을 비웃기라도 하듯 북한은 5MWe(메가와트) 원자로의 爐心(노심)을 드러내고 핵무기 5개를 제조하기에 충분한 플루토늄을 연료봉에서 추출한 것이다. 당시의 긴박했던 상황은 당시 미 국방장관이던 윌리엄 페리의 책 《Preventive Defense: A New Security Strategy for America》(Brookings Institution Press, 1999)에 자세히 기록되어 있다.

〈나는 살리카시빌리 합참의장과 주한미군 사령관 게리 럭 장군에게 '작전

계획 5027'(전면전 대비계획)을 점검할 것을 지시했고, 북한 핵시설 제거를 위한 비상계획을 재점검하도록 지시했다. 우리는 비상계획을 통해 북한 핵시설을 파괴할 수 있지만, 문제는 북한의 對南 보복 가능성이었다. (중략) 1994년 6월14일 나는 군 수뇌부 회의를 소집했는데 이 자리에서 게리 럭(Gary E. Luck) 주한미군 사령관은 작전계획 5027 실행방안에 대해 상세히 보고했다. 나는 대량살상무기 사용이 포함될 수 있는 전쟁이 일어날 직전에 와 있음을 직감했다.〉

당시 미국의 입장은 분명했다. 만약 북한이 핵무기를 이미 보유하고 있다는 사실이 알려지면 아시아에서 핵무기 개발 경쟁을 유발할지도 모를 일이었다. 뿐만 아니라 핵무장을 한 북한이 이란이나 이라크와 같은 '깡패국가(rogue state)'나 테러조직에게 무기를 수출할 우려도 만만치 않았다. 전쟁 위협은 허풍에 지나지 않는다는 것이 대다수의 의견이기는 했으나, 미국으로서는 북한 핵의 확산을 막기 위해 전쟁에 대비를 하지 않을 수 없었다.

6월 중순 미 행정부 관리들은 1만 명의 미군을 한국에 증파하는 계획을 은밀히 추진했고, 전쟁에 대비해 미국이 취해야 할 제1단계 조치들에 대한 계획도 확정했다. 한편, 북한의 수도 평양에서는 호전적인 언사가 난무했으며 등화관제가 실시됐다. 물론 대다수 해외 관측통들은 한국전쟁의 재발 가능성을 매우 희박한 것으로 간주했다. 그러나 거의 마비 상태에 빠져버린 협상을 오랫동안 이끌어 온 미국 관리들은 군사적 충돌 없이 핵문제를 해결할 가능성은 거의 없는 것으로 보고 있었다.

당시 미국 朝野(조야)는 강경론으로 들끓었다. 6월 중순 실시된 타임/CNN의 여론조사에서는 응답자의 과반수에 가까운 47%가 북한의 핵 시설에 대한 유엔의 군사행동을 선호하는 것으로 나타났다. 반면 군사행동을 반대하는 여론은 40%였다. 특히 6월15일자 워싱턴 포스트지의 칼럼은 많은 사람들의 시선을 끌기에 충분했다. 브렌트 스코크로프트(Brent Scowcroft, 전 국가안보 보좌관)와 아놀드 캔터(Arnold Kanter, 전 국무부 차관)는 공동기고문에서 "북한이 IAEA의 전면적인 사찰을 허용하지 않을 경우, 미국은 북한의 재처리 시설들에 대하여 공격을 개시해야 한다"고 주장했다.

전쟁에 대한 생각은 이미 정계에서도 널리 퍼져 있었다. 6월16일 미 상원은 "북한으로부터의 공격을 저지하고, 만약 필요하다면 격퇴시키기 위해 모든 필요한 조치들을 취해야 한다"는 존 맥케인(John McCain) 상원의원의 수정안을 승인하기도 했다. 펜타곤(Pentagon)은 對北제재 방안을 강구하기는 했으나 어디까지나 전쟁을 마지막 대안으로밖에 생각하지 않았다. 이에 대해 토머스 플래너건(Thomas Flanagan) 대령은 당시 펜타곤의 분위기를 이렇게 표현했다.

"군부는 전쟁의 결과를 너무나 잘 알고 있다. 많은 사람들이 죽기 때문이다. 그런데 미국 국민은 이 점을 이해하지 못하고 있는 것 같았다. '사막의 폭풍'작전은 미국인들의 마음에 허황된 인상을 심어줬다. 이것은 우리가 깨끗한 전쟁, 즉 미국인들은 죽지 않는 전쟁을 치를 수 있다는 망상이었다."

한편, 전쟁을 치르는 데 소요되는 경비와 인명 피해의 윤곽을 클린턴 대통령에게 보여주기 위해 합동 참모본부는 1994년 5월 말 이미 모든 지역 사령관과 4성 장군들을 워싱턴으로 소집해 한반도 문제를 토의했다.

게리 럭 장군의 추산에 의하면 한반도에서 새로운 전쟁이 일어날 경우 미군은 8만~10만 명이 사망하고 한국군은 수십만이 사망할 것이라고 밝혔다. 더구나 플래너건 대령은 서울이 공격 받으면 "민간인들의 희생 역시 엄청날 것"이라고 밝혔다. 경비면에서 보더라도 제2의 한국전쟁은 걸프전에 소요된 600억 달러를 훨씬 넘어 1조 달러에 달할 것으로 럭 장군은 추산했다.

워싱턴에서 전쟁 결과에 대한 얘기가 나돌자 그레그 전 대사는 서울은 고도의 긴장감이 감돌고 있으며 불안감이 피부로 느껴졌다고 말하기도 했다. "한국 증시는 이틀 만에 25퍼센트나 떨어졌다. 패트리어트 미사일은 이미 도착했고 다른 무기들도 속속들이 들어오고 있었다. 우리는 당시 병력 이동에 대비해 모든 시스템을 점검하는 중이었다. 군부에서도 정말로 전쟁이 임박했다고 믿는 이들도 적지 않았다."

1994년 6월16일, 미국의 클린턴 대통령은 백악관에서 對北제재에 대비해 한반도에 군사력을 강화하는 조치를 승인하기 위한 안보회의를 소집했으며, 펜타곤은 對北 제재 강도에 따른 세 가지 대안을 제시했다. 그 중 펜타곤이 선호한 대안은 병참 부문을 담당할 2만 3000명의 병력을 우선 배치한다는 것이었다.

이는 당시 주한미군 사령관이었던 게리 럭 장군이 한반도에 전쟁이 발발할 경우 추가적으로 필요하다고 한 40만 병력의 선발대 격이었다. 두 번째 대안은 추가로 전투기를 포함해 30~40대의 항공기를 한국에 급파하고 괌(Guam)에는 영변 핵 시설에 대한 초정밀 폭격을 위해 F-117 스텔스 전폭기를 배치한다는 내용이었다. 세 번째 대안은 한반도 지역에 항모를 배치하고 육군과 해병대를 파견한다는 내용이었다.

갈루치(Robert Gallucci) 전 미 국무부 차관보는 이날 일을 이렇게 회고 했다.

"당시 우리는 동북아시아에서의 미군 병력을 정치적으로나 군사적으로 신뢰할 수 있는 수준까지 증강하기로 결정했다. 미국 대통령은 허세를 부린 것이 아니다. 우리들 역시 마찬가지였다."

갈루치와 주변에서는 미국의 추가 병력 투입이 북한을 벼랑 끝으로 몰지나 않을까 우려했으나 전쟁을 피하기 위한 더 나은 대안이 없어 보였다.

한편, 당시 클린턴의 정책을 공공연하게 비판해왔던 지미 카터 전 대통령은 6월 초 클린턴에게 전화를 걸어 북한이 분쟁 조절을 위해 평양에서 자신을 초청했다고 말했다. 이때 미 행정부 관리들의 반응은 막연한 희망에서부터 공포에 찬 경악에 이르기까지 매우 다양했다. 6월5일 갈루치 국무부 차관보는 카터를 달래려고 애틀랜타로 날아가 당시 상황을 브리핑했으며 이는 카터의 방북 의지를 더 굳히는 결과를 가져왔다.

클린턴은 선택의 여지가 점점 좁아져 감에 따라 카터가 정부 대표가 아닌 개인 자격으로 평양을 방문한다는 조건을 명백히 한 뒤 訪北을 허락했다. 이에 카터는 6월13일 서울을 거쳐 15일 평양에 들어갔다.

카터는 김영남 북한 외교부장으로부터 "IAEA 사찰단이 곧 축출될 것이며, 3단계 고위급 회담이 재개돼 협상이 타결되기 전에는 다시 받아들이지 않을 것"이라는 말을 들었다. 북한 측은 카터를 좋아했다. 전직 대통령이란 그의 지위 때문이기도 했지만 카터는 1976년 대선 유세 때 주한미군 철수를 약속한 적이 있었기 때문이다. 북한은 그런 카터를 이용했던 것이다.

카터는 북한 측의 강경자세에 실망하고 놀란 나머지 다음날 새벽 3시 보좌관 마리온 크릭모어(Marion V. Creekmore, 전직 대사)를 판문점으로 보내 워싱턴에서 연락이 오면 회담이 실패했다는 소식을 클린턴에게 전하도록 준비시켰으나 그 소식은 미국에 도착하지 않았다. 그날 아침 김일성이 뜻밖의 제안을 해왔기 때문이다.

그날(16일) 북한의 핵 개발 프로그램을 '동결'해야 한다는 카터의 주장에 김일성은 잠정적으로 핵 프로그램을 중단시키겠으며, 미국이 경수로 공급을 약속하면 항구적인 동결도 고려하겠다고 말했다. 이 내용이 카터와 동행한 CNN 취재팀을 통해 全세계로 송출됐다. 이 같은 김일성의 제의는 워싱턴 관리들을 놀라게 했다. 같은 시간 미 행정부는 한국에 1만 명의 추가 병력을 투입하는 문제를 논의하고 있었다. 워싱턴 시간으로 16일 오전 10시30분경, 안보회의가 열리고 있던 바로 그 시각이었다.

크리스토퍼 국무장관은 카터를 무시하고 제재 조치를 계속 밀고 나가자고 제의했으나, 클린턴은 김일성의 요구를 받아들여 "오늘의 진전이 북한이 진정으로 핵개발을 동결하겠나는 섯을 의미한다면, 우리는 기꺼이 고위급 회담 재개에 동의한다"는 성명을 발표함으로써 군사충돌의 위기는 피할 수 있게 되었다.

1994년 6월 북한 핵 사태로 인해 한반도에 戰雲이 감돌고 있을 무렵 한국정부는 정치적 부담이 큰 스캔들로 상당한 위기를 맞고 있었다. 김영삼 정부는 대선 정치 자금 수수 문제로 인해 곤혹을 치루고 있었으며, 이에 대한 국정조사가 진행 중이었다. 여기에 언론의 관심이 집중되어 있었다. 이러한 상황에서 미군의 병력 증강을 통보받은 레이니 대사는 청와대로 가서 주한 미국인을 疎開(소개) 시켜야겠다고 통보했다. 그제야 한국정부는 미국이 전쟁을 계획하고 있다는 것을 알아채고 우왕좌왕 하기 시작했다.

당시 한미 양국은 겉으론 빈틈없는 공조체제를 외치고 있었지만 내부적으로는 이미 심각한 균열현상을 일으키고 있었다. 1994년 2월14일 공개된 美 의회 조사국(CRS)의 내부 보고서에 따르면 북핵문제에 대한 한미 간 접근 방식의 차이가 미국의 對북한 핵 정책 수립에 큰 부담이 된다고 보고 있었다. 즉 김영삼 정부가 북한 핵에 대한 단기적 영향에 더 많은 비중을 두고 접근함으로써 全세계적 핵 확산 방지 차원에서 파악해 온 미국과 다른 시각을 보여 왔다는 것이었다.

미국은 그들의 대외정책에 대해 공동보조로 나아가야 할 한국이 중요한 시점에서 이견을 보일 때마다 당혹해 했다. 김영삼 전 대통령은 취임 연설에서 "동맹보다도 민족이 앞선다"고 발언했다가 그 뒤에는 "핵을 가진 자와는 대화를 할 수 없다"고 발언함으로써 對北정책의 일관성을 유지하지 못했다. 그러다가도 미국이 북한에 강하게 나가면 전쟁이 난다고 매달려 말리고 유화적으로 나가면 북한에 휘둘린다고 미국을 비판하기도 했다.

이처럼 일관성 없는 한국정부의 對北정책은 결국 동맹국인 미국으로부터 신뢰를 얻지 못하게 만들었다. 이는 결과적으로 한국의 死活이 걸린 북한 핵문제를 미국과 북한이 결정하는 문제로 만들었으며 자주성과 주도권을 상실, 美北 제네바 협상 全과정에서 철저하게 소외됐다.

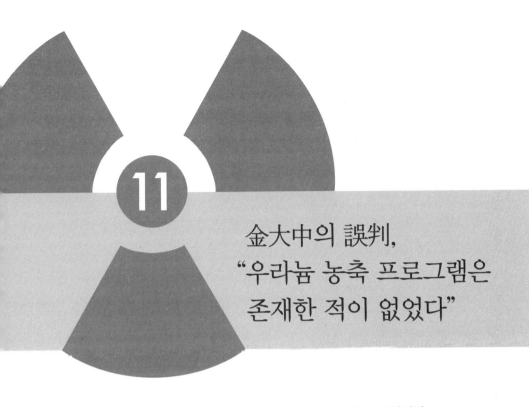

11

金大中의 誤判, "우라늄 농축 프로그램은 존재한 적이 없었다"

우라늄 농축을 부정하고 김정일과
주한미군 중립화(무력화)에 합의

金大中의 誤判,
"우라늄 농축 프로그램은
존재한 적이 없었다"

北의 핵개발을 사실상 도운 사람

김대중 평화 센터 홈페이지엔 〈르몽드(Le Monde, 프랑스 신문)와 가진 김대중의 퇴임 후 인터뷰 기사가 올라 있다. 2007년 4월에 한 인터뷰인데, 다시 읽어보니 그가 북한의 核에 대하여 엄청난 誤判(오판)을 하고 있었음을 알 수 있었다. 이런 사람이 대통령이 되어 北核 위기를 다루었다는 게 믿어지지 않을 정도의 誤判이다.

그는 김정일과 만나기 위하여 현대그룹을 앞세워 核을 개발 중이던 김정일에게 5억 달러의 금품을 지원하도록 하였다. 노벨 평화상 위원회는, 北의 핵개발을 사실상 도운 사람, 그리하여 한반도의 평화를 위태롭게 한 사람에게 상을 준 셈이다.

우선 아래 인터뷰 기사를, 밑줄을 그으면서 읽어보자.

북한체제, 좋든 싫든 중국의 자취 따라 변화 중
2007년 4월15~16일자, 국제면, Philippe Pons

르몽드: 북경 6자회담의 2·13 합의를 기해, 북핵 프로그램 해체의 험난한 여정이 시작되었다. 이 과정이 결실을 맺게 되리라고 생각하는가?

김대중 전 대통령(이하 김대중): 이번에는 성과가 있으리라고 본다. 북한과 미국은, 각국 나름대로의 이유로, 전략적 선택을 했다. 북한의 핵야욕에 대한 해결책을 찾기 위해서는 세 가지의 선택 가능성이 있다. 첫째, 군사력을 사용하는 방법이 있다. 그러나 중국, 한국, 러시아뿐 아니라 일본조차도 이에 대해 반대하고 있고, 북한이 군사적 공격에 대해 저항할 경우, 한반도에서는 1950~1953년 한국전쟁 이후 다시 참혹한 재앙을 겪는 결과를 낳게 될 것이다. 한국 국민들은, 이 같은 재앙을 겪을 가능성에 대해, 확고히 반대하는 입장이다. 두 번째로는, 경제적 징계조치로 평양정권의 숨통을 죄어서 넘어뜨리는 방법이다. 그러나, 북한은 궁핍함도 견딜 수 있음을 입증해 보였다. 그리고 그 경우, 중국이 원조를 거부한 채 북한을 내버려 두지는 않을 것이다. 게다가, 궁지에 몰린 평양이 군사 기술을 팔아넘기려는 유혹을 느끼게 될 수도 있다. 따라서, 징계의 효율성은 의문의 여지가 있다. (이런 견지에서 볼 때) 대화만이 (유효한) 선택 가능성으로 남는다.

르몽드: 이번에는, 합의 이후 시작된 이행 과정의 결실이 맺어질 것이라고 생각하게 되는 근거는 무엇인가?

김대중: 부시 행정부는 막다른 골목에 이른 것과 같은 처지이다. 군사적으로 근동과 아프가니스탄에서 진창에 빠져 있는 상황이고, 평양에 대한 경제적 징계 조치들은 효과를 보지 못했으며, 이라크 전쟁은 실패했다. 부시의 정

책이 평양의 핵 개발을 막는 것을 목표로 했다고 가정하면, 북한과도 실패한 것이 된다. 하지만, 바로 이러한 이유 때문에, 부시에게는 북핵 위기 타결이 임기 기간 동안 본인의 외교적인 성공의 자취를 남길 수 있는 유일한 기회가 된다. 평양 정권은, 진퇴유곡의 상황에 처한 자신들의 처지를 인식하고 있다. 북한은 에너지와 경제적 지원을 필요로 한다. 중국의 인내심도 일종의 한계에 이르렀다. 미국이 양보를 하는데도 평양이 계속 뻣뻣하게 나온다면, 북경 측은 더욱 화를 낼 것이다. 일본이나 타이완이 북한의 사례에 고무되어 핵무기를 갖추려 할 가능성이 높아진다고 보면서…

르몽드: 평양이 플루토늄 생산을 멈추고 핵무기도 포기할 태세가 되었다고 보는가?

김대중: 미국과 국제사회가 평양정권에 (체제) 안전보장을 충분히 해 준다면 가능하다고 본다. 평양은 정권 안전보장의 대가로 무기를 포기할 준비가 되어 있다는 입장을 늘 표방했다. 한반도 비핵화는 김일성이 바라던 바이기도 하다. 북한 사람들은 신뢰할 수가 없다는 말이 나올 수도 있다. 하지만 최소한, 그들이 성의가 있는지 테스트는 해 보아야 할 것이다.

르몽드: 2003년 미 국무 차관보 제임스 켈리가 북한이 우라늄 농축 비밀 프로그램의 존재를 시인했다고 밝힘으로써 유발된 (2차) 북핵 위기로부터 어떠한 교훈을 얻었는가?

김대중: 미국의 공화당은, 1994년의 북미조약을 받아들인 적이 없었다는 사실을 기억해야 한다. 공화당 측은 1994 북미조약을 무산시키기 위해 모든 수단을 다 동원했고, 조지 부시가 집권하면서 이에 성공했다. (그러나 이러한 공화당 측의 태도는) 2006년 10월, 북한이 핵실험을 하는 사태로 귀결됨으로써, 6년이라는 세월이 허비된 셈이 됐고, 평양 핵 야욕에 대한 잠금 장치(1994 북미조약)가 존재했던 그 전보다 더욱 위험한 상황에 이르게 되었다. 이 같은 위

기로부터 얻은 교훈이라면, 부시 행정부의 정책은, 핵 위기 타결의 의지보다는 북한정권 타도를 유발시키려는 의지가 더 크게 반영되었다는 점이다.

르몽드: 북한의 우라늄 농축 프로그램에 관련해서 어떤 견해를 갖고 있는지?

김대중: 난 제임스 켈리의 발언 내용에 매우 놀랐다. 그의 대화 상대였던 북한 대표들은, 실제로 가동되고 있는 우라늄 농축 프로그램이 존재한다고 말한 적이 없다. 그들은, "우라늄 농축 프로그램을 가질 권리가 있다"고 말했다. 그렇기 때문에 나는 당시뿐 아니라, 지금까지도, 북한에 실제로 가동되고 있는 우라늄 농축 프로그램은 존재한 적이 없었다고 생각한다.

르몽드: 앞으로 5년 동안 북한체제가 어떻게 변화할 것으로 보는가? 평양 측에서는 중국 모델과는 다른 자신들 고유의 모델을 따른다고 주장하고 있는데, 이에 대해 어떻게 생각하는가?

김대중: 좋든 싫든, 북한체제는 중국 또는 베트남의 자취를 나라 변화해 가고 있다. 지금까지 속도는 느리지만 돌이킬 수 없는 변화의 움직임이다. 북한에 대한 국제사회의 적대감이 누그러진다면, 북한의 변화가 빨라질 것으로 확신한다. 그렇지 않으면, 변화는 좁은 보폭의 움직임으로 진행될 것이다. 대화를 하며 접촉 및 교류 기회를 확대하는 것만이 신뢰의 분위기를 만듦으로써 개방을 촉진할 것이다. 민주주의는 외부로부터 강요될 수 없다. 북한에서든 다른 어느 곳에서든.

* 김대중: 노벨 평화상 수상, 前 한국 대통령(1998-2003), 북한과의 화해 주창자

우라늄 농축의 實在 부정

〈김대중: 난 제임스 켈리의 발언 내용에 매우 놀랐다. 그의 대화 상대였던 북한 대표들은, 실제로 가동되고 있는 우라늄 농축 프로그램이 존재한다고

말한 적이 없다. 그들은, "우라늄 농축 프로그램을 가질 권리가 있다"고 말했다. 그렇기 때문에 나는 당시뿐 아니라, 지금까지도, 북한에 실제로 가동되고 있는 우라늄 농축 프로그램은 존재한 적이 없었다고 생각한다.〉

　이 발언을 당시 김정일이 읽었더라면 冷笑하였을 것이다. 북한정권보다 더 北을 변호하고 있다. 그것도 억지로써. 아래 글에서 보듯이 북한 측은 켈리에게 분명히 우라늄 농축 사실을 인정하였다. 김대중이 존재한 적이 없다고 믿었던 그 우라늄 농축 프로그램은 2010년 북한이 미국의 헤커 박사에게 공개, 實物로도 확인되었다. 1997년 한국에 온 황장엽 전 북한노동당 비서는 안기부 조사를 받을 때 결정적 증언을 하였다. 즉 핵 개발 책임자 전병호가 1996년 무렵 황장엽에게 파키스탄으로부터 우라늄 농축 기술을 도입하기로 하였다는 말을 하였다는 것이었다.

　김대중은 국내외 고급 정보를 접할 수 있는 위치에 있었으면서도 이런 어처구니 없는 誤判을 하였다. 이제 북한은 농축우라늄으로 핵폭탄을 多量 제조할 수 있게 되었다. 이런 사태를 부른 책임의 일부는 정보 판단을 잘못한 김대중 정부가 져야 한다. 국군통수권자가 敵의 전략무기 개발에 대하여 이렇게 결정적 오판을 하였는데도 안보가 이 정도나마 유지될 수 있었던 것은 미국의 결정적 도움 덕분이다. 그런데 그 미국에 대한 김대중의 반감은 너무나 적나라하다.

反美

　〈**김대중:** 미국의 공화당은, 1994년의 북미 조약을 받아들인 적이 없었다는 사실을 기억해야 한다. 공화당 측은 1994 북미조약을 무산시키기 위해 모든

수단을 다 동원했고, 조지 부시가 집권하면서 이에 성공했다.〉

여기서도 김대중은 결정적 誤認을 하고 있다. 1994년의 제네바 합의를 깬 것은 북한이지 부시의 공화당 정권이 아니다. 북한이 제네바 합의를 어기고 우라늄 농축을 하기 시작했다. 이것이 미국에 의하여 발각되었고, 증거를 들이대자 북한정권이 違約(위약)을 시인함으로써 깨진 것이다. 김대중은 도둑을 편들고 형사를 욕하고 있는 셈이다.

악마의 대변인

〈평양은 정권 안전보장의 대가로 무기를 포기할 준비가 되어 있다는 입장을 늘 표방했다. 한반도 비핵하는 김일성이 바리던 비이기도 하다.〉

북한정권의 안전을 누가 위협했나? 미국과 한국이 가만히 있는 북한을 봉쇄하고 공격한 적이 있나? 핵무기를 개발하고 비핵화 약속도 어기니까 경제제재를 한 정도이다. 북한정권은 한미동맹 해체 및 주한미군 철수와 핵무기를 바꿀지 모르지만(바꾼 뒤엔 또 만들 것이다), 그것은 남한 공산화를 위한 길을 열어주는 것이다. 그런 안전보장은 북한을 위한 것이고, 대한민국의 안전을 파괴하는 利敵행위이다. 김대중과 김정일은 평양에서 만나 주한미군 중립화(무력화)에 합의한 적이 있는데, 이를 '안전보장'이라고 생각하는지 모르겠다.

이 인터뷰는 김대중 정부가 핵개발에 관하여 미국의 정확한 정보를 不信하고, 북한정권의 거짓말을 믿었다는 사실을 증명하는 자료이다. 고의로 그렇게 하였다면 명백한 利敵행위로서 생존하고 있는 관련자들은 수사

대상이고, 속아서 그렇게 하였다면 지금이라도 설명이 필요한 부분이다.

국정원장 시절 對北(대북) 불법송금 사건에 가담, 김정일의 해외비자금 계좌로 현대그룹이 조성한 수억 달러를 보내도록 시켰던 임동원 씨는 수년 전 자신의 회고록에서, "미국이 핵 의혹을 조작, 제네바 협정을 일방적으로 파기하였다"는 주장을 한 적이 있다. 김대중이 르몽드와 인터뷰할 때 한 말과 같다.

존 볼튼은 미국 부시 정부 시절 국무부의 군축 담당 차관보 및 유엔대사를 지냈다. 2006년 10월9일 북한이 제1차 핵실험을 하자 유엔안보리의 對北제재를 이끌어 낸 사람이다. 사치품의 對北수출을 금지시키면서 그가 한 말은 "김정일도 다이어트가 필요하다"였다.

그는 2007년 11월 《항복은 선택이 아니다》란 제목의 회고록을 썼다. 2002년 가을, 北의 불법적 우라늄 농축에 대한 미국 정부의 정책수립과정이 자세히 소개되어 있다. 미국 정보기관은 이해 여름 북한이 파키스탄의 핵개발 책임자 A. Q. 칸 박사의 도움을 받아 우라늄 농축을 추진하고 있다는 確證(확증)을 잡았다. 2002년 10월3일, 이 증거를 가지고 訪北(방북)한 켈리 국무부 차관보의 추궁에 북한의 외교부 副相(부상) 김계관은 "反北(반북)세력의 조작"이라고 반박하였다. 다음 날 강석주 제1부상은 켈리 특사에게 폭탄선언을 하였다. 그 요지는 북한이 우라늄 농축을 추진하고 있는 것은 사실이며, 이는 부시 대통령이 북한을 '惡(악)의 軸(축)'이라 부른 데 대한 직접적인 조치라는 것이었다.

강석주는 미리 정리한 내용을 읽어 가면서 "이는 黨(당)과 정부의 입장에 의거한 것이다"고 몇 차례 강조하였다. 그 자리에 참석한 미국 관리 8명은 대화록의 정확성을 확인한 뒤 워싱턴으로 보고하였다. 나중에 한국과 미국에선 북한정권이 자신들의 불법활동을 인정할 리가 없다면서 이는 통역의 잘못일 것이라고 주장하는 '쓸모 있는 바보들'이 등장한다.

2010년에 작고한 黃長燁(황장엽) 선생의 生前(생전) 증언이 있다. 1994년 제네바 협정에 따라 미국과 한국과 북한 등이 영변 핵시설의 가동 중단과 그 代價(대가)로 경수로 건설 제공에 합의한 직후 평양 심장부에서는 이런 대화가 오고갔다고 한다.

〈**강석주(북한측 대표)**: 과거의 핵개발이 걱정이었는데 그건 미국의 갈루치가 덮어 주기로 하여 해결이 되었습니다.

황장엽: 5년쯤 지나면 과거 핵개발을 미국이 사찰하겠다고 할 터인데 어떡하지요.

강석주: 그건 지도자 동지와 토론했습니다. 그때 가서는 우리가 다른 걸 가지고 나와서 처음부터 다시 시작할 것입니다.

전병호(무기개발 담당 책임 비서가 황장엽 비서에게): 핵폐기물을 땅에 파묻어 놓았는데 그 위에 아무리 나무를 심어도 말라 죽어 버립니다. 그 근처에만 가도 계기판이 작동해서 숨기기가 참 어렵습니다. 러시아에서 플루토늄을 더 들여와야 하는데 아쉽습니다. 좀 도와주실 수 없습니까?〉

1996년에 전병호는 황장엽 선생에게 이렇게 말했다고 한다. "이제 해결이 되었습니다. 파키스탄에서 우라늄 농축 기자재를 수입할 수 있게 합의되었습니다. 이제 걱정할 필요가 없습니다."

북한정권은 1994년 핵무기 개발을 포기하기로 한 제네바 협정을 맺을 때부터 다른 카드를 준비 중이었다. 北은 우라늄 농축 방식의 핵개발을 추진하면서 파키스탄의 핵개발 아버지로 불리는 칸 박사로부터 결정적인 도움을 받았다. 2001년 9·11 테러 직후 미국의 압력을 받은 파키스탄의 무샤라프 정권은 국민적 영웅인 칸 박사를 가택 연금시켰다. 그에게 북한, 리비아 등에 파키스탄의 핵개발 기술을 팔아넘긴 책임을 씌웠는데, 그런 거래는 파키스탄 軍部(군부)의 양해나 지시가 없으면 불가능한 일이었다. 칸 박사의 진술과 관련된 정보가 많이 새 나갔다. 칸은 파키스탄 조사관에게 다음과 같은 요지의 진술을 했고 이 정보는 미국으로 넘어가 관련국 사이에서 공유되었다.

"북한과 우라늄 농축 이야기를 하기 시작한 것은 1980년대 말이지만 실제로 거래가 진행된 것은 1990년대 후반이다. 나는 북에 우라늄 원심분리기 설계도와 몇 개의 분리기를 제공하였다. 농축 시설을 만드는 데 필요한 부품의 쇼핑 리스트도 주었다. 1999년에 북한을 방문하였을 때는 나에게 핵폭탄 세 개를 보여주었다. 평양에서 자동차로 한 시간 거리에 있는 산속이었다. 완성된 플루토늄 폭탄이었다."

칸의 이야기는, 황장엽 선생이 한국에 온 뒤 털어놓은 정보의 정확성을 입증한 셈이다. 황 선생을 관리하고 있던 국정원도 이 정보를 확보하였을 것이다. 국정원장을 지낸 임동원은 그럼에도 미국이 北의 核 의혹을 조작하였다고 주장하였다!

北, 파키스탄 軍 최고 수뇌부에 350만 달러 뇌물

北으로 우라늄 농축 기자재를 팔아넘겼던 파키스탄의 核개발 책임자 칸 박사에게 북한의 핵개발 책임자 전병호가 1998년에 보낸 편지는 2011년 미국 언론에 공개되었다. 영국 언론인 시몬 핸드슨이 칸 박사로부터 입수, 워싱턴 포스트에 제공한 편지였다. 편지엔 북한이 핵 관련 기술과 자재를 파키스탄으로부터 입수하기 위하여 당시 육군참모총장 등에게 350만 달러의 뇌물을 주었다는 내용이 들어 있었다. 칸이 공개한 전병호의 편지는 영문인데, 요지는 이렇다.

〈300만 달러는 제항기르 카라마트 당시 파키스탄 육군 참모총장에게, 별도의 50만 달러와 보석은 電力 장관 줄피카르 칸 중장에게 지불하였으니 합의된 대로 문서와 부품 등을 파키스탄 주재 북한대사관 직원에게 주기를 바람. 미사일 부품을 파키스탄에 갖다 주고 돌아오는 우리 비행기에 실을 수 있도록 부탁함.〉

핸드슨은 연금 중이던 칸 박사를 자주 만나 취재를 하였는데, 칸이 털어놓은 이야기를 워싱턴 포스트에 옮겼다. 이런 내용도 있었다.

〈1990년대에 전병호는 당시 파키스탄 대통령 파루크 레가리를 만났고, 핵개발 연구소를 시찰하였으며, 수십 명의 북한 기술자들이 그곳에서 연구할 수 있도록 했다.〉

2010년에 영변을 방문, 우라늄 농축 시설을 구경하였던 지그프리드 헤커 박사는 파키스탄의 역할을 이렇게 설명하였다.

〈파키스탄이 북한에 제공한 설계도와 기술자 훈련, 그리고 파키스탄이 접근할 수 있었던 물자 구입 네트워크 등이 결합되어 북한으로 하여금 우라늄 농축 시설을 가동할 수 있게 하였다.〉

칸의 증언(연금 중 파키스탄 수사 당국에 제출한 진술서)에 따르면 1996년에 파키스탄이 북한으로부터 수입한 중거리 미사일 대금을 둘러싸고 북한과 갈등이 있었다고 한다. 전병호는 문제의 편지 序頭(서두)에서 칸 박사가 이슬라마바드에 있는 북한 대표 강태윤 장군을 도와준 데 대하여 감사하였다. 강 장군은 그 직전에 총격을 당한 적이 있는데, 부인이 대신 죽었다. 육군참모총장 카라마트는 '군의 비자금' 조로 전병호로부터 50만 달러를 받은 뒤 밀린 북한 미사일 구입 대금을 지불하도록 했고, 칸 박사를 통하여 강 장군에게 추가로 더 많은 자금을 요구하였다고 한다.

북한의 강 장군은 이 제의를 받아, 파키스탄이 우라늄 농축 기술을 추가로 제공해주면 250만 달러를 더 주겠다고 했다. 칸 박사는 〈자세한 對北지원 방안에 합의한 후 내가 강 장군으로부터 받은 250만 달러의 현금을 직접 카라마트 총장을 찾아가 건넸다〉고 진술하였다.

칸 박사는 250만 달러를 세 개의 마분지 상자와 한 개의 캔버스 백에 넣어 전달하였다고 했다. 전병호의 편지엔 북한이 파키스탄의 電力 장관 줄피카르 칸에게도 별도로 50만 달러를 건네 핵물질과 관련된 거래의 편의를 봐주도록 청탁한 사실도 적혀 있다.

그럼에도 소위 햇볕정책의 실무책임자였던 임동원은 회고록에서 "미국이 핵 의혹을 조작, 제네바 합의를 일방적으로 파기하였다"고 주장하였고 김대중도 르몽드 인터뷰에서 같은 맥락의 말을 하였다.

켈리 팀은 평양에서 서울로 와서 한국 측에 방북 결과를 설명하였다. 임동원은 설명을 들은 뒤 이렇게 말하였다는 것이다.

"북한사람들의 과장되고 격앙된 발언을 그대로 받아들이는 데는 신중을 기할 필요가 있을 것이다. '왜 우린들 핵무기를 가질 수 없느냐'는 식의 표현이 고농축 우라늄 계획을 시인하는 것인지, 핵무기를 가질 권리가 있다는 것인지 모호하다. 북한은 최고 당국자와의 회담을 통하여 일괄타결을 바라는 것일 가능성이 높다."

그는 "미국의 네오콘 강경파들이 불순한 정치적 의도를 가지고 이 첩보를 과장 왜곡하는 것이 아닌가 하는 의구심을 갖고 있었다"고 했다. 북한 측이 명백하게 우라늄 농축 추진 사실을 인정하였는데도 임동원은 미국을 의심하고 김정일 정권을 감쌌다.

이런 임동원에 대하여 존 볼튼은 자신의 회고록에서 '진짜 북한정권 변명가(real DPRK apologist)'라는 경멸적 표현을 했다. 'apologist'는 辨明(변명)을 대신 해 주는 이를 가리킨다. '변호'와 '변명'은 語感(어감)이 다르다. 변호는 억울한 사람을 위하여 하는 것이고, '변명'은 '잘못에 대하여 구실을 대는 것'이다.

북한정권은 2010년 미국 전문가에게 영변에 있는 우라늄 농축 시설까지 공개하였다. 한국과 미국 정부는 이것 말고도 지하에 적어도 하나 이상의 농축 시설을 갖고 있으며 농축된 우라늄으로 매년 1~2개의 핵폭탄을 만들 수 있다고 본다. 임동원이 고의든 실수든 정보판단을 엉터리로 했다는 이야기이다. 김대중의 생각을 반영한 행동인지, 그 자신이 김대중을 오판으로 몰고 갔는지는 더 알아 볼 일이다.

임동원의 正體

국정원이 최근 공개한 노무현-김정일 대화록(2007년 10월3일)의 마지막 문장은 이렇다.

〈김정일: 오늘 아주 수고 많았습니다. 정열적으로 많이 이야기 해주셔서 고 맙습니다. 임동원 선생 건강하지요?

김만복: 예 건강합니다.〉

김정일이 安否(안부)를 물은 임동원 전 국정원장의 正體(정체)에 대하 여 전 합참의장이 문제를 제기한 적이 있다.

2012년 12월5일 부산역 광장에서 국민행동본부 주최로 열린 NLL 반역 규탄 집회 때 연사로 나온 金辰浩(김진호) 전 합참의장은 임동원 전 국정원장의 세 가지 수상한 행적을 폭로하였다.

〈첫 번째로 그는 정책간담회에서 '북한이 군사력을 증강하는 이유는 주한 미군의 戰力(전력)이 강하기 때문에 그 위협에서 벗어나기 위한 방어력 보강 이므로 駐韓(주한)미군을 유엔평화유지군으로 역할 변경시켜야 된다'는 주장 을 하였습니다. 휴전 이후 한반도의 안정과 평화유지는, 우리 군과 주한미군 의 군사력이 결합된 韓美연합에 의해 북한이 전쟁을 도발치 못하도록 전쟁억 제력의 역할을 해왔습니다. 이를 잘 알고 있는 외교안보수석이라는 사람이 주한미군의 무장을 해제시키는 PKO로의 역할변경 논리는 그때나 지금이나 북한이 주장하는 주한미군 철수와 같은 주장이었습니다.〉

임동원 당시 청와대 안보 수석 비서관은 1998년 무렵에 이미 북한군 의 입장에 서서 주한미군을 對北(대북)억지戰力이 아니라 평화유지군 으로 無力化(무력화)시키려는 의도를 드러냈다는 뜻이다. 이런 구상은 2000년 김대중-김정일 회담을 통하여 密約(밀약)으로 굳어진다. 김대 중은 이 사실을 숨기고 국민들에게 지금의 주한미군 주둔을 김정일이 양해하였다고 허위 보고하였다.

두 번째 수상한 점에 대해 김진호 예비역 대장은 이렇게 설명하였다.

〈1998년 6월 북한의 잠수정이 동해안에 침투 후 북상하다 우리 漁網(어
망)에 걸려 우리 해군이 잠수정을 나포 예인했습니다. 그때 청와대에서는 북
한의 잠수정이 "훈련 중 기관고장으로 표류했을 가능성" 등을 언론에 거론하
며 대응을 자제하도록 군에 요구했었으나 우리 군은 영해침범으로 규정하고
잠수정을 나포, 예인했습니다. 이때 잠수정 내의 북한 승무원 9명이 모두 自
爆(자폭)을 했었습니다. 북한은 이를 두고 '훈련 중 기관고장으로 표류한 잠
수정을 남한군이 인도적 구조활동을 하지 않아 북한군이 희생 되었다'며 그
들의 對南공작 활동을 우리에게 책임을 덮어 씌웠습니다.

원래 잠수정은 해서를 통해 은밀히 침투하는 공격용 무기입니다. 북한 잠
수정이 우리의 영해에 침범한 '잠수정 침투사건'인데 북한군에게 면죄부를 주
려는 임동원의 思想(사상) 배경은 무엇인지 의심하지 않을 수 없었습니다. 이
것이 두 번째입니다.〉

"제 정신인가 분노"

金 전 합참의장은 〈셋째는 1999년 6월15일, 제1차 연평해전이 있고나
서의 사건입니다〉고 했다.

〈1999년 6월6일 서해 NLL 북방한계선 일대에서 꽃게잡이를 한다는 명분
으로 NLL을 침범하기 시작한 북한의 경비정은 우리의 수차례에 걸친 경고
조치에도 불구하고 10여 일간 연일 NLL을 침범하였습니다. 6월15일, NLL을

넘어오는 북한경비정의 배꼬리를 우리 해군이 뱃머리로 들이받아 뱃몸으로 밀어내기를 하는 과정에서 북한군이 우리 경비정에 선제포격을 가해왔고 이에 우리 해군이 즉각 응사, 敵 경비정 1척을 격침시키고 어뢰정 1척을 반 침몰시키는 작전이 발생하였습니다.

이 작전의 결과로 우리 해군은 경미한 배 파손과 6명의 경상자가 발생한 반면 북한군은 30명 이상의 사망, 실종자와 경비정 1척 침몰, 경비정 4~5척 대파 및 어뢰정 반 침몰 등 참담한 패배를 당했습니다. 우리 군에는 1953년도 휴전 이래 남북 정규군 간에 벌어진 전투에서 가장 완벽하게 승리한 전투 사례로 기록되는 작전이었습니다.

이 제1차 연평해전으로 인해 局地戰(국지전)이 전면전으로 비화 될 수도 있다는 판단 아래 미국과 긴밀한 협조를 하고 북한의 전쟁도발 의지를 말살하기 위해 미국의 항공모함을 포함한 핵잠수함의 한반도 戰力(전력)전개를 연합사령관과 제가 합의하고 이를 공표하는 등 사태를 진정시켜 나가는 중 뜻밖의 상황이 발생하였습니다.

당시 국가안전보장회의(NSC) 사무처장이던 통일부 장관 임동원이 합참의 서해 연평해전 작전 경과보고를 받으면서 "우리 군이 꼭 그렇게(대응사격으로 敵 경비정을 침몰시킨 것)뿐이 할 수 없었는가?"라고 질책하는 투의 질문을 했었습니다.

敵이 NLL을 침범하고 이를 저지하는 우리 경비정을 향해 선제공격하여 우리 장병이 부상당하고 배가 파손되는 상황에서 우리는 자위권 발동을 위해 대응사격을 한 것인데 "그렇게 뿐이 할 수 없었냐?"라면 우리가 敵의 공격으로 격침이라도 당해야 했단 말입니까? 국가 안보의 최고 책임자인 NSC 사무처장의 직위에 있는 사람이 할 수 있는 말입니까? 제 정신인가 분노하지 않을 수 없었습니다.〉

"利敵행위가 역력"

김진호 장군은 전 국정원장을 利敵(이적)행위자라고 규정하였다.

〈지금까지 열거한, 함께 공직에 몸담았을 당시의 임동원의 행적을 보면 북한을 이롭게 하려는 利敵행위가 역력합니다. 더욱이 '한반도평화포럼'의 또 다른 공동대표인 백낙청이라는 사람은, 여러분도 잘 아시는 反체제의 대표적 인사였던 김지하 시인이 12월4일자 조선일보 특별기고문에서 '깡통 빨갱이'라고 지적한 바 있습니다. 이적행위를 해온 자와 '깡통 빨갱이'가 주도하고 있는 '한반도평화포럼'의 천안함 재조사 요구가 누구를 위한 것인지 명백하다고 봅니다.〉

조갑제닷컴은 김진호 장군의 이런 주장에 대하여 임동원 씨의 반론이나 설명을 들으려고 연락을 취하였으나 응답이 없었다. 임동원 씨는 국정원장이던 시절 현대그룹이 조성한 2억 달러의 불법자금을, 국정원을 시켜 김정일의 해외 비자금 계좌로 보내게 한 사람이다. 김대중-김정일 사이의 주한미군 중립화 密約(밀약)에도 깊이 간여하였다. 김정일은 그런 사람의 건강을 물은 것이다.

국군포로 송환요구를 '냉전수구세력의 방해'라고 표현

햇볕정책의 핵심 집행자 중 한 사람이고 對北불법송금 사건에도 일정한 책임이 있는 林東源(임동원) 전 국정원장이 수년 전 《피스메이커》라는 회고록을 썼다. 중앙books에서 나온 이 책의 474페이지엔 이런 대목이 있다.

《(2000년) 8·15 이산가족 교환방문 후 9월 초 우리 정부는 화해의 상징으로, 북한에 돌아가기를 원하는 비전향장기수 63명 전원을 판문점을 통해 무조건 송환했다. 분단 피해자들의 인권을 존중하겠다는 우리 정부의 성숙한 자세를 과시한 것이다.

당연히 냉전수구세력의 송환반대와 방해가 극심했는데, 이들은 '가치관의 혼란 우려', '북측의 체제선전에 이용당할 우려' 등을 들먹이며 '탈북자 및 국군포로 문제와 연계시켜야 한다'는 논리로 송환 반대 여론을 조성했다. 7년 전 이인모 노인을 비롯한 비전향장기수 송환을 반대할 때 들고 나온 논리를 고스란히 반복하고 있었던 것이다.》

임 씨의 용어선택에 문제가 있다. 63명은 비전향 장기수이기도 했지만 북한정권을 위해 복무한 간첩과 빨치산 등이었다. 양심수가 아니었다. '화해의 상징'이란 말도 맞지 않다. 간첩과 빨치산으로부터 피해를 당한 것은 한국과 국민이다. 가해자는 이들과 북한정권이다. 화해는 가해자가 사과함으로써 시작된다. 피해자가 가해자한테 서비스하는 것은 화해가 아니라 굴종이다. '화해의 상징'이 아니라 '굴종의 상징'이란 말이 정확할 것이다.

김대중 정부가 분단 피해자들의 인권을 존중하겠다면 분단 피해자들이 누구인지 定義할 필요가 있다. 임씨는 간첩질과 빨치산 행위를 하여 조국을 뒤엎고 적화혁명을 하려 했던 반역자들을 '분단 피해자'로 보고 있다. 이는 북한정권이나 남한 좌익들의 시각과 비슷하다. 정상적인 국민들 중 간첩과 빨치산들을 '분단의 피해자'로 보는 이는 없을 것이다.

건전한 국민들은 6·25 납북자들, 휴전 이후의 납북어부들, 돌아오지 못한 국군포로들을 북한정권의 피해자로 본다. 임씨는 이 피해자들의 인권을 생각하는 이들을 '냉전수구세력'이라고 호칭했다. 그는, 간첩 빨치산을 북송하려면 국군포로를 송환받아야 한다는 당연한 주장을 한 국민을 '냉전수구세력'이라고 불렀다. 이런 용어 사용법은 북한정권이나 남한좌익과 일치한다.

간첩은 동정하고, 국군포로는 외면하고

한편, 납북자와 국군포로 등 自國民(자국민)의 인권을 외면하고 主敵(주적)의 부하들 인권만 챙겨주는 행위를 임 씨는 '인권을 존중하는 정부의 성숙한 자세'라고 정의했다.

임동원 씨가 '냉전수구세력'이라고 표현한 국민들은 자유와 헌법을 소중하게 여긴다. 임 씨는 이들에게 냉소적인, 이주 감정적 표현을 했다. '들먹이며', '방해가 극심', '고스란히 반복'이라는 말이다. 특히 '들먹이며'라는 단어는 비아냥거릴 때 쓰는 말이다. 북한이 불법으로 억류하고 있는 국군포로들을 돌려달라고 요구하는 애국자들을 비아냥거리고 있는 사람이 체제수호 기관의 책임자였다! 좌익들이 쓰는 용어로써 애국자를 비난한 사람이 對共(대공)정보수사기관인 국정원의 원장이었다!

김대중 정부가 북송한 63명 중엔 일본인을 납치해갔던 辛光洙(신광수)라는 거물 공작원도 있었다. 일본 정부는 2002년에 그 2년 전에 북송된 辛光洙를 인터폴을 통하여 국제수배했다. 신광수는 일본인을 납치한 범인임이 밝혀진 유일한 경우이다. 신광수는 안기부 조사에서 김정일로부터 직접 납치 지령을 받았다고 자백했었다. 따라서 김대중 정부가 신광수를 일본으로 넘기지 않고 김정일 품안으로 보내준 것은 결과적으로 김정일의 범행 物證(물증)을 인멸한 셈이다. 김대중, 임동원 씨가 양심이 있다면 납치범 신광수를 보내주면서 납치된 일본인을 돌려달라고 하든지 生死(생사)라도 확인해달라고 요구했어야 했다. 이는 인간의 기본적 윤리가 아닌가?

임동원 씨가 국정원장 시절이던 2000년 6월 모 국정원 직원은 상부의 명령에 따라 김정일의 해외비자금 계좌로 거액의 不法자금을 보냈다. 간첩 잡는 기관을 간첩을 위한 봉사기관으로 전락시킨 임동원씨는 국정원 불법도청 사건에 연루되어 구속기소되었고, 항소심에서 집행유예를 선고받았던 사람이다. 그는 2007년 연말, 대법원에 상고했다가 갑자기 상고를 취하한 지 나흘만에 노무현 당시 대통령에 의하여 사면복권되었다.

미국이 北의 核의혹 조작했다고 조작한 임동원

북한당국은 2009년 9월 핵폭탄 제조를 위한 우라늄 농축이 마무리 단계에 들어갔고 플루토늄을 무기용으로 재처리 중이라고 유엔안보리 의장에게 통고하였다. 2010년엔 미국 전문가 팀을 초청, 영변의 우라늄 농축시설을 보여주었다. 그런데 임동원 씨는 뭐라고 했던가?

〈부시 대통령은 북을 '악의 축'이요 '선제핵공격'의 대상이라며 위협하고, 핵의혹을 조작해 제네바 합의를 일방적으로 파기했다. 미국은 국제기구까지 동원해 북측을 압박하고, 쌍무회담을 기피하며 북한이 핵문제의 국제화를 추진하고 있다고 비난했다. 이런 워싱턴의 네오콘들의 방해책동에 맞서 우리 민족은 힘을 합쳐 지뢰를 제거하고 '평화회랑' 건설을 위해 매진했던 일을 이제는 아름다운 추억으로 간직하고 있다.〉

위의 글을 쓴 사람이 누구냐고 물어보면 십중팔구 북한정권의 선전원이든지 조총련이나 從北좌익 인사일 것이라 대답할 것이다. 우선 용어가 정상적인 한국인이 쓸 수 없는 것이다. '네오콘들의 방해책동', '핵의혹 조작' 등등의 용어에선 좌인 운동권 냄새가 난다.

이 글의 필자는 국정원장, 통일부 장관을 지내고 이명박 정권 출범 이후에도 세종재단 이사장으로 재직했던 林東源(임동원) 씨이다. 이 글은 《피스메이커》라는 그의 회고록에 실려 있다.

세종재단은 日海(일해)재단의 후신이다. 日海재단은 김정일이 지령한 아웅산 테러로 죽은 17명의 엘리트들을 추모하기 위하여 성금을 모아 만든 재단이다. 그 재단 이사회가, 사사건건 김정일을 칭찬하고 그의 정책을 옹호하며 미국을 공격하는 林 씨를 이사장으로 뽑은 것은 노무현 정권 시절이었다.

미국이 핵의혹을 조작했다는 주장은 조작이고 악질적인 모함이다. 파키스탄 무샤라프 대통령은 자서전에서 파키스탄의 핵기술자 칸 박사가 북한에 우라늄 농축기술과 장비를 넘겨주었다고 시인했다. 북한의 우라늄 농축에 의한 핵무기 개발 계획이 발각됨으로써 제네바 협정이 파기된 것이지 미국이 核의혹을 조작하여 일방적으로 폐기했다는 주장은 엄청난 거짓 선동이다. 더구나 임동원 씨가 그렇게 비호하여준 그 북한당국이 스스로 우라늄 농축시설을 공개, 임동원 씨를 우습게 만들었다. 그가 인간으로서, 公職者(공직자)로서 최소한의 양심이 있다면 사과 성명을 발표하고 회고록을 회수하였어야 했다.

그의 회고록 중 〈이런 워싱턴의 네오콘들의 방해책동에 맞서 우리 민족은 힘을 합쳐 지뢰를 제거하고 '평화회랑' 건설을 위해 매진했던…〉이란 대목의 의미는 김대중과 김정일 정권이 反美공조했다는 뜻이다. 敵

軍(적군)과 손잡고 동맹국을 반대하였다고 자랑하고 있는 셈이다. 林 씨는 이를 '우리 민족은 힘을 합쳐'라고 표현했다. 수백만 同族(동족)의 죽음에 책임이 있는 김정일 정권이 민족반역자인가, '우리 민족'인가? 민족반역자와 손을 잡는 것은 민족공조인가 민족반역공조인가?

임동원 씨가 지금도 공개적 활동을 할 수 있다는 것은 한국이 彼我(피아)식별 기능과 응징력이 마비된 나라임을 증명한다. 이런 사람이니까 김정일이 노무현을 만났을 때 안부를 물은 것 같다.

12

盧武鉉의 利敵:
北核 관련 발언 및 해설

"나는 지난 5년 동안 북핵문제를 둘러싼
북측의 입장을 가지고 미국하고 싸워왔고,
국제무대에서 북측의 입장을 변호해
왔습니다"

盧武鉉의 利敵:
北核 관련 발언 및 해설

北核 변호인 역할

▲ 2007년 10월3일 평양에서 김정일을 만난 노무현 당시 대통령은
이렇게 말했다.

"그동안 해외를 다니면서 50회 넘는 정상회담을 했습니다만 그동안 외국
정상들의 북측에 대한 얘기가 나왔을 때, 나는 북측의 대변인 노릇 또는 변
호인 노릇을 했고 때로는 얼굴을 붉혔던 일도 있습니다. (중략) 주적 용어 없
애 버렸습니다. 작전통수권 환수하고 있지 않습니까… 대한민국 수도 한복
판에 외국군대가 있는 것은 나라 체면이 아니다… 보내지 않았습니까… 보냈
고요… 나갑니다. 2011년 되면… 그래서 자꾸 너희들 뭐하냐 이렇게만 보시
지 마시고요. 점진적으로 달라지고 있구나 이렇게 보시면 됩니다. 作計 5029
라는 것을 미측이 만들어 가지고 우리에게 거는데… 그거 지금 못한다… 이

렇게 해서 없애버리지 않았습니까… 그리고 2012년 되면 작전통제권을 우리가 단독으로 행사하게 됩니다. 남측에 가서 핵문제 확실하게 이야기하고 와라 주문이 많죠. 그런데 그것은 되도록 가서 판을 깨고… 판 깨지기를 바라는 사람의 주장 아니겠습니까? (중략) 나는 지난 5년 동안 北核문제를 둘러싼 북측의 입장을 가지고 미국하고 싸워왔고, 국제무대에서 북측의 입장을 변호해 왔습니다." (국정원 공개 노무현-김정일 대화록)

→ 北核문제와 관련하여 敵의 입장에 서서 동맹국과 싸우고 국제사회에서 敵의 변호인 노릇을 했다는 노무현의 고백은 'NLL상납未遂(미수)'보다 더 나쁜 핵개발 비호, 즉 利敵旣遂(이적기수)의 증거이다. 그 利敵행위의 결과 敵은 수십 개의 핵폭탄을 보유, 우리의 생존을 위협하고 있다. 敵의 핵개발을 저지하려면 동맹국인 미국과 긴밀하게 협조해야 하는데 敵의 입장을 가지고 미국과 싸웠다는 것은 반역을 했다는 자백에 다름 아니다. 핵무장하지 않은 나라의 국군통수권자가 핵무장한 敵을 위하여 동맹국과 싸웠다고 敵將 앞에서 자랑한 것은 利敵을 넘어 정신의 정상성을 의심하게 한다. 로버트 게이츠 당시 미 국방장관이 2007년 11월에 노무현을 만났다. 김정일을 만나고 온 한 달 뒤였다. 게이츠 전 장관이 쓴 회고록에 의하면 盧 당시 대통령은 게이츠에게 '아시아의 가장 큰 안보 위협은 미국과 일본이다'고 말하더라고 한다. 게이츠는 '나는 그가 반미주의자라고 결론 내렸고 약간 돌았다고 생각했다'고 썼다.

노무현은 사실상 김정일의 핵무장을 도왔다. 시간과 돈과 물자를 주고, 방패까지 되어 주었다. 비유하면, 냉전 시절에 미국 대통령이 동맹국을 무시하고, 소련의 핵개발을 지원한 것보다 더 황당한 이야기이다.

▲"이번 남북정상회담이 北核(북핵)이라고 소리 높이는 것은 정략적인 의미로 얘기한 것이라고 평가한다. 김정일 위원장을 만나서 北核을 말하라는 건 가급적 가서 싸움을 하라는 것이다." (2007년 9월11일, 청와대 춘추관 기자회견)

→ 노무현은 김정일을 만났을 때 핵문제를 꺼낼 마음도 없었다. 김정일이 듣기 싫은 이야기는 하지 않기로 했다는 뜻이다.

북한 핵실험 前後 발언

▲"미국의 對北 군사행동에 반대한다. 유엔안보리를 통한 제재에도 반대한다. 북한에 경제지원을 보다 더 해주고, 체제안전을 약속해야 한다." (2006년 8월18일)

▲"북한 핵문제와 6자 회담: 현재로선 우리가 할 일이 없다. 이 문제를 다음 정부에 넘기는 수밖에 없다. 이 문제가 더 악화되지 않도록 상황을 관리해야 한다. 나는 지금 곤혹스럽다. 미국은 김정일 정권을 붕괴시키려 하므로 우리 입장을 전달하기가 어렵다. 한편 북한은 완고하다. 한국은 중간에 끼였다. 중국은 북한이 핵무기를 가지려는 데 대하여 크게 걱정하지 않는 것 같다. 그들은 북의 핵 기술을 높게 평가하지 않는 것 같다. 북한의 경우는 인도의 경우와 비슷한데도, 나는 (북한은 안 되고) 인도는 핵무기를 가져도 되는지 이해할 수 없다. 미국이 핵무기를 가졌다고 한국인이 불안해하나?" (2006년 8월13일, 한겨레신문 등 우호적인 언론사 간부 초청 간담회에서 한 말. 8월19일 美 대사관이 국무부로 보고한 전문에서 인용)

▲"북한의 붕괴를 막는 것이 한국 정부의 매우 중요한 전략이다. 북한은

공격받거나 붕괴되지 않으면 절대 전쟁을 일으키지 않을 것이기 때문이다. … 북한에 대한 인도적 지원이 유엔 안보리 결의로 중단돼 있어 걱정이다." (2006년 12월9일, 뉴질랜드 교포 간담회)

→ 인도나 미국은 핵무기를 가져도 한국을 위협하지 않는다. 국가 지도부가 이성적이기 때문이다. 北의 핵무기는 대한민국을 공산화시키겠다고 맹세한 戰犯집단의 손에 있으므로 인도나 미국의 핵무기와 달리 우리에겐 치명적이다. 같은 칼이라도 주방장이 가진 것과 강도가 가진 것은 다르다. 노무현은, 이런 초보적인 차이를 이해하지 못한 게 아니라 좌익적 가치관에 입각, 진심을 털어놓은 것 같다.

▲"북한이 核을 개발하는 것은 선제공격용이 아니라 방어용이며 남한의 지원 여부에 따라 핵 개발을 계속하거나 포기하지는 않을 것으로 본다. 북한이 핵을 선제공격에 사용하게 되면 중국의 공조를 얻지 못하는 등 여러 제약이 따를 것." (2006년 5월29일 향군지도부초청환담 中)

→ 무기를 만들면 공격용으로 만드는 것이지 방어용 무기가 따로 있을 수 없다. 北核이 방어용이란 주장은 북한보다 더 北을 편드는 것이다. 누구보다도 김정일이 웃었을 것이다.

▲"평화를 주장하면서도 다른 한편으로 대량살상 무기 같은 민감한 문제에 끊임없이 의혹을 부풀려 불신을 조장하고, 그 결과 국가 간 대결을 부추기는 일은 없는지 되돌아봐야 할 것이다." (2005년 5월30일 세계신문협회 총회 연설)

→ 미국을 겨냥한 비판 같다.

▲ 김계관(북한 외무성 부상): 신고에서는 우리가 핵계획, 핵물질, 핵시설 다 신고합니다. 그러나 핵물질 신고에서는 무기화된 정형은 신고 안 합니다. 왜? 미국하고 우리하고는 교전상황에 있기 때문에 적대상황에 있는 미국에다가 무기 상황을 신고하는 것이 어디 있갔는가. 우리 안 한다.

노무현 대통령: 수고하셨습니다. 현명하게 하셨고, 잘하셨구요. 뭐 미국이 이 회담 바라고 그러진 않을 것입니다. 나는 공개적으로 핵문제는 6자회담에서 서로 협력한다. 이것이 원칙이다. 그러니까 6자회담 바깥에서 핵문제가 풀릴 일은, 따로 다뤄질 일은 없습니다. 단지 남북간에 비핵화 합의 원칙만 한 번 더 확인하고, 실질적으로 풀어나가는 과정은 6자회담에서 같이 풀어나가자 이렇게 갈 거니까요. (2007년 10월3일 김정일-노무현 회담록에서)

→ 대한민국 대통령 앞에서 김정일의 부하가 무기화된 핵물질은 신고하지 않는다고 모욕을 주어도 화를 내지 않고 '현명하게 하셨다'고 동조한다. 敵과 공모, 조국과 동맹국을 배신하고 있다.

주한미군 無力化의 논리

노무현은 2008년 10월1일 서울 힐튼호텔에서 한 공개강연에서 주한미군과 韓美동맹에 대해 결정적인 토로를 한다.

〈주한미군의 역할에 대해서도, 이제는 동북아에서 어느 한 쪽과도 적대적이지 않은 평화와 안정의 지렛대 역할에 비중을 두는 것이 동북아의 상황에

도 맞고, 남북 간의 대화 국면에도 적절할 것입니다.〉

주한미군은 북한정권의 재남침을 저지할 목적으로 있는 것이지, 남북한 사이에서 중립화된 평화유지군이나 균형자, 안정자 역할을 하는 군대가 아니다. 미국에 그런 식으로 성격이 바뀐 주한미군을 요구한다면 韓美동맹은 해체될 것이다. 이를 너무나 잘 아는 북한정권은 韓美동맹 해체의 우회적 수법으로 '주한미군의 위상 변화'를 주장해왔고 김대중과 임동원은 이에 호응, 2000년 6월14일 평양회담에서 주한미군의 중립화에 합의하였다. 노무현 또한 같은 논지의 강연을 한 것이다. 김대중-김정일-노무현 3者 사이엔 '주한미군 중립화에 의한 韓美동맹의 해체'라는 줄거리에 합의가 이뤄졌다고 봐야 할 것이다. 親盧 세력이 집권하면 이 密約(밀약)을 실천하려 할지 모른다.

'北이 안심하도록 韓美연합사 해체'

노무현은 韓美연합사 해체를 가져오는 戰時(전시)작전통제권(전작권) 전환 결정이 북한정권을 안심시키기 위한 것이었다는 놀라운 고백을 한다. 강도를 안심시키기 위하여 경비원을 줄이기로 하였다는 식이다.

"북한은 한국보다 미국을 더 불신하고 두려워합니다. 유사시에 미국이 작통권을 행사하는 상황은 북한을 더욱 두렵게 하여 남북 간 대화와 협상이나 신뢰에 도움이 되지 않습니다."

전작권은 북한이 무력 도발을 할 때만 행사된다. 도발을 안 하면 미국을 두려워할 필요가 없다. 강도질을 안 하면 형사를 겁낼 필요가 없는 것이다.

"동북아 평화구조를 위해서는 多者(다자) 안보 대화가 필요합니다. 그런데 미국이 한국군에 대한 작전통제권을 행사하고 있는 상태라면, 이 대화 체제에서 미국이 너무 커보이게 되고 이것은 다자 체제에 도움이 되지 않을 것입니다. 그 중에서도 나는 작통권의 환수를 남북 간의 신뢰구축에 중요한 요소로 생각하고 추진하였습니다."

노무현은 북한군이 미군에 대하여 불안해 하지 않도록 하기 위하여 韓美연합사 해체를 핵심으로 하는 전작권 전환을 결정했다고 고백한 것이다. 그래놓고 이게 남북간 신뢰구축이라고 강변한다. 강도가 마음대로 부잣집을 털 수 있도록 경비원을 내보내는 게 강도와 부자 사이의 신뢰 구축이란 식이다. 韓美연합사가 있어야 北은 불안해질 것이고 그래야 도발을 막을 수 있다. 北의 두려움을 없앤다는 건 무슨 뜻인가? 도발해도 응징을 받지 않을 것이란 믿음 아닌가? 北이 안심하게 되면 도발 가능성은 높아지고, 한국은 불안해진다. 노무현의 술회를 정확하게 요약하면, 북한정권이 도발을 마음 놓고 할 수 있도록 국가생존의 가장 중요한 안전판을 철거하기로 결정하였다는 뜻이다. 이보다 더한 利敵행위가 있나?

북한 변호하고 다닌 걸 또 자랑

노무현의 강연 중 다음 대목은 맨 정신으로는 읽을 수 없을 정도다.

"나는 전략적 유연성에 있어서 분명한 한계를 두었으며 PSI 또한 북한과 물리적 충돌가능성이 있는 조치에 대해서는 끝내 수용하지 않았습니다. MD 이야기는 꺼내지도 못하게 했습니다. 作計(작계) 5029도 반대했습니다. 한미 군사훈련도 최대한 축소하려고 노력했고, 남북 간 충돌의 가능성이 있는 문제를 해소하기 위해 노력했습니다.

6자회담에서 북한의 입장을 최대한 지원했습니다. 각종 국제회의에서 북한을 비난하는 발언이 나오면 최대한 사리를 밝혀서 북한을 변론했습니다. 개별 정상회담에서도 한 시간 이상을 북한을 변론하는 데 시간을 보낸 일도 있습니다. 북한을 자극하는 발언을 최대한 자제했습니다."

김정일의 대변인 또는 하수인 역할을 충직하게 하였다는 자백이다. PSI(대량살상무기 확산 방지 구상)와 MD(미사일 방어체제)는 한국의 안보와 국제평화유지에 필요한 제도이고, 도발과 테러를 일삼는 북한정권엔 불리한 것이다. 개념계획 5029는 북한 급변 사태를 가상한 韓美軍(한미군)의 대비 계획이다. 이를 반대하였다는 건 북한 급변 사태가 정권 붕괴나 남북한 통일로 이어지는 것을 싫어한다는 뜻이다. 韓美군사훈련은 對北억지력을 점검하고 강화하여 남북한 군사 충돌 가능성을 예방하기 위한 것이다. 이를 충돌 가능성이 있는 것으로 판단, 축소하였다니!

핵무장한 악당을 변호하고 다닌 걸 자랑하는 전직 대통령이다. 게이츠 미국 국방장관이 그를 만나보고 '약간 돈 反美주의자'라고 생각했다고 한 표현은 그래도 점잖은 편이다.

13

'주한미군 中立化'
密約의 내막

'주한미군 中立化' 密約의 내막

2017년의 惡夢: '핵인종' 정권의 탄생 가능성

2017년 대통령 선거에서 북한의 核개발을 지원하고, 人權탄압을 비호하고, 통진당 등 從北세력과 연계하였던 '核人從(핵인종)' 세력이 집권하면 한반도 정세는 자유진영에 불리하게 정렬된다. 4조 달러의 현금을 가진 중국, 핵무장한 북한, 그리고 親中·親北성향의 핵인종 정권이 같은 편에 서게 된다. 정권을 잃은 한국의 보수 세력, 嫌韓(혐한) 감정이 강해진 일본, 한국을 불신하는 미국이 韓美日 동맹으로 버티기엔 너무나 불리한 力學 관계가 형성된다.

이렇게 되면 북한은 핵을 포기하지 않고, 중국도 그런 북한과 남한의 '핵인종' 정권을 이용, 미국의 영향력을 동북아에서 약화시키는 전략을 구사할 것이다. 계급투쟁론을 공유하는 이 3者가 공조하여 추진할 주요 정책 가운데 하나는 '주한미군의 평화유지군化'(중립화)에 의한 한미

동맹 해체일 것이다.

중국·북한·좌파 정권 3자는, 韓美동맹 해체와 駐韓미군 철수가 이뤄지면 북한이 核을 포기할 수 있는 것처럼 분위기를 조성할 것이다. 물론 북한은 어떤 경우에도 核을 포기하지 않을 것이지만, 核을 속임수用 협상 카드로 쓸 것이다. 김대중과 노무현은 재임기간중 주한미군을 無力化(무력화)시키고, 한미동맹을 약화시키는 전략을 김정일과 共謀(공모) 내지 공조하는 관계에서 끈질기게 추진해왔다. 이는 두 정권의 핵심 세력이 가진 세계관이나 가치관에서 우러나온 정책이었으므로 이 계통이 정권을 잡으면 再開될 것이다.

김대중·김정일의 주한미군 중립화 密約, 노무현의 韓美연합사 해체 결정, 미국 주도의 미사일 방어망(MD) 및 PSI(대량살상무기 확산 방지 구상) 불참, 作計 5029 반대 등은 주한미군을 무력화시키고, 한미동맹에 결정적 타격을 가하려는 목적으로 추진되었음이 확실하다. 특히 김대중·김정일의 주한미군 중립화 密約은 '핵인종' 정권에 하나의 遺言으로 전해질 것이다. 이 음모의 내막을 살펴본다.

김대중의 묘한 발언

1999년 4월6일자 〈세계일보〉는 1면 머리기사에서 '주한미군 지위 변경 議題(의제) 상정. 정부, 4자회담에. 對北(대북)적대서 중립적 위치로' 라는 제목으로 김대중 정부의 입장 변화를 다루었다. 이 신문은 '정부 당국자는 4월5일 이달 말로 예상되는 4자회담 5차 본회담 긴장완화분과위에서 주한미군 지위 변경 문제를 의제로 올려 협상하는 방안을 적극 검토 중이라고 밝혔다'고 보도하였다.

이날 오후 육군과 공군 장성 진급자 신고를 받는 자리에서 김대중 대통령은 "최근 북한이 주한미군이 平和軍(평화군)이라면 주둔해도 좋다는 말을 했다. 자세한 내용은 파악하고 있지 않지만 북한이 처음으로 이런 의사를 표시한 것이다"라고 말했다. 朴智元(박지원) 청와대 대변인 (후에 문화관광부 장관으로 김대중-김정일 회담 주도) 또한 북한의 태도 변화를 긍정적으로 평가한 대통령의 발언을 기자들에게 브리핑했다. 조선일보(4월7일자)는 '북의 또 다른 트로이의 목마'라는 제목의 社說에서, 주한미군 문제는 성격상 4者회담의 議題(의제)가 될 수 없다고 못박고, 도대체 이 정부가 어디까지 후퇴할 것인지 실로 난감한 일이 아닐 수 없다고 개탄했다.

북한정권이 주한미군 無力化(무력화)를 위하여 고안한 '주한미군 지위변경=평화유지군化(화)'에 김대중 당시 대통령이 긍정적 반응을 보인 것은 그의 평소 소신을 반영한 것이지만, 기존의 對北정책에서 근본적으로 이탈하는 것이었다. 김대중의 이런 긍정적 발언은 김정일의 관심을 끌었을 것이다.

1999년 4월19일 국회는 康仁德 통일부 장관을 불러 김대중의 발언을 추궁하였다.

〈金命潤(김명윤) 당시 한나라당 의원〉: 강 장관, 일전에 주한미군에 대한 지위 문제에 대해서 평화유지군으로 남아도 좋다는 청와대 발표가 있었다가 곧 다시 정정하는 듯한 해명 발표가 있었습니다. 그런데 대통령으로 하여금 이러한 경솔한 발표를 하게 한 경위를 통일부 강 장관은 알고 계십니까?

康仁德 통일부 장관: 구체적으로 현장에 제가 없었습니다마는 나중에 청와대 당국으로부터 대체로 들었습니다. 그것은 대통령께서 무슨 보고를 들으시

고 얘기한 것이 아니고 그날 신문에 그러한 기사가 나와 있었기 때문에 장성급 진급자들의 신고를 받으시고 대화하는 속에서 안전보장에 대한 얘기를 말씀하시면서 이 사실은 확인된 것도 아니지만 이런 방면으로 북쪽도 변화될 수 있는 그러한 가능성에 대해서라고 그럴까, 그런 문제에 대해서 말씀이 계셨다는 말씀을 저는 간접적으로 들었을 뿐입니다.

金: 아니, 북쪽에서 그런 얘기한 적 전혀 없다고, 이렇게 또 확인까지 됐습니다. 그런데 대통령이 무슨 신문을 어디서 봤어요? 이것이 대단히 예민한 문제입니다. 이 미군주둔 문제를 그렇게 간단하게 생각해서는 안 됩니다. 우리의 生死(생사)에 관한 문제예요. 이런 예민하고 중차대한 문제를 대통령이 어디 신문을 보다니, 우리는 전혀 아무것도 모르고 앉은 데서 난데없이 미군을 평화유지군으로 남을 수 있게 한다, 남아도 좋다 하는 쪽으로….

康: 주한미군이라는 것은 상호방위조약에 의해서 여기에 주둔하고 있는 것이고 따라서 이것은 한미간에 문제가 되는 것이지 누가 여기에 개입할 수 있는 성질의 것도 아니고 지금 당장 지위를 바꿔야 할 그런 시기에 와 있는 것도 아니라고 저는 생각합니다〉

김정일과 임동원의 密談

강인덕 장관은 애써 대통령 발언을 변호하지만 주도면밀한 김대중은 '주한미군 지위 변경'에 동조한다는 뜻을 김정일에게 전하기 위하여 언론을 이용한 것으로 보인다. 김정일은 그 1년 뒤 김대중을 평양에서 만났을 때 '대통령의 그런 뜻을 (남한 신문에서) 읽었다'고 말하였다.

국가정보원장이던 林東源(임동원) 씨는 2000년 6월4일, 김대중─김정일 회담에 앞서 비밀 訪北(방북)하여 김정일을 만났다. 그는 자신의 회고록 《피스메이커》에서 '남측은 북측의 적화통일과 남침위협에, 그리고 북측은 흡수통일과 北侵(북침)위협에 서로 시달리고 있는 모순을 해소하기 위하여' 아래 제안을 하였다고 공개하였다.

"(김대중) 대통령께서는 주한미군의 위상에 대해서도 북측이 前向的(전향적)으로 思考(사고)해 줄 것을 당부하셨습니다. 대통령께서는 한반도와 동북아의 평화와 안정을 위하여 균형자와 안정자의 역할을 수행할 주한미군이 현재뿐만 아니라 통일 이후에도 필요하다고 생각하십니다."

대한민국의 안보 책임자가 '북측은 흡수통일과 북침위협에 시달리고 있다'는 말을 김정일에게 했다는 것은 놀라운 일이다. 북한정권이 내부 통제용으로 선전하는 '북침위협'을 임동원 씨는 사실로 인정한 셈이다. 한미동맹군이 북침을 꾀한 사실이 있는가? 임동원 씨의 말대로라면 그런 사실이 있다는 게 된다. 남도 북도 아닌 제3자의 입장에서 양쪽의 입장을 객관적으로 기술한 것 같기도 하다. 대한민국의 안보 책임자가 구경꾼의 입장에 선다는 것 자체가 背任(배임)이다. 주한미군의 '중립화'와 '평화유지군化'라는 발상 자체가 대한민국의 입장이 아닌 제3자의 입장에서 나온 것이다. 대통령이 敵(적)을 대함에 있어서 조국의 입장에 서지 않았다는 뜻이다.

김대중이 임동원을 통하여 김정일에게 제안한, '한반도와 동북아의 평화와 안정을 위하여 균형자와 안정자의 역할을 수행할 주한미군'이란 말은 그 전에 북한군판문점대표부 이찬복이 한 말 "주한미군의 역할이 對北억제로부터 한반도 전체의 안정자와 균형자로 변형되어야 한다"와 일치한다. 김대중 씨는 북한정권이 주한미군을 無力化시키기 위하여 개발한 '균형자와 안정자 역할'이란 용어를 그대로 받아들인 다음 이를 김정일에게 다시 던진 셈이다. '균형자와 안정자 역할'을 하는 주한미군은 현재의 주한미군이 아니고 對北억제력을 포기한 평화유지군이다. 남북한 사이의 중립군이다. 미국은 그런 군대를 한국에 주둔시킬 이유가 없다. 이는 필연적으로 미군철수와 韓美동맹 해체로 이어진다. 임동원 회고록에 의하면 김정일은 이렇게 和答(화답)하였다.

〈김 대통령께서는 동북아의 평화와 안정을 위해 통일 후에도 미군이 계속 주둔해야 한다고 주장하시는데, 사실 제 생각에도 미군주둔이 나쁠 건 없습니다. 다만 미군의 지위와 역할이 변경돼야 한다는 겁니다. 주한미군은 공화국에 대한 적대적 군대가 아니라 조선반도의 평화를 유지하는 군대로서 주둔하는 것이 바람직합니다. (중략) 미국과 관계정상화가 된다면 미국이 우려하는 모든 안보문제를 해소할 수 있습니다. 그러니까 하루라도 빨리 정전협정을 평화협정으로 전환하자는 겁니다.〉

임동원과 김정일이 一瀉千里(일사천리)로 異見(이견) 없이 주한미군의 역할 변경에 대하여 事前(사전)조율을 하는 장면이다.

김대중, "그처럼 탁월한 식견을 가진 줄 몰랐다"

2000년 6월14일 김대중, 김정일이 평양에서 만났을 때 김정일–임동원 사이에서 의견의 일치를 본 '주한미군 지위 변경'은 남북한의 최고 권력자 사이에서 하나의 密約(밀약)으로 굳어진다. 임동원 회고록에 의하면 이 자리에서 김정일은 이렇게 말하였다.

〈1992년 초 김용순 비서를 미국에 특사로 보내 '남과 북이 싸움 안하기로 했다'고 말하였습니다. 그러면서 '미군이 계속 남아서 남과 북이 전쟁을 하지 않도록 막아 주는 역할을 해달라'고 요청했댔습니다. 김 대통령께서는 '통일이 되어도 미군이 있어야 한다'고 말씀하셨는데, 그건 제 생각과도 일치합니다. 미군이 남조선에 주둔하는 것이 남조선 정부로서는 여러 가지 부담이 많겠으나 결국 극복해야 할 문제가 아니겠습니까?〉

임동원 씨는 (김정일이) 미국 측에 전한 말은 "미군의 지위와 역할을 변경하여 북한에 적대적인 군대가 아니라 평화유지군 같은 역할을 해 주기를 바란다"였다고 회고록에 썼다. 김정일이 김대중에게 말한, '남과 북이 전쟁을 하지 않도록 막아주는 역할'이다. 김대중 당시 대통령이 정상적인 국가관을 가진 이라면 駐韓미군의 無力化(무력화)를 요구한 김정일의 말을 듣고 화를 내든지 이렇게 말하였어야 했다.

〈그런 평화유지군은 1개 대대로 족한데, 1개 대대로 어떻게 남북한 사이 전쟁을 막습니까? 미국 정부가 미쳤다고 그런 제안을 받습니까? 주한미군은 6·25 남침과 같은 재도발을 막기 위하여 존재하는 것이고, 이 문제는 남북간에 논의할 성질이 아니고 한미간에 결정할 문제니까 더 이상 이야기하지 맙시다.〉

수년 전에 나온 《김대중 회고록》에 따르면 그는 김정일의 주장에 적극적으로 동의한다.

〈지난번 김 위원장을 만나고 온 임동원 특사로부터 김 위원장의 주한미군에 대한 견해를 전해 듣고 저는 정말 깜짝 놀랐습니다. 민족문제에 그처럼 탁월한 식견을 가지고 계실 줄 몰랐습니다. 그렇습니다. 미군이 있음으로써 세력균형을 유지하게 되면 우리 민족에게도 안정을 보장할 수 있게 됩니다.〉

대한민국 대통령이, '김 위원장의 주한미군에 대한 견해', 즉 韓美동맹 해체를 겨냥한, 敵將의 주한미군 중립화−無力化(무력화) 제안에 감동하여 '탁월한 식견'이라고 극찬하고 있다. 《김대중 회고록》은 그러나 임동원 회고록과는 달리 김정일이 이 자리에서 '북한에 적대적인 군대가 아니라 평화유지군 같은 역할'을 한다는 조건을 붙여서 미군 주둔에 동의하였다는 대목이 빠져 있다. 《김대중 회고록》만 읽어보면 김정일이 현재의 주한미군이 통일 후까지 있어도 좋다고 한 것처럼 이해된다. 임동원 회고록의 기술이 더 정확한 것은 물론이다. 주한미군 無力化 합의는, 대한민국의 생명줄인 韓美동맹을 사실상 해체하자는 것이다. 국군통수권자를 겸하고 있는 대통령에 의한 이보다 더한 利敵(이적)행위는 人類(인류)역사상 일찍이 없었을 것이다.

김대중, 密約을 숨기다

김대중 대통령은 김정일과 만나고 온 직후 6·25 전쟁 50주년 기념사에서 이렇게 말했다.

"저는 주한미군에 대해서는 태도를 분명히 했습니다. 주한미군은 한반도에 완전한 평화체제가 이루어질 때까지는 물론이고 통일된 후에도 東北(동북)아시아의 세력균형을 위해서 필요하다는 것을 북측에 설명했습니다. 주한미군의 필요성에 대한 저의 설명에 북측도 상당한 이해를 보였다는 것을 저는 여러분에게 보고하면서 이것이 이번 평양방문의 큰 성과 중 하나라고 말씀드립니다.

만일 한국과 일본에 있는 10만의 미군이 철수한다면 한반도는 물론 동아시아와 태평양의 안전과 세력균형에 커다란 차질을 가져올 것입니다. 우리는 우리의 國益(국익)을 위해서 주한미군이 계속 주둔하기를 바란다는 것을 저는 여러분에게 이 자리를 빌려 천명하고 싶습니다."

김대중은 이 연설에서 김정일이 이해를 보인 주한미군은 현재의 주한미군이 아니라 북한에 대한 적대적 태도를 버린 중립군(또는 평화유지군)이란 사실을 생략하였다. 그럼으로써 국민들로 하여금 김정일이 지금의 주한미군이 통일 후에도 계속 주둔해도 좋다고 한 것처럼 이해하도록 誤導(오도)하였다.

그때 김대중 씨의 속임수를 정확하게 간파한 이는 李東馥(전 自民聯 의원, 전 남북 고위급 회담 대표) 씨였다. 그는 "金正日이 그런 말을 했다한들 무슨 의미가 있는 것인지 모르겠다"고 冷笑的(냉소적)이었다. 李 씨는 "선전선동의 鬼才(귀재)인 김정일의 모든 발언은 심리전으로 보면 크게 틀리지 않는다"고 했다.

"만약 주한미군의 역할이 북한군의 남침 위협을 억제하는 방향에서 남북 화해 무드 이후 균형자 또는 조정자의 역할로 바뀐다면 더 이상 미국의 정부 의회 언론이 反美운동을 무릅쓰고 한국에 미군을 주둔시켜야 할 이유를 찾을 수 없을 것입니다. 남침위협이 있는데도 주한미군을 이렇게 괴롭히는 세력이 있는데 그 위협이 없어졌다고 남북당국이 합의할 경우 주한미군은 계속 주둔할 명분과 근거를 잃게 됩니다. 金正日은 그걸 노리는 것이지요. 그들은 곧 남북한간에 전쟁 위협이 없어졌는데 왜 對北작전계획을 갖고 있느냐 라고 트집을 잡고 나설 것입니다. 그렇게 하여 주한미군을 평화유지군으로 바꾸려 한다면 미국은 철수를 서두르겠지요."

김대중 당시 대통령은 김정일과 만나고 온 후 국내외 언론과 인터뷰할 때마다 김정일이 주한미군의 계속 주둔에 동의했다고 선전하면서 이를 최대 성과로 꼽았다. 2000년 9월3일 '방송의 날' 기념 방송3社 공동 초청 특별대담에서 김대중 대통령은 자신과 김정일 사이에, 주한미군에 대해 어떤 이야기가 오고 갔는지 다시 한 번 밝혔다.

"(김정일의) 답변이 깜짝 놀랄 정도였는데 김정일 위원장이 '나도 남쪽신문에서 대통령이 말씀한 것을 읽었습니다. 그리고 어쩌면 대통령이 나하고 똑같이 민족의 장래를 보고 있는가 이런 생각을 가졌습니다. 사실 그렇습니다. 우리 주변에는 큰 나라들이 많습니다. 그래서 주한미군이 있는 게 좋습니다' 이렇게 얘기했습니다. 나는 이번에 북한에 가서 그 문제를 확실히 한 것이 한반도에서 전쟁을 막는 문제라든가 우리의 국가이익, 동북아시아의 안정 등 큰 문제가 해결됐다고 생각하고 있습니다."

임동원의 놀라운 고백

김대중은 여기서도 김정일의 條件附(조건부) 발언 내용을 전하지 않았다. 놀랍게도 김대중 씨가 은폐한 김정일의 본뜻을 정확히 전달한 이는 임동원 통일부 장관이었다. 그는 2001년 국회 외교통상위원회에서 洪思德(홍사덕) 의원의 질문에 이렇게 답변하였다.

"제가 그 자리에 있었습니다. 김정일 위원장이 뭐라고 그러느냐 하면 '대통령께서 그런 주장을 하시는 것을 우리가 읽었고 알고 있습니다. 제가 전적으로 동의합니다. 김용순이 아널드 캔터를 만나서 최초의 美北 고위급회담을 할 때 '주한미군은 계속 남아 있는 것이 바람직하다' 하는 점을 전달했다는 것입니다. 그러면서 '조건이 있는 것입니다. 그냥 敵對(적대)관계에 있는 미군이 있으라는 것은 물론 아니지요. 미국과 북한 간에 적대관계를 해소하고 주한미군이 북한에 대한 적군으로서가 아니라 남과 북 사이에서, 또는 주변세력 사이에서 균형을 잡아 주고…', 그러니까 밸런싱 롤(balancing role)을 말하는 것 같아요. 또 안정자의 역할, 스태이벌라이징 롤(stabilizing role)을 말하는 것 같습니다. 그런 역할을 하는 군대로 남아 있어야 된다고 했습니다. 그러면서 또 지정학적 위치가 어떻고 한참 이야기를 했어요."

주한미군은 한반도와 동북아의 평화와 안정을 위하여 균형자와 안정자의 역할을 수행하는 군대가 아니다. 오로지 북한군의 再(재)남침을 저지하기 위하여 존재한다. 주한미군은, 범인을 잡으러 온 형사이지 범인과 피해자를 말리고 화해를 붙이는 거간꾼이 아니다. 김대중과 김정일은 평화, 안정, 균형자, 안정자 같은 좋은 말을 연결하여 인식의 혼란을 야기한 다음, 주한미군의 존재 목적을 거간꾼으로 전락시키려 한 셈이다.

한 부잣집 주인이 전에 그 집을 턴 적이 있는 강도를 찾아가 집 경비원을 어떻게 할 것이냐를 놓고 의논을 하였다. 강도는 "경비원을 그냥 두어도 좋다. 다만 나에게 敵對的(적대적)인 태도를 취해선 안 된다. 마을의 평화를 유지하는 일만 하여야 한다. 그것이 진심이란 것을 증명하기 위하여 경비원을 무장해제 시킨 뒤 계속 두라"고 요구하였다. 집 주인은 이 말을 듣고 감동하여 "정말 놀랍습니다. 治安(치안)문제에 그처럼 탁월한 識見(식견)을 가지고 계신 줄 몰랐습니다"라고 말한다. 집 주인은 돌아와서 식구들을 불러 모은다. 그리고 이렇게 말한다.

"강도께서 경비원을 지금 있는 대로 그냥 두라고 말씀하셨다. 이로써 치안문제는 풀렸다. 이젠 다리 뻗고 자자."

자유대한의 종말

노무현은 2008년 10월1일 서울 힐튼호텔에서 한 공개강연에서 주한미군과 한미동맹에 대하여 이런 토로를 한다.

〈주한미군의 역할에 대해서도, 이제는 동북아에서 어느 한 쪽과도 적대적이지 않은 평화와 안정의 지렛대 역할에 비중을 두는 것이 동북아의 상황에도 맞고, 남북 간의 대화 국면에도 적절할 것입니다.〉

여기서 또 김정일과 김대중의 밀약한 '평화와 안정을 위한 중립화된 주한미군'이란 개념이 등장한다. 김대중─김정일─노무현 정권 및 그 핵심 세력 사이엔 '주한미군 중립화에 의한 한미동맹의 약화 또는 해체'라는 시나리오에 합의가 이뤄졌다고 봐야 할 것이다. 2017년 親盧 세력이 집권하면 새로운 환경에서 이 密約을 실천하려 들 것이다.

공산독재정권인 중국과 '反인도범죄집단'인 북한정권, 그리고 이념적으로 中·北과 가까운 한국의 좌파정권이 손을 잡으면 대한민국의 國體(국체)와 進路(진로)가 바뀐다. 헌법에 규정된 국가정체성의 핵심인 개인의 자유, 私有재산권의 자유, 선거의 자유, 언론의 자유 등 자유민주주의와 시장경제의 대원칙이 위협을 받고 사회주의 독제 체제의 영향력이 반영된다. 韓美동맹은 약화되거나 사라진다. 자유와 개방을 속성으로 하는 해양세력권에서 이탈, 專制와 억압이 속성인 대륙권으로 흡수된다. 이런 路線(노선) 변경은 핵무장한 북한정권에 核이 없는 대한민국이 굴종하는 형식으로 이뤄질 것이다. 2017년 핵인종 세력의 집권은 자유 대한의 종말을 재촉할 것이다.

에 필 로 그

寓話 | 富者와 강도

어느 마을에 한 살인강도가 살고 있었습니다. 그 강도 집 옆에는 부
잣집이 있었습니다. 옛날엔 부잣집이나 강도 집이나 다 가난했습니다.
한쪽은 온 가족이 家長(가장)의 지도하에 열심히, 정직하게 일하여 오
늘날의 富(부)를 이룩했고, 다른 쪽은 도둑질, 강도질만 하고 돌아다니
다가 마을에서 '상종 못할 놈'으로 낙인찍혀 외톨이가 되었습니다. 몇 년
전엔 이 강도가 부잣집에 침입했다가 뭇매를 맞고 쫓겨났습니다.

이 강도는 요사이 부잣집 주인한테 "당신 집 담이 너무 높다. 日照權
(일조권)을 침해하니 좀 낮추어라"고 대들고 있습니다. 담 높이가 2m밖
에 안 되는데 무슨 일조권 침해냐 하고 주인은 무시해 버렸습니다.

강도는 마을의 조무래기 깡패, 게으름뱅이들을 선동하기 시작했습
니다. 마을에서 좀 홀대를 받았던 이들은 선동에 귀가 솔깃해졌습니
다. 그들은 富者(부자)가 성실하게 일해서 돈을 번 것을 본받을 생각은
안 하고 "저 놈은 부정을 해서 저렇게 축재했고, 20m나 되는 담을 쌓

아 이웃을 깔보고 있다"고 소리치고 다닙니다. 마을 사람들은 이들의 억지가 말이 되지 않는 과장이고 속임수란 것을 누구보다도 더 잘 알지만 어느 한 사람 나서서 이들을 막지 않습니다. 주인이 경찰에 신고해도 "조용하게 처리해 주시오"라면서 중립을 취합니다.

피, 땀, 눈물로 富를 쌓아올렸던 富者는 죽고, 아버지의 고생과 희생을 고맙게 생각하지 않는 아들 A 씨가 家長이 되었습니다. 이 젊은 家長은 강도가 소리치고 다니는 것이 창피하여 그 자의 요구대로 담을 부수어 버리고 싶습니다만 그러면 마을 사람들이 자신을 약하게 볼까 두렵습니다. 그래서 하나의 명분을 만듭니다.

〈담을 허물어 일조권을 이웃한테 선물하는 것은 좋은 일이 아닌가, 그렇게 하면 마을사람들로부터 마을의 평화를 위해서 일했다고 상을 받을지도 모른다, 강도도 나의 善行(선행)에 감동하여 달라지겠지….〉

A 씨가 담을 허문 다음날 강도는 유유히 부잣집으로 걸어 들어와 금품을 털고 부녀자들에겐 못된 짓을 했습니다. A 씨는 이 사실이 마을에 알려지면 자신의 무능과 비겁함이 폭로될까 봐 경찰에 신고도 하지 않습니다. 오히려 강도 집과 친한 것처럼 행동하면서 마을 사람들한테는 이렇게 자랑합니다.

"그 강도 친구 말이야, 내가 담을 허물었더니 아주 좋아하고 마음을 고쳐먹었어. 알고 보니 그 친구도 원래부터 나쁜 사람은 아니더군. 역시 이쪽에서 선하게 대해 주니 그 친구도 선하게 나오더군."

과연 마을 사람들은 이 철없는 富者 아들 A 씨에게 이웃평화상을 주었습니다. 그런데 부잣집은 밤만 되면 어떻게 됩니까. 강도는 이제 아무리 나쁜 짓을 해도 주인이 신고를 하지 않으니 안심하고 제 집처럼 들락거립니다. 주인의 부인을 농락합니다. 그 부인도 자신을 지켜주지 못하는 남편보다는 폭력적이지만 본능적이고 건장한 강도를 더 좋아하게 되었습니다. A 씨는 그래도 이렇게 스스로를 위로하고 있다고 합니다.

"그래도 다행이다. 모든 일이 평화롭게 이루어졌으니. 내가 저항했다면 人命(인명) 피해가 많았을 거야. 내가 죽으면 묘비명에는 그래도 마을의 평화를 위해서 애쓰다가 간 사람이란 문장 하나는 확실하게 새겨질 거야. 강도 그 친구도 잘 먹고 잘 살면 언젠가는 달라질 거야. 내가 죽은 뒤의 일이겠지만 말이야."

이 寓話의 속편이 있습니다.

富者 아들 A 씨 집안에서는 심상치 않은 일들이 벌어지기 시작하였습니다. A 씨가 이웃집 살인강도에게 눌려 지내는 네 사촌심이 상한 삭은 아들이 反旗(반기)를 들고 나온 것입니다. 작은아들은 큰형을 죽인 적이 있는 살인강도를 제거해야 집안의 안전은 물론이고 마을의 평화가 유지된다고 주장하여 아버지 A 씨와 不和(불화)하였습니다. 그 불화의 단초가 된 것은 살인강도가 A 씨 집안에 이런 요구를 해왔기 때문입니다.

"앞으로 당신네 집안에서 절대로 나를 살인자니 主敵(주적)이니 하고 불러선 안 된다. 만약 그렇게 부르면 가만두지 않을 거야. 그리고 하나 더, 경비원을 增員(증원)할 때는 반드시 내 허가를 받아야 돼."

A 씨는 집안사람들을 불러 모아놓고 이 강도가 주문하는 대로 하도록 지시했으나 작은아들이 반발하여 시끄러웠습니다. 작은아들은 아버지에게 이렇게 말하면서 대들었습니다.

"아버지, 전에 이렇게 자랑하셨잖아요. 그 자를 만나고 왔는데 아주 견식과 효심이 있는 사람이더라, 우리는 이제 서로 싸우지 않기로 합의했다, 그분이 우리 경비원들은 계속 있어도 좋다고 하더라, 품고 다니던 칼과 총도 버리겠다고 약속했다, 이제 우리 마을에 평화가 왔다, 이렇게 말입니다. 그런데 왜 우리가 경비원을 늘리는 것을 살인 전과자한테서 허가를 받아야 하는 겁니까. 형님을 찔러 죽인 원수를 보고 살인자라고 부르지도 못합니까. 더구나 우리 집안에서 우리끼리 그렇게 부르는 것도 못 한단 말입니까."

이 강도는 어느 날 담을 넘어 들어와 A 씨의 작은아들을 칼로 찔러 죽이고 달아났습니다. 경비원들이 그 자를 잡을 수 있었으나 그렇게 하면 살인강도를 改過遷善(개과천선)시켰다고 하여 이웃평화상을 받은 A 씨의 명성에 손해가 될까 봐 놓아 주었습니다. 이 만행이 알려지자 마을 사람들도 흥분하고 A 씨 집안사람들도 들고 일어나 살인마를 응징해야 한다는 여론이 높아졌습니다. 당황한 것은 강도가 아니라 A 씨였습니다.

그는 喪中(상중)임에도 동네 어른들을 찾아다니면서 살인자를 변호하였습니다. 그 사람이 그럴 사람이 아니라느니, 아마도 술김에 저지른 우발적 실수일 것이라느니 사리에 닿지 않은 말들을 쏟아 놓았습니다. 동네 어른들이 그놈을 혼내야 한다고 나서자 A 씨는 드디어 막말을 하기 시작했습니다.

"사실은 내 아들도 맞아죽을 짓을 하긴 했지요. 왜 저항을 하느냐 이 겁니다. 내가 그토록 당부를 했는데 말입니다. '살인강도가 칼을 들고 집에 들어오더라도 절대로 먼저 찔러선 안 된다. 찌르면 찔려라. 그것이 집안과 마을의 평화를 유지하는 길이다.' 그런데 이놈이 찔린 다음에 저항하다가 죽었단 말입니다. 내 말을 안 듣고. 그러니 죽을 짓을 한 것이죠."

어안이 벙벙해진 마을 사람들은 A 씨에게 이렇게 말했다고 전합니다.

"야 이 사람아, 당신 아들은 아무 죄가 없는 거야. 그런데 왜 살인한

놈을 변호하고 다니는 거니. 너 혹시 무슨 약점이라도 잡혔니, 아니면 그 이웃평화상을 회수당하지 않으려고 그토록 구차하게 살인마를 변호하는 거니. 너는 아들 장례나 잘 치르고 정신을 차려라. 그동안 우리가 그놈을 손 봐 줄 테니 너는 구경만 해. 제발 방해만 하지 마. 저놈이 우리 마을에 사는 한 평화는 없어. 그러나 너한테 준 그 상은 말이야, 회수하지 않을 것이니 안심해. 그 상패는 아들 棺(관) 속에 넣어서 같이 파묻어 버려."

한반도의 核겨울

펴낸이 | 趙甲濟
펴낸곳 | 조갑제닷컴
초판 1쇄 | 2015년 5월 25일

주소 | 서울 종로구 내수동 75 용비어천가 1423호
전화 | 02-722-9411~3
팩스 | 02-722-9414
이메일 | webmaster@chogabje.com
홈페이지 | chogabje.com

등록번호 | 2005년 12월 2일(제300-2005-202호)
ISBN 979-11-85701-12-7-03340

값 15,000원